D1148334

HISTOIRE DES TREIZE

FERRAGUS
LA FILLE AUX YEUX D'OR

Du même auteur
dans la même collection

ANNETTE ET LE CRIMINEL.
BÉATRIX. Préface de Julien Gracq.
CÉSAR BIROTTEAU.
LE CHEF-D'ŒUVRE INCONNU — GAMBARA — MASSIMILLA DONI.
LES CHOUANS.
LE COLONEL CHABERT.
LE COLONEL CHABERT suivi de L'INTERDICTION.
LE CONTRAT DE MARIAGE.
LA COUSINE BETTE.
LE COUSIN PONS.
LE CURÉ DE TOURS — LA GRENADIÈRE — L'ILLUSTRE GAUDISSART.
LA DUCHESSE DE LANGEAIS.
EUGÉNIE GRANDET (édition avec dossier).
LA FEMME DE TRENTE ANS.
FERRAGUS — LA FILLE AUX YEUX D'OR.
GOBSECK — UNE DOUBLE FAMILLE.
ILLUSIONS PERDUES.
LE LYS DANS LA VALLÉE.
LA MAISON DU CHAT-QUI-PELOTE — LE BAL DE SCEAUX — LA VENDETTA — LA BOURSE.
MÉMOIRES DE DEUX JEUNES MARIÉES.
NOUVELLES (El Verdugo. Un épisode sous la Terreur. Adieu. Une passion dans le désert. Le Réquïsitionnaire. L'Auberge rouge. Madame Firmiani. Le Message. La Bourse. La Femme abandonnée. La Grenadière. Un drame au bord de la mer. La Messe de l'athée. Facino Cane. Pierre Grassou. Z. Marcas).
LES PAYSANS.
LA PEAU DE CHAGRIN.
PEINES DE CŒUR D'UNE CHATTE ANGLAISE.
LE PÈRE GORIOT.
PHYSIOLOGIE DU MARIAGE.
PIERRETTE.
LA RABOUILLEUSE.
LA RECHERCHE DE L'ABSOLU.
SARRASINE, suivi de Michel Serres, L'HERMAPHRODITE.
SPLENDEURS ET MISÈRES DES COURTISANES.
UN DÉBUT DANS LA VIE.
UNE FILLE D'ÈVE.
LA VIEILLE FILLE — LE CABINET DES ANTIQUES.

BALZAC

HISTOIRE DES TREIZE
Premier et troisième épisode

FERRAGUS
LA FILLE AUX YEUX D'OR

Édition établie
par Michel Lichtlé

GF Flammarion

On trouvera en fin de volume une bibliographie et une chronologie.

ISBN 2-08-070458-3

INTRODUCTION

« Les grandes passions sont rares comme les chefs-d'œuvre. » (*Ferragus*, p. 88.)

Par son titre, l'*Histoire des Treize* annonce un roman d'aventures dont les multiples héros, comme les Trois Mousquetaires, vaudront par leur appartenance au personnage collectif d'un groupe exclusif. De ce roman, la Préface, dont la fonction est ici d'inaugurer le récit bien plus que de le commenter, précise les données : l'histoire sera celle de treize « hommes d'élite » mais sans scrupules, unis, jusqu'à la mort de Napoléon, par les « liens sacrés » d'une commune énergie et d'un pacte d'assistance mutuelle absolue en une société secrète, capable de se soumettre la société entière. L'idée avait de quoi séduire un romancier depuis toujours épris de mystère et hanté par le rêve de la toute-puissance et le culte de la volonté. Elle était aussi de nature à passionner le public de 1833, avide de situations intensément romanesques et dramatiques. D'où le succès immédiat de l'œuvre. Dès le commencement de sa publication, on s'arracha l'*Histoire des Treize*. A. Pichot, directeur de la *Revue de Paris* où en parut le premier épisode, décrit ses lecteurs comme « palpitant sous le poids de la curiosité qui les oppresse [1] ». De la passion que souleva son récit, Balzac recueillit quelques preuves flatteuses, dont il se vante dans une lettre à Mme Hanska : « *Madame*[2] m'a fait écrire du fond de sa prison de Blaye des choses touchantes, j'ai été sa consolation, et l'*Histoire des Treize* l'a si fort intéressée qu'elle a été sur le point de me faire écrire pour en savoir la fin par avance, tant elle en était agitée. Chose bizarre ! M. de Fitz-James, m'écrivait que le vieux prince de Metternich ne quittait pas cette histoire et dévorait mes œuvres ! [...] L'*Histoire des Treize* a eu un succès extraordinaire dans ce Paris si insouciant et si occupé[3]. »

Succès de mode sans doute, auprès d'un public formé à la lecture des romans noirs, et récompense d'un romancier à l'invention agile et devenu expert en l'art du *conte*. Mais aussi force du mythe, inscrit dans le titre, de la toute-puissance occulte de quelques hommes. Au fond, on comprend que la duchesse de Berry, faute d'avoir réussi sa propre aventure politique, si romanesque, en soulevant les provinces de l'Ouest, ait rêvé à la force invincible que n'eût pas manqué de lui apporter l'appui de quelques *Treize*. Et que Balzac lui-même, emporté par l'élan de sa fiction, ait trouvé « bizarre » l'intérêt pris à son roman par le prince de Metternich, dont on connaît la puissance dans l'Europe d'alors. Il est plus frappant de relever, avec Théophile Gautier[4] et Léon Gozlan[5], que dans l'enfer du journalisme parisien, le romancier entreprit réellement de fonder une « Société du Cheval rouge », qui devait secrètement soutenir ses membres et les pousser vers la fortune et la gloire. L'idée, commente Gautier, « était bonne [...]. D'autres, qui sont parvenus, l'ont mise en œuvre sans l'entourer de la même fantasmagorie romanesque[6] ». Les *Treize* en fascineront plus d'un. À leur image, semble-t-il, fut créé à Saint-Pétersbourg en 1839 un « Cercle des Seize » auquel appartint le poète Lermontov, afin d'organiser « la fuite à l'étranger de la belle Olga Friderix poursuivie par le voluptueux empereur Nicolas Ier[7] ». Bien plus tard, Barbey d'Aurevilly, qui connaissait son Balzac, intitulera « Histoire des Douze » le chapitre où paraissent les douze libérateurs du Chevalier des Touches, choisis parce qu'ils « étaient hommes à aller le reprendre sous le tranchant de la guillotine ou à la gueule de l'enfer[8] ». Baudelaire, enfin, évoque le souvenir plus pitoyable de « quelques malheureux qu'avait grisés Ferragus XXIII, et qui projetaient sérieusement de former une coalition secrète pour se partager, comme une horde se partage un empire conquis, toutes les fonctions et les richesses de la société moderne[9] ».

Cependant, cette charge de rêve contenue de toute évidence dans le titre de l'*Histoire des Treize*, Balzac l'a-t-il vraiment exploitée ? Le lecteur dont la Préface a alléché la curiosité peut à juste titre s'estimer plus trompé encore, quand il achève le livre, que si l'auteur l'avait promené, comme dans les romans noirs, « de souterrains en souterrains, pour lui montrer un cadavre tout sec, et lui dire, en forme de conclusion, qu'il lui a constamment fait peur d'une porte cachée dans quelque tapisserie, ou d'un mort laissé par mégarde sous les planchers[10] ». Qu'a-t-il appris qu'il ne savait déjà par les premières pages ? À l'examen, d'ailleurs, cette Préface s'avérait bien confuse. Balzac, d'abord, y présentait non pas une société secrète, mais deux. Du personnage de Ferragus qu'il introduisait, il faisait à la fois le chef des Dévorants, « secte d'ouvriers » aux ramifications multiples, s'étendant sur toute la France, et l'un des Treize, le membre d'une association de « gens supérieurs », « en gants jaunes et en carrosse », devant leur distinction « à leur esprit naturel, à leurs lumières acquises, à leur fortune ». De là une première source d'ambiguïté, touchant au recrutement des Treize. Puis Balzac nourrit sa Préface de multiples références, où sa pensée ne se précise guère. Selon lui, des liens mystérieux rattacheraient le Compagnonnage à la Maçonnerie ; il définit les Treize par analogie avec les flibustiers, avec les Jésuites. Les intentions du romancier sont claires. Il veut, comme souvent, rendre sa fiction vraisemblable en lui donnant pour caution tout ce que la réalité, sur un point donné, offre de romanesque. Il faut reconnaître pourtant que le lecteur s'égare parmi tant de mystères si différents. Quoi de commun entre Maçons et Compagnons, Jésuites et flibustiers ? Rien, sinon une certaine force collective, issue de la solidarité. Le degré de clandestinité, la nature du secret, les moyens employés n'ont évidemment rien de comparable, ni surtout les fins recherchées. Quelles sont celles des Treize ? Satisfaire par le dévouement de tous les passions de chacun. Nouvelle contradiction : une telle « religion de plaisir et d'égoïsme » peut-elle fournir un ciment bien sûr ? On songe à cette constatation désenchantée d'une lettre à Mme Hanska de 1836 : « En France, les associations d'hommes sont impossibles, soit à cause des prétentions individuelles, soit à cause de l'esprit, du talent, du nom et de la fortune, quatre causes d'insubordination[11]. » Et l'on comprend qu'un « hasard » ait suffi à rompre le pacte des Treize et à « dissoudre les liens de cette vie secrète ». La lecture du roman confirme l'impuissance du groupe. Non pas, il est vrai, par rupture de son unité interne. Mais en raison de la vanité fondamentale des objectifs poursuivis. La force multipliée des Treize assure à leur action une perfection toute technique. Ils s'entendent merveilleusement en l'art de contraindre. Mais on ne contraint que des corps. D'où cette propension des Treize à buter sur des cadavres. Plus que la puissance de la volonté, leur histoire illustre les limites de la volonté de puissance. Leur illusion est de croire qu'ils peuvent tout. En fait, ils ne savent que se venger. Dans le premier épisode, *Ferragus*, ils punissent un jeune homme, Auguste de Maulincour, d'avoir ruiné le projet de réhabilitation sociale du forçat Gratien Bourignard, dit Ferragus ; dans le second, *La Duchesse de Langeais*, puis dans le troisième, *La Fille aux yeux d'or*, deux femmes coupables d'avoir trompé les désirs d'Armand de Montriveau et d'Henri de Marsay. Toute vengeance implique l'idée d'un mal premier irréparable. C'est dire que les Treize sont par nature défaits, et, dans l'action, condamnés par le romancier à ne jouer en tant que tels qu'un rôle de second plan. Maîtres de la vengeance, ils figureront dans les dénouements ; ou plus exactement, ils feront de la figuration dans les dénouements que Dieu[12] — ou le Diable — aura préparés pour eux.

L'importance des Treize dans l'*Histoire* qui porte leur nom est finalement si réduite, leur intervention dans chacun de ses épisodes si peu nécessaire, que le lecteur s'interroge sur les intentions du romancier. Comment expliquer le fait qu'ayant conçu le projet d'écrire une *Histoire des Treize*, Balzac ait réuni sous ce titre commun des récits si divers, et ait accordé si peu de soin à ce qui devait assurer l'unité de l'ensemble ? L'*Histoire des Treize* serait-elle une sorte d'œuvre avortée ? Dans la note préliminaire de l'édition qu'il a donnée de cette « suite romanesque », P.-G. Castex note que le rôle qu'y joue la société secrète non seulement est peu important, mais de plus diminue d'épisode en épisode. « Tout se passe, conclut-il, comme si Balzac avait peu à peu perdu de vue son projet primitif[13]. » Si l'on considère pourtant la genèse de l'œuvre, on constate que l'intention première de Balzac ne fut pas d'écrire une *Histoire des Treize*, mais seulement celle de *Ferragus*. Dans le « Plan définitif des *Études de mœurs au* XIX*e* *siècle* » que le romancier fixe dans son *Album* personnel à la fin de février ou au début de mars 1833, ce titre figure seul à côté de *Conversations* [*entre onze heures et minuit*] dans la liste des ouvrages qui devront composer le second tome des *Scènes de la vie parisienne*[14]. L'examen du manuscrit[15] et des variantes de la Préface[16] suggère également que l'histoire de Ferragus fut d'abord conçue isolément, qu'elle est devenue progressivement « épisode », puis « premier épisode », d'une histoire plus vaste[17]. Cette constatation est importante. Elle donne à penser que dans l'imagination du créateur, les Treize sont nés individuellement avant d'exister collectivement. De même, le personnage de Montriveau, héros de *Ne touchez pas la hache*, premier titre de *La Duchesse de Langeais*, préexistait à l'invention de l'*Histoire des Treize*[18]. Ainsi se confirme l'impression du lecteur, qui plus qu'une association secrète en action, a le sentiment de découvrir successivement trois de ses membres, dont les aventures se juxtaposent plutôt qu'elles ne se complètent. Cela est si vrai que lorsque dans la Postface qui conclut la publication de *Ferragus* dans la *Revue de Paris*, en mars-avril 1833, Balzac annonce que deux autres histoires s'ajouteront à la première, il les présente non comme deux nouvelles aventures des Treize, mais comme « les aventures de deux nouveaux Treize[19] ». On le voit : c'est une série de romans, non d'épisodes, qu'ouvre le titre d'*Histoire des Treize*. Disons, comme Lousteau à Lucien dans *Illusions perdues*, que plus que d'un roman plus ou moins ingénieux, il y avait là la chance d'une collection[20].

Il est vrai que des treize histoires que l'on pouvait attendre, trois seulement ont été écrites. Balzac s'en est expliqué par avance dans la Préface, où il déclare que de la riche matière livrée à son talent par son mystérieux informateur, il n'a retenu qu'une part, la plus douce, celle, précise-t-il, « où la femme est radieuse de vertus et de beauté ». Du principe à son exécution, l'adéquation sera loin d'être parfaite ! On relève cependant que d'emblée, pour la série projetée, la vie des Treize ne semble pas fournir une source d'unité assez forte, et qu'il convient de la rechercher ailleurs, dans une certaine image idéale de la femme. Un autre passage encore révèle les intentions du romancier : la Postface déjà citée de *Ferragus*, dans laquelle il affirme nettement qu'il s'en tiendra, dans l'*Histoire des Treize*, à trois récits. « Quant aux autres drames de cette histoire, si féconde en drames, ajoute-t-il, ils peuvent se conter entre onze heures et minuit ; mais il est impossible de les écrire[21]. »

Cette formule apparemment désinvolte et faussement modeste renvoie explicitement le lecteur à *Une conversation entre onze heures et minuit*, le premier des *Contes bruns* qu'en collaboration avec Ph. Chasles et

Ch. Rabou, Balzac avait publiés l'année précédente, en février 1832. À vrai dire, cette *Conversation* n'était pas un conte, mais un ensemble de récits, prêtés à divers interlocuteurs réunis dans un salon du faubourg Saint-Germain. Tout partait d'un cercle de personnages : « représentez-vous assises autour d'une cheminée, dans un salon élégant, une douzaine de personnes dont toutes les physionomies, plus ou moins tourmentées, plus ou moins belles, expriment des passions ou des pensées[22] ». Puis d'une pratique sociale impliquant un investissement passionnel, le jeu, naissait le récit, qui par contamination se propageait d'interlocuteur en interlocuteur[23], chaque auditeur devenant, selon l'évolution capricieuse de la causerie et la richesse de son expérience personnelle, un narrateur potentiel. Ainsi se liaient, très librement, dans un cadre unique, douze histoires elles-mêmes d'inspiration très libre : dans ce salon présenté comme une survivance, comme une exception, se succédaient les images de guerriers féroces, de criminels impénitents ; la gaieté y était sans pruderie, et l'on y osait rire même de la mort. En vérité, par sa structure et par ses thèmes, l'*Histoire des Treize* est moins éloignée qu'il ne paraît d'*Une conversation entre onze heures et minuit*. Certes, les longs épisodes qui la composent se distinguent essentiellement des brèves interventions des narrateurs de la *Conversation;* Balzac ne les présente pas comme les éléments d'un échange oral ; et dans l'*Histoire des Treize*, l'histoire des Treize ne peut être assimilée à une sorte de récit cadre englobant des récits secondaires. Mais elle n'est pas non plus élément véritable de la substance romanesque[24]. Comme la réunion des douze personnes d'élite dans le salon qu'évoquait la *Conversation*, l'association des Treize, rapidement présentée en introduction, fournit seulement le point de départ, la source commune de diverses histoires qui, comme celles d'*Une conversation*, attestent l'existence, « dans la vie tranquille telle que la constitue notre civilisation actuelle, si pâle, si décrépite », d' « aventures où l'âme se déploie dans toute sa vigueur[25] ». On notera aussi que dans la Préface de l'*Histoire des Treize,* Balzac présente sa narration comme la mise en forme d'histoires qui lui ont été *dites,* et qu'à la fin de l'édition originale de *La Duchesse de Langeais,* il fait de *La Fille aux yeux d'or* l'objet d'une *conversation* entre Treize, un récit de Ronquerolles à Montriveau[26]. Ajoutons enfin que dans *Autre étude de femme,* en 1842, Balzac fera de ce même Montriveau le narrateur du récit sur la mort de Rosina, qu'il emprunte à la *Conversation.*

Il ne faut pas exagérer l'importance de ces points de rencontre entre *Une conversation* et notre roman. Ils renforcent cependant l'idée qu'en dépit des apparences, Balzac a d'emblée conçu l'histoire des Treize comme un principe d'organisation séduisant et commode entre différents récits plutôt que comme un véritable sujet de roman. Comme dans *Une conversation,* une réunion de personnes fonde l'unité de l'œuvre. En définissant toutefois ce groupe non plus — sinon par instants — comme société de narrateurs, mais comme association de héros, Balzac s'obligeait à renforcer l'unité de l'ensemble. Il devait faire reparaître ses personnages. En définitive, il le fait peu, tard, et assez maladroitement[27] ; plusieurs fois, on remarque que ces réapparitions sont le fruit de l'application, non du premier jet créateur. Il arrive néanmoins que ce premier jet soit déjà révélateur. Ainsi quand, dans l'édition originale de *La Duchesse de Langeais* [*Ne touchez pas la hache*], Balzac remplace par le nom de Mme de Sérizy, présente dans *Ferragus,* celui de Mme de Vieuxmesnil[28], que portait à l'origine l'héroïne de *La Femme de trente ans*[29]. Sous la volonté de renforcer l'unité de l'*Histoire des Treize,* affleure déjà le sentiment que l'œuvre romanesque entière est une, ou la fugitive ambition de la rendre telle. On le voit aussi par l'allusion que par deux fois, la duchesse de Langeais fait à l'abandon de Mme de Beauséant[30] : rappel de *La Femme abandonnée* et annonce, sans doute, du prochain développement rétrospectif de cette aventure dans *Le Père Goriot*[31]. C'est dans ce dernier roman, comme on sait, que Balzac inaugure la pratique systématique du retour des personnages. On voit que sur le chemin qui mène l'œuvre balzacienne à son unité, l'*Histoire des Treize* occupe une place importante.

Comment s'en étonnerait-on ? Balzac commence en février 1833 *Ferragus* dont l'ensemble paraît dans la *Revue de Paris* dans les mois de mars et d'avril suivants. *L'Écho de la jeune France* publie le début de *Ne touchez pas la hache* en avril et mai de cette même année, mais les lecteurs devront attendre le mois d'avril 1834 pour apprendre au tome XI des *Études de mœurs au XIXe siècle* la fin de l'histoire de la duchesse de Langeais. Ils découvriront en même temps le début de *La Fille aux yeux d'or,* dont la fin toutefois, renvoyée au tome XII de la même série, restera inédite jusqu'en mai 1835. La composition de l'*Histoire des Treize* s'étend donc sur plus de deux ans, et ces deux années sont celles où Balzac élabore définitivement le plan de son œuvre.

À plus d'un titre, le roman semble porter la marque de cette invention. Nous avons vu déjà qu'en faisant de Ferragus, outre le chef des Dévorants, le membre d'une association secrète qui l'unit à d'autres héros d'autres récits, Balzac s'était contraint à procéder entre romans à un retour des personnages plus systématique peut-être qu'il ne l'avait d'abord envisagé. Puis il faut revenir ici à cette *Conversation entre onze heures et minuit,* à ce premier ensemble organique de « contes » dont nous avons relevé que l'*Histoire des Treize* prolongeait l'inspiration et dépassait la structure. On sait que Balzac songea rapidement à développer sa contribution aux *Contes bruns* de février 1832. Dès le 5 juin suivant, il s'engageait à livrer à l'éditeur Mame, « entre le 15 août et le 15 septembre », des *Conversations entre onze heures et minuit* qu'il conçoit, en juillet, comme « un livre en 2 volumes in-8° [32] ». Or soudain, au mois d'août, son projet devient tout autre. Une idée neuve est apparue : celle de composer un recueil d'*Études de femmes*, puis de *Dernières études de femmes,* au nombre desquelles figure, notons-le, le titre mystérieux de *Sainte Thérèse, la femme extatique*[33]. Et voici que Balzac songe à fondre « les *Études de femmes,* les *Conversations,* etc., dans une collection de trois ou quatre volumes originale[34] ». Une telle intégration devait annoncer un changement de point de vue radical. Moins sans doute qu'il ne paraît. Il est vrai qu'*Une conversation entre onze heures et minuit* raconte des histoires avant tout viriles, et, en plein XIXe siècle, des atrocités qui n'ont d'égales que celles des Treize ; qu'en ce sens, plutôt qu'en des *Études de femmes,* elle semblait appelée à se fondre, comme il y est d'ailleurs suggéré, en des scènes de « la vie campagnarde et paysanne », qui « attend un historien », ou mieux encore, en des « scènes de la vie militaire[35] », où le crime est impuni, où la méchanceté du caractère peut se donner libre cours (les officiers ne manquent pas dans l'*Histoire des Treize !*). Pourtant la femme y est présente, rarement comme protagoniste, plus souvent comme victime ou comme enjeu. On voit qu'une synthèse était possible entre l'inspiration d'*Une conversation* et celle des *Études de femmes.* Balzac toutefois renonça à son projet de fondre les deux ouvrages l'un dans l'autre, sans cesser pour autant de les associer[36]. Et, quand au début de l'année 1833, il conçut le plan plus vaste des *Études de mœurs,* il y réunit encore, dans la série des *Scènes de la vie du monde,* trois volumes d'*Études de femmes* et un volume de *Conversations,* qui reçoit ici le titre significatif de *Conversations de Paris entre onze heures et minuit*[37]. Ainsi s'annonce un nouvel enrichissement de leur inspiration. Il s'affirme dans le « Plan définitif des *Études de mœurs au XIXe siècle* » que Balzac inscrit dans son *Album* à la fin de février ou au début de mars 1833[38] : aux *Scènes de la vie du monde* s'y substituent des *Scènes de la vie de province* et des *Scènes de la vie parisienne.* Les *Études de femmes* disparaissent, mais les *Conversations* demeurent : précédées de *Ferragus,* elles formeront le second volume des *Scènes de la vie parisienne.* On sait qu'elles ne paraîtront jamais sous le titre de *Conversations*, et que leur matière alimentera d'autres œuvres. Peu nous importe ici. Ce qui nous intéresse dans leur histoire, c'est de voir que, de regroupement en regroupement, de purs « contes », seulement destinés à émouvoir, sont devenus peu à peu éléments d'*Études de femmes*, puis *Scènes de la vie parisienne*. Comment ne pas reconnaître, dans les centres d'intérêt principaux de l'*Histoire des Treize*, que Balzac a explicitement liée aux *Conversations entre onze heures et minuit*, le fruit de cette histoire ?

En 1833, Balzac est certes l'auteur de la *Physiologie du mariage*, du *Dernier Chouan*, de *La Peau de chagrin*. Mais il passe avant tout, même s'il s'en défend [39], pour un « contier », il tend à devenir la providence des revues en quête de copie alléchante. Toutes formes de contes sont sorties de sa plume : *Contes bruns*, *Contes philosophiques*, *Contes drolatiques*. Vraiment, il est, comme le nomme Sophie Gay [40], « le roi de la nouvelle ». Non sans mérite d'ailleurs, car le genre, alors, ne manque pas d'adeptes. « Ce sont les contes qui foisonnent, ce sont les conteurs qui fourmillent », note un chroniqueur de la *Revue des Deux Mondes* [41], au début de l'année 1833. Hoffmann est à la mode. Les recueils prolifèrent : *Le Livre des Cent et un*, *Le Conteur*, *Le Livre des conteurs*... L'engouement du public est considérable. La tentation aussi, pour les écrivains, de le satisfaire facilement.

On a beaucoup reproché à Balzac d'y avoir succombé dans l'*Histoire des Treize* [42]. Il s'en défend, certes, dans la Préface, où il dénonce avec mépris la tendance de quelques auteurs à convertir leur récit en « joujou à surprise », en intrigue de mélodrame ou de roman noir, semée d'escaliers dérobés et de découvertes macabres. Or que nous offre, précisément, l'*Histoire des Treize ?* Des passages secrets dans des cheminées, de mystérieux itinéraires, en pleine capitale, que l'on parcourt les yeux bandés ; des masques, des déguisements, des escalades, des rapts ; de fausses identités et d'invraisemblables reconnaissances ; des forçats, des grisettes, des duègnes et des mulâtres. Un honorable agent de change, l'homme de confiance de Nucingen, grimpe d'escalier en escalier, puis sur un marchepied, pour épier par-dessus une armoire sa femme à travers le trou d'une cloison. La vertueuse bourgeoise est fille de forçat ; l'authentique duchesse se déguise en femme de chambre pour se faire carmélite ; l'adorable jeune fille est une esclave, séquestrée dans le plus inattendu des harems. Jamais correspondance ne fut plus troublée que dans notre roman. Pour qu'une lettre parvienne, il faut qu'elle soit imitée ou écrite en lettres de sang. Toutes les autres sont perdues, interceptées, ou ne sont pas ouvertes. Les mieux codées sont les plus sûrement déchiffrées. L'*Histoire des Treize* ne serait-elle donc, en 1833, puis dans *La Comédie humaine,* qu'un souvenir de jeunesse, en somme une œuvre indigne ?

En vérité, comme le prouvent les trois dédicaces à Berlioz, à Liszt, à Delacroix, l'*Histoire des Treize* est une œuvre essentiellement romantique, où le désir d'émouvoir le lecteur passe avant le souci de la vraisemblance, même dans la représentation du réel. Véritable série de contes, elle est une œuvre violente. Elle l'est par définition, puisque le romancier se propose d'y révéler quelques épisodes du terrible combat mené par quelques hommes contre l'ordre social. Il y aura donc batailles, il y aura des morts. Elles ne manqueront pas dans le roman, par le chagrin, le suicide, le poison, le poignard. On y manipule volontiers des cadavres : les Treize volent au Père-Lachaise celui de Mme Jules, ils jettent à la mer celui de la duchesse de Langeais, Paquita meurt noyée dans le sang. Les chairs sont meurtries, par la marque du forçat, son effort pour l'anéantir, et la duchesse n'échappe que de peu à la vengeance de Montriveau. De Marsay, le parfait dandy, a pour qualité première son intrépidité. Il ne craint pas la mort. Il ne craint pas non plus de la donner, et avec une facilité qui le rend redoutable : « sans avoir aucun remords d'être à la fois juge et partie, de Marsay condamnait froidement à mort l'homme ou la femme qui l'avait offensé sérieusement. Quoique souvent prononcé presque légèrement, l'arrêt était irrévocable [...]. Aussi la plaisanterie amère et profonde qui distinguait la conversation de ce jeune homme causait-elle assez généralement de l'effroi ; personne ne se sentait l'envie de le choquer[43] ». Ainsi l'*Histoire des Treize* n'est pas seulement une œuvre dans laquelle s'insèrent, comme autant d'accessoires à la mode, quelques épisodes violents. C'est une œuvre profondément cruelle, où l'affirmation du moi s'exaspère en despotisme oriental. On torture beaucoup dans ce roman où l'on pourrait même dire qu'on ne fait que cela. Ces histoires d'amour sont envahies de soupçons, de coquetteries, de jalousies ; bien plus, dans *La Fille aux yeux d'or*, les souffrances de Paquita seront appréciées par les Treize en connaisseurs ! Déjà dans *La Duchesse de Langeais*, c'est le cigare à la bouche que Montriveau songeait à faire marquer la duchesse. Il y a là plus que du mauvais goût : un sadisme qui d'un bout à l'autre de l'*Histoire des Treize* se donne libre cours, et dont la femme est par excellence la victime. Mme Jules, la duchesse de Langeais, Paquita sont des proies condamnées d'avance ; elles n'auront que le temps de se débattre. Tout le roman peut se lire comme une suite de chasses, où dans la jungle parisienne, trois femmes sont poursuivies. Littéralement, comme le montrent bien les premières pages de *Ferragus*. Par imprudence, comme Mme Jules, par coquetterie, comme la duchesse de Langeais, ou par situation de jeune beauté exposée sur la terrasse des Feuillants, comme la fille aux yeux d'or, elles suscitent un désir qui s'avère meurtrier. Il est bien celui de la chasse, plus que de la prise. À ce jeu, chacun engage sa vie, aveuglément, comme l'exprime le fait qu'on y aille les yeux bandés, mais avec acharnement, et pour tuer. Le cas de Mme Jules est à ce titre exemplaire : dès le premier coup, elle est blessée à mort, mais tous les délais lui seront accordés pour souffrir. *La Duchesse de Langeais* est l'histoire d'une femme qui, selon le titre premier donné à la nouvelle, aiguise patiemment la hache dont elle périra. Quant à Paquita, qui vend chèrement sa vie, son agonie est encore jugée trop courte par la marquise de San-Réal, qui devance de peu de Marsay.

La violence de l'*Histoire des Treize* ne tient pas uniquement à l'atrocité des faits qui y sont rapportés, ni à la férocité des protagonistes. Elle est aussi dans l'art du conteur. Mieux que tout autre, Balzac sait donner aux choses la force de la vie, faire surgir des apparences les plus banales les drames les plus intenses. Le début de *Ferragus* est de ce point de vue justement célèbre. L'animation des rues de Paris, la métamorphose du paysage physique en paysage moral y chargent toute présence d'une signification passionnelle. L'invention de cette géographie dynamique rend possible le choc d'une rencontre surprenante, dans lequel la nouvelle trouve son élan. Elle se poursuit comme un roman policier, selon le rythme d'une rebondissante enquête, traversée de multiples péripéties. Ce qui compte ici, ce n'est pas l'imperfection des enchaînements, ni les invraisemblances psychologiques du récit d'aventure. C'est le foisonnement de l'invention narrative, l'élan de l'inspiration, la force des coups de théâtre, jusqu'au dénouement, où l'œil s'immobilise sur l'image du père détruit, de l'homme anéanti qu'est devenu Ferragus par la mort de sa fille ; image de la vie quotidienne, par où commençait la nouvelle, riche toutefois non plus de drames insoupçonnés, mais de celui qui s'est joué. Mouvement, surprise, contrastes, telles sont ici les armes premières du conteur, et pas seulement dans *Ferragus*. L'aventure de Montriveau brise le cercle de la société parisienne, trop étroit pour la contenir : c'est au désert seulement — « Dieu sans les hommes », selon la formule finale d'*Une passion dans le désert* —, ou dans le cloître d'une île isolée dans la mer, qu'une telle passion peut trouver son cadre naturel. On se souvient aussi de la force des premières pages de *La Fille aux yeux d'or*, qui par-delà le croquis des milieux particuliers, peignent la cité tout entière travaillée du désir du plaisir et de l'or. Commentant ce passage si justement admiré, et l'effort du romancier que révèlent les variantes du texte, P.-G. Castex remarque que « toutes les phrases sont emportées dans un mouvement tumultueux. Toutes les métaphores qui les enrichissent possèdent une valeur dynamique[44] ». Et de citer la vision de Paris comme « un vaste champ incessamment remué », comme un volcan qui jette « feu et flamme par son éternel cratère », comme une ruche dont la population « sort de ses alvéoles, vient bourdonner sur les boulevards », ou encore comme une nef qui malgré « son tangage et son roulis », « vogue à pleine voile » avec ses passagers, tous en quête « de la gloire qui est un plaisir, ou des amours qui veulent de l'or ».

On voit que dans l'*Histoire des Treize* la violence est aussi effet de style. Balzac y emploie ses ressources propres d'écrivain, dont il accroît encore l'efficacité en empruntant à d'autres arts leur puissance suggestive. À propos du commentaire du *Dies irae* dans *Ferragus*, qui en explique sans doute la dédicace à Berlioz, à propos des variations à l'orgue de sœur Thérèse au début de *La Duchesse de Langeais*, qui en expliquent sans doute la dédicace à Liszt, on a pu parler de « page de musique en prose[45] ». Avouons que d'une page de musique en prose, nous attendons aujourd'hui autre chose. Il n'en faut pas moins souligner dans l'*Histoire des Treize* l'effort de Balzac pour se mettre au niveau d'un art auquel il a reconnu parfois un désespérant pouvoir, plus riche que celui des mots[46]. En vérité, le style de Balzac n'est évidemment pas musical. Il ne peut pas l'être, étant donné la méthode de composition balzacienne, que caractérise le bourgeonnement intérieur de la phrase, ou du paragraphe. Si le roman balzacien tend à la poésie, c'est par d'autres moyens. Pourtant, dans la composition et le mouvement de l'évocation parisienne qui occupe le début de *La Fille aux yeux d'or,* J.-M. Bailbé a reconnu, sinon une ouverture, du moins un prélude[47]. Quant aux commentaires de musique religieuse, il suffit de se reporter au texte pour constater qu'il ne s'agit pas de critique d'art. Qu'en Balzac, l'homme en gants jaunes ait trouvé là l'occasion de quelques morceaux de bravoure, ce n'est guère douteux. L'art de Balzac est plutôt de leur avoir donné une fonction romanesque. C'est au profit du pathétique qu'il commente le *Dies irae,* c'est au profit de l'amour que sont évoqués le *Magnificat* et le *Te Deum.* Pur langage de l'âme, à la fois intensément expressive et socialement indéchiffrable, la musique fournit ainsi l'occasion d'une situation romanesque, que Balzac sait exploiter. Fort habilement, il rivalise avec le musicien, en un combat esthétiquement perdu d'avance, grâce auquel cependant il récupère au bénéfice de l'illusion romanesque les émotions musicales du lecteur.

La concurrence avec le peintre laisse plus de chances au romancier. On sait que Balzac s'y essaie dans *La Fille aux yeux d'or,* qu'il dédie « à Eugène Delacroix, peintre ». Plus que la transposition d'art, importe ici le choix de Delacroix, choix intérieur, appelé sans doute par les nécessités du sujet. Dès 1832 ou 1833, Balzac en effet a envisagé d'écrire un volume de *Fantaisies,* à caractère oriental. Sous ce titre général, il regroupait alors dans son *Album,* autour d'*Une passion dans le désert,* qui date de 1830, et du *Voyage à Java,* paru dans la *Revue de Paris* en novembre 1832, divers projets dont l'un porte le titre significatif de *L'Amour dans le harem. Caprices*[48]. Une autre liste de projets, sur la même feuille, fait apparaître les noms de *Croquis d'Orient, Un despote, La Femme en Asie*[49]. Une note de la même époque donne le canevas suivant, dans lequel P.-G. Castex a reconnu l'annonce lointaine de *La Fille aux yeux d'or* : « L'intérieur d'un harem. Une femme aimant une autre femme et tout ce qu'elle fait pour la préserver du maître[50]. » De toute évidence, l'Orient hante alors Balzac, Orient à la fois exotique et intérieur, où se vit dans l'absolu l'aventure voluptueuse et cruelle du désir. Or de ce rêve, Delacroix fournissait alors des images intenses. *La Mort de Sardanapale* date de 1827 ; à l'exposition de 1834, Balzac a admiré les *Femmes d'Alger dans leur appartement*. On comprend qu'il ait fait à ce peintre l'hommage de *La Fille aux yeux d'or*. La dédicace signale que l'œuvre porte l'empreinte de cet univers, et la critique a maintes fois relevé les éléments picturaux qui dans le récit semblent porter la marque de l'admiration de Balzac pour Delacroix : « tumulte de couleurs chaudes, ferventes, distribuées largement par l'intuition de la main plus encore que par une volonté de système », abondance, tout au long du roman, de ce qui éveille « des images orientales de volupté et de cruauté[51] ». Faut-il expliquer la présence de ces procédés par quelque tentative balzacienne de rivaliser en *La Fille aux yeux d'or* avec Delacroix ? Rien ne prouve que telle ait été la volonté du romancier. Ce qui se révèle plutôt de la sorte, comme l'a montré Olivier Bonard, c'est « l'ambition d'obtenir ici de l'écriture des effets plastiques très précis[52] ». C'est parce qu'en l'Orient de Delacroix Balzac a reconnu des éléments de son « rêve asiatique » personnel qu'il emprunte au peintre sa palette. À l'extrême passion, il prête comme Delacroix le décor le plus richement coloré, à la recherche des raffinements du plaisir un cadre digne des *Mille et Une Nuits*. « L'âme a je ne sais quel attachement pour le blanc, l'amour se plaît dans le rouge, et l'or flatte les passions », écrit Balzac en une formule souvent citée de *La Fille aux yeux d'or*[53]. Voilà pourquoi ces couleurs dominent le décor où se joue l'aventure tragique de Paquita. Sans doute la vision des toiles de Delacroix n'est-elle pas étrangère à l'établissement d'un tel système de correspondances. Mais là encore, c'est en romancier, non en émule du peintre, que Balzac donne à son œuvre ces dominantes chromatiques. Si sur fond de grisaille parisienne il répand le pourpre et l'or, c'est moins pour faire un Delacroix, comme on a pu dire, que pour capter au bénéfice de son projet romanesque « cette exubérance orientale et cette ferveur picturale[54] » caractéristiques de son art.

Comme les commentaires musicaux de *Ferragus* et de *La Duchesse de Langeais,* la peinture balzacienne dans *La Fille aux yeux d'or* doit par son éclat éblouir le lecteur, et le romancier s'y emploie vigoureusement, détachant, par exemple, par un violent contraste, sa description du boudoir de Paquita sur l'arrière-plan de la nuit parisienne, où de Marsay est entraîné de surcroît les yeux bandés. Si toutefois l'action de Balzac paraît ici plus efficace, c'est aussi parce que l'évocation de ce boudoir est infiniment plus précieuse pour l'intelligence de *La Fille aux yeux d'or* que les passages consacrés au *Dies irae,* au *Te Deum* ou au *Magnificat* ne le sont pour celle de *Ferragus* ou de *La Duchesse de Langeais.* Ce qui est en jeu n'est pas seulement l'intrigue mais le sens. En même temps qu'il peint le riche et voluptueux décor de l'hôtel San-Réal, le romancier de *La Fille aux yeux d'or* pose au cœur de la civilisation parisienne un lieu qui en incarne intensément les désirs. Avec sa mousseline des Indes, ses tapis de Perse, son divan turc, ses esclaves, ses mulâtres, l'hôtel San-Réal pourrait n'être qu'exotique. En vérité, au plus secret de la ville, il produit l'image de ses convoitises inavouées, il donne pour accompli ce rêve de plaisir et d'or dont elle vit. Ce décor d'Orient, digne de Delacroix, que Balzac loge en pleine réalité parisienne, la juge comme son idéal. Paris devient ainsi comme une nouvelle Venise, séduisante et corrompue, Orient dans l'Occident, « pays sans mœurs, sans croyance », selon les premières pages de *La Fille aux yeux d'or,* tout à la fois « reine des cités » et « grande courtisane », selon celles de *Ferragus.* Balzac la peuple d'Othellos. Déjà pour la duchesse de Langeais, auprès de Montriveau « Othello n'est qu'un enfant[55] ». Christemio, dans *La Fille aux yeux d'or,* est « un mulâtre dont Talma se serait certes inspiré pour jouer Othello s'il l'avait rencontré. Jamais figure africaine n'exprima mieux la grandeur dans la vengeance, la rapidité du soupçon, la promptitude dans l'exécution d'une pensée, la force du Maure et son irréflexion d'enfant[56] ». Quant à la marquise de San-Réal, dont le « teint mauresque » a séduit Paul de Manerville[57], elle se comporte, au dénouement, bien avant la Gina[58], en « Othello femelle ». L'hôtel qu'elle habite n'est pas moins vénitien que son personnage. Ses murs abritent dignement les mœurs les plus licencieuses. Tout y est prêt pour le crime impuni. Le boudoir de Paquita est le chef-d'œuvre de cette civilisation matérielle comme Paquita est elle-même « le chef-d'œuvre de la création[59] ». Là tout est agencé en vue du plaisir. L'or brille jusque dans les yeux de la femme. Et cet or, comme le dit bien l'héroïne dans son ingénuité[60], est à qui osera le prendre.

Une telle cité inspirera nécessairement des sentiments violents, d'ardeur conquérante ou de haine. Par la force des jouissances entrevues ou des désirs trompés, se dresseront contre elle des aventuriers énergiques, efficaces, sans scrupule, de ces « corsaires » comme Argow le pirate ou le « capitaine parisien[61] », dont Balzac affectionne l'image et auxquels il lui est arrivé de s'identifier (« oh ! que j'ai admirablement compris les corsaires, les aventuriers, les vies d'opposition[62] »). Et les Treize sont bien cela : des hommes « assez forts pour se mettre au-dessus de toutes les lois, assez hardis pour tout entreprendre », des « flibustiers en gants jaunes et en carrosse » que l'auteur compare aussi à « Morgan, l'Achille des pirates ». Ils sont de plus, selon l'indication de Balzac lui-même, comme les héros de la *Venise sauvée* d'Otway, des conjurés qu'unit un « pacte », et qui se retrouvent le soir « comme des conspirateurs[63] ».

Balzac connaissait fort bien la pièce d'Otway, à laquelle il fait de multiples allusions dans *La Comédie humaine*. Vautrin, dans *Le Père Goriot*, prétend même la savoir « par cœur[64] » ! Inspirée d'un ouvrage de l'abbé de Saint-Réal paru en 1674, la *Conjuration des*

Espagnols contre la République de Venise en 1618, livre d'histoire classique encore à l'époque romantique[65], elle était depuis longtemps appréciée en France, et avait même obtenu, sous la Restauration, l'honneur d'une publication dans la célèbre collection des « Chefs-d'œuvre des Théâtres étrangers traduits en français[66] », cette même collection dans laquelle Hélène par exemple, dans *La Femme de trente ans*, a lu *Guillaume Tell* de Schiller[67]. Pierre Citron a rappelé de plus que « le drame fut joué dans la langue originale à Paris, le 5 novembre 1827, par les Comédiens Anglais, avec Harriet Smithson, la future femme de Berlioz, dans le rôle de Belvidera[68] ». Il appartenait donc à l'actualité théâtrale et littéraire de la fin de la Restauration, et tout prouve que la connaissance en a profondément marqué Balzac. *Treize* hommes énergiques s'y dressent contre le gouvernement et le Sénat de Venise. Parmi eux, deux êtres d'élite, Pierre et Jaffier, qu'unit, selon l'expression qu'emploiera Vautrin, une solide « amitié d'homme à homme ». Leur révolte naît de l'injustice. À Pierre, le sénateur Priuli, symbole de l'aristocratie vénitienne corrompue, a pris sa maîtresse Aquilina, qui l'aime pourtant, en achetant ses faveurs à prix d'or. De Jaffier, il veut briser l'union avec sa fille Belvidera en le faisant saisir pour dettes, alors qu'elle lui doit la vie, l'adore, et lui a donné un fils. Bref, l'ignoble perversion des gouvernants crie vengeance : la vengeance, dit Pierre, est « l'attribut des dieux, ils l'ont empreinte avec leur noble image dans la nature humaine ». Dans une société où « le contrat de l'avantage général est rompu », où « la justice [...] est boiteuse aussi bien qu'aveugle », où « les lois, dont la destination est pervertie par ceux qui les font, ne servent plus que d'instrument à quelque nouvelle tyrannie », l'honnêteté est un leurre, la révolte un devoir. Et d'appeler de ses vœux le moment « charmant » où l'on verra « la grande prostituée de l'Adriatique briller au loin, revêtue de ces flammes dévorantes, [...] consumée jusque dans ses fondements aquatiques[69] ». En fait la conspiration échouera, par la faute de Jaffier qui, sous l'impulsion de Belvidera, livre le secret du complot.

On voit ce que l'*Histoire des Treize* doit à la pièce d'Otway : principalement le thème de la conjuration, qui implique la révolte et l'amitié. Comme Pierre, comme Jaffier, les Treize que nous connaissons sont des personnages auxquels s'est posé ou se pose un problème d'intégration sociale. Le premier épisode de leur histoire saisit Ferragus au moment où le roman de sa vie atteint son épilogue : brisé par la mort de sa fille, Gratien Bourignard, l'ancien ouvrier, finit en petit-bourgeois de Paris faute d'avoir pu se transformer, comme ancien forçat, en chevalier de la Toison d'or. Il est vrai que ce dernier titre peut sembler à double entente, ce qui donne au destin de Ferragus plus de cohérence qu'il n'y paraît. Il n'en demeure pas moins que le dernier chapitre du récit qui porte son nom le présente comme un réprouvé qui n'a jamais aspiré qu'à redevenir « quelque chose de social, un homme parmi les hommes », comme le meilleur des pères, ne songeant qu'à sa fille, à l' « avouer » pour telle, « à tuer le *forçat*[70] ». Le destin de Montriveau n'est pas aussi tragique. Cependant il est orphelin de son père, puis de la République, puis de l'Empire. Il a dû souffrir de la méfiance de Napoléon, des brimades de la Restauration, des mauvais traitements des sauvages. Seules de tardives faveurs ont empêché que ses ambitions militaires, scientifiques, de fortune n'eussent toutes été déçues. Quant à de Marsay, il est de naissance « hors-la-loi », fils naturel non reconnu de lord Dudley, « enfant abandonné[71] » de sa mère, de ses pères naturel et putatif à un père spirituel qui est un initiateur cynique. Ainsi, chacun des Treize a quelque vengeance à prendre sur un ordre social dont il a cruellement éprouvé le désordre et la dureté. Comme les conspirateurs d'Otway, ils seront donc unis par ce que dans *Venise sauvée* Belvidera appelait un « pacte infernal[72] », qui est ce que Balzac nomme dans la préface de l'*Histoire des Treize* « le bonheur continu d'avoir un secret de haine en face des hommes[73] ». Comme eux, ils maudiront « une société fausse et mesquine », au nom de la supériorité qu'ils se sentent : « le gouvernement appartient de droit à des âmes telles que la nôtre », soutient l'un des conjurés de *Venise sauvée*[74]. Tel est bien l'avis du fondateur des Treize, pour qui « la société devait appartenir tout entière à des gens distingués qui, à leur esprit naturel, à leurs lumières acquises, à leur fortune, joindraient un fanatisme assez chaud pour fondre en un seul jet ces différentes forces » : ces « criminels » ne se recrutent que « parmi les hommes d'élite[75] ». Contre le monde, ce monde à part engagera un combat sans merci : « Je vous recommande [...] de ne pas épargner le sang, de ne faire grâce ni au sexe, ni à l'âge, ni au nom, ni au rang », fait dire Otway à l'un de ses comploteurs[76]. Les Treize de Balzac feront preuve d'une égale férocité : « Je brûlerais Paris ! », s'écrie même Ferragus[77]. Il n'ira pas jusque-là. Mais il se montre, comme de Marsay, implacable dans la vengeance, comme Montriveau prêt à assassiner le moindre gêneur. Ces hommes, selon Balzac, savent s'entendre avec la Fatalité. De même que les héros d'Otway, ils se définissent tout à la fois comme « des juges et des bourreaux[78] ».

Le romancier ajoute comme des rois, « rois inconnus, mais réellement rois, [...] qui, s'étant fait des ailes pour parcourir la société du haut en bas, dédaignèrent d'y être quelque chose, parce qu'ils y pouvaient tout ». On aperçoit ici ce qui distingue, par-delà les ressemblances, l'association des Treize des conspirateurs d'Otway. C'est d'abord le — relatif — succès : Balzac exploitera plus tard, dans *Splendeurs et misères des courtisanes,* le dénouement tragique de la pièce anglaise, le thème de l'échec du complot par la trahison de l'amitié virile, de Pierre (Vautrin — Herrera) par Jaffier (Lucien de Rubempré). Plus profondément, alors que les héros de *Venise sauvée* luttent au nom d'une ambition politique que Jaffier définit comme la volonté de « restaurer la justice et détrôner l'oppression[79] », les Treize sont seulement des individus « ennuyés de la vie plate » que fait la civilisation moderne, et « entraînés vers des jouissances asiatiques » par la force de leurs désirs trop longtemps refoulés. Leur « religion » n'est pas un engagement pour un monde meilleur : elle est « de plaisir et d'égoïsme [80] ». Que leur importe Venise, pourvu qu'ils en profitent ? Dès lors que leurs intérêts sont saufs, pourquoi prendraient-ils la peine de la gouverner ?

C'est dire qu'ils ont une politique, qui n'est qu'une stratégie. Ils ne se replient pas sur la vie privée : dans la société, au lieu de convictions, ils défendent des passions, des intérêts. Voilà pourquoi ils ne se transforment jamais en véritables conjurés. Ils l'avouent eux-mêmes : il n'y a pas lieu, les apparences du gouvernement n'apportent rien à qui peut tout dans l'ombre. On n'est plus au temps de Cinq-Mars, ni de la Révolution : conspirateurs et factieux ont fait place aux groupes de pression, aux coteries, aux camaraderies. Par là, ces rebelles que sont les Treize paraissent terriblement intégrés au monde tel qu'il va. D'où leur allure, parfois, de tigres de papier, de terreur des boudoirs. Même Ferragus est un Lovelace [81].

Il est heureusement plus que cela : un ancien forçat qui par le mariage de sa fille s'est rapproché de la haute finance, et s'infiltre à présent dans l'aristocratie à l'aide de complicités. P.-G. Castex a montré qu'une aventure en apparence si exagérément romanesque n'avait rien d'inouï à l'époque : « les archives de la Police contiennent de nombreux dossiers d'aventuriers qui, évadés du bagne comme Ferragus, ont su, comme lui, à la faveur d'une fausse identité, se mêler à la haute société de la Restauration [82] ». Et de citer le cas de Pierre Coignard, « qui, sous le nom du comte de Sainte-Hélène, devint un favori de Louis XVIII » ; de « Claude Stévenot, évadé de Brest, devenu colonel, puis maréchal de camp, décoré de la Croix de Saint Louis, démasqué par Vidocq, de nouveau condamné, mais gracié et même pensionné sous Charles X » ; du « prétendu marquis de Chambreuil, qui, sous

Louis XVIII, devint directeur général des haras royaux, ainsi que de la police du Château, et que Vidocq reconnut pour avoir été son compagnon au bagne de Toulon », etc. Tous ces destins, conclut P.-G. Castex, « témoignent du trouble d'une société qui, renouvelant ses cadres après vingt-cinq ans de bouleversements chroniques, est particulièrement vulnérable aux entreprises de l'imposture ». Le personnage de Ferragus, loin de se réduire comme on aurait pu le craindre à « un fantoche de roman populaire », s'avère donc typique. Il témoigne, avec ses Dévorants, de l'agitation de ces « classes dangereuses » dont l'essor menace la Restauration, comme la menacent ces demi-solde dont fut Montriveau et ces jeunes gens de Paris que représente de Marsay. Les Treize ne conspirent pas contre les Bourbons, mais ils auraient toutes raisons de le faire. À en juger par ce qui nous est dit des protagonistes de leur *Histoire,* leur association regroupe des exclus du régime politique, gérontocratique et censitaire, mis en place en 1815. Il n'est pas jusqu'à leur irréligion, hautement revendiquée, qui ne soit alors d'opposition.

On serait tenté d'aller plus loin. N'est-il pas troublant de lire dans la Préface que, fondé sous l'Empire, le groupe des Treize s'est dissous à la mort de Napoléon ? « Réellement rois », les Treize ne le sont-ils pas précisément à la manière de Napoléon, dont le « grand poète » des *Contes bruns* dit qu'il fut « tout arbitraire et toute justice ! — le vrai roi [83] ! » Puis les valeurs qu'ils défendent, l'horreur de la « vie plate », le culte de l'énergie, la frénésie du plaisir, l'emportement vers des « jouissances asiatiques », tout cela ne rappelle-t-il pas cette civilisation de l'Empire, dont Balzac a fixé l'éclat spécifique dans *La Paix du ménage ?* Montriveau nous est présenté dans *La Duchesse de Langeais* comme le fils d' « un de ces *ci-devant* qui servirent noblement la République, et qui périt, tué près de Joubert, à Novi », au cours de la campagne d'Italie. Dès l'origine, son destin est donc lié à celui de Bonaparte, et c'est à lui qu'il doit d'avoir été placé à l'école de Châlons. Plus tard, cependant, son appartenance au corps de l'artillerie, dont « les opinions libérales et presque républicaines » éveillaient la méfiance de l'Empereur, retarde son avancement : il n'est encore que « chef de bataillon lors du désastre de Fontainebleau ». Mais les circonstances décisives le trouvent fidèle. Il a sous la première Restauration la réputation d'un homme dont l' « attachement aux serments faits à l'aigle impériale » est bien connu. « Lors des Cent-Jours, il fut nommé colonel de la garde et resta sur le champ de bataille de Waterloo. » Seules ses blessures l'empêchent alors de rejoindre l'armée de la Loire. Si donc, vers la fin de 1818, il se trouve « rétabli sur les cadres, dans son grade », et membre de la Garde royale après avoir été demi-solde, ce n'est pas en récompense de quelque défection, ni même pour l'avoir sollicité : la Restauration est venue à lui, non lui à la Restauration. Les propos qu'il tient à la duchesse de Langeais, qui voudrait faire de lui « le Sylla » de son parti, prouvent qu'il ne croit pas à l'avenir du régime : 1815 est à ses yeux la « bataille de Dreux » de la Restauration, « gagnée en fait, mais perdue en droit. Le protestantisme politique est victorieux dans les esprits [84] ». Et de prophétiser la chute des Bourbons au cas où ils seraient un jour « atteints et convaincus de ne plus vouloir de la Charte qui n'est qu'un gage donné au maintien des intérêts révolutionnaires ». Des prolongements politiques que pourraient avoir les ambitions sociales de Ferragus, Balzac ne dit rien. Mais on sait que Ferragus, chef des Dévorants, membre des Treize, forçat évadé, annonce Vautrin, « homme de marque », agent et banquier des Trois bagnes ainsi que de la société des Dix mille [85]. Les opinions de Vautrin sont claires : « Il n'y a pas de principes, il n'y a que des événements ; il n'y a pas de lois, il n'y a que des circonstances : l'homme supérieur épouse les événements et les circonstances pour les conduire. S'il y avait des principes et des lois fixes, les peuples n'en changeraient pas comme nous changeons de chemise. » Et d'exprimer son admiration pour la personnalité de Talleyrand, ce « prince auquel chacun lance sa pierre, et qui méprise assez l'humanité pour lui cracher au visage autant de serments qu'elle en demande[86] ». C'est de ce même Talleyrand que de Marsay se proclame le disciple. Il le fait explicitement dans *La Fleur des pois* [*Le Contrat de mariage*], qui paraît en novembre 1835, quelques mois seulement après la fin de *La Fille aux yeux d'or*. À la fin du livre, c'est-à-dire, selon la chronologie de la fiction, en 1827, de Marsay annonce dans une lettre à son ami Paul de Manerville qu'il se met « dans les rangs de ceux qui renversent le système aussi bien que le ministère actuel », qu'il « vogue dans les eaux d'un certain prince qui n'est manchot que du pied, et qu'[il] regarde comme un politique de génie dont le nom grandira dans l'histoire ; un prince complet comme peut l'être un grand artiste[87] ». Ce n'est guère une surprise pour le lecteur de *La Fille aux yeux d'or*, qui a découvert en de Marsay un futur diplomate, formé par un homme d'Église qui est un « Borgia sous la tiare[88] », assidu aux maisons de jeux, convoitant les biens de son élève. Incontestablement, le fils spirituel de l'abbé de Maronis, mort évêque, est de l'école de Talleyrand, prélat débauché et politique cynique, joueur invétéré, spéculateur avide, homme à « bonnes fortunes » qui sur ordre de Napoléon épousa en Mme Grand, sa maîtresse, une « rare et nonchalante beauté indienne[89] ». Balzac fait allusion dans *La Duchesse de Langeais* à ce mariage que l'aristocratie commit la faute de ne pas admettre, se privant ainsi des services du « seul homme qui eût une de ces têtes métalliques où se forgent à neuf les systèmes politiques par lesquels revivent glorieusement les nations[90] ». Talleyrand, dans les premières années de la Restauration, fut loin d'être hostile aux Bourbons, qu'il avait contribué à restaurer. Par la suite, on l'accusa d'avoir favorisé les intrigues des orléanistes et l'avènement, en 1830, de la branche d'Orléans. On reconnaît là l'évolution de De Marsay, qui ne conspire pas à l'époque de l'*Histoire des Treize*, mais en 1827 se dit capable de tout, lui, Ronquerolles, Montriveau et quelques autres, pour « renverser les deux Vandenesse, les ducs de Lenoncourt, de Navarreins, de Langeais et la Grande Aumônerie ». « Pour triompher, ajoute-t-il, nous irons jusqu'à nous réunir à La Fayette, aux Orléanistes, à la Gauche, gens à égorger le lendemain de la victoire [...] [91] ». On voit ici que les Treize sont bien des conspirateurs virtuels. Le passé de Montriveau, la dissolution de la société à la mort de Napoléon, suggéraient l'existence de liens entre eux et les milieux bonapartistes. La lettre de De Marsay à Paul de Manerville en 1827 donne à penser qu'ils furent mêlés ensuite aux intrigues qui préparèrent le changement de dynastie en 1830, sous l'œil bienveillant de Talleyrand : dans *La Comédie humaine*, de Marsay ne sera-t-il pas le premier ministre de Louis-Philippe en 1832 ? En ce sens, l'histoire des Treize, dans son évolution, pourrait, comme *Catilina* [92] selon A.-M. Meininger, faire allusion à ces « conspirations de la Restauration qui, d'abord sous pavillon bonapartiste puis du libéralisme, se tramèrent en fait par et au seul profit du parti orléaniste [93] ». Sur ces intrigues, et le rôle qu'y joua Talleyrand, Balzac fut sans doute fort bien renseigné par son ami Jacquet-Duclos, employé aux Archives de la police, d'opinion légitimiste, en qui A.-M. Meininger suggère de reconnaître le rédacteur des derniers tomes des *Mémoires tirés des Archives de la police* de Peuchet : on notera qu'il a fait de lui, sous le nom de Jacquet, « homme de probité, travailleur, austère en ses mœurs », « employé au ministère des Affaires étrangères », un personnage de *Ferragus* [94].

Force est pourtant de constater que l'*Histoire des Treize* n'est pas un roman d'intrigues politiques, que les affaires des Treize ne sont pas ténébreuses par ce côté, et que la jolie maîtresse dont Montriveau ou de Marsay se proposent la conquête n'est encore pas la nation [95]. Surtout, les héros de ces aventures ne se dépensent que pour eux, en vue d'assouvir leurs passions propres. C'est donc comme indice non d'une appartenance politique, mais d'une filiation spirituelle que doivent s'interpréter plutôt les références du texte à Napoléon et à Talleyrand. Nul mieux que ces deux personnages n'aura possédé le monde, fait de sa vie un roman, remodelé son destin selon ses désirs. Jamais individu n'aura si fortement imposé sa supériorité au monde, ne se sera tellement libéré de la loi commune. Tels se veulent les Treize : puissants, certes, entreprenants, énergiques, mais aussi affranchis. Les Treize sont treize en raison, sans doute, du nombre des conjurés de la pièce d'Otway ; peut-être aussi parce qu'ils sont sans superstition.

L'absence de croyances, en politique, ne peut faire que des légitimistes d'occasion. Aussi l'*Histoire des Treize* tourne-t-elle tout naturellement au procès de l'aristocratie restaurée. À cette dernière, les Treize opposent la leur, qui comprend Gratien Bourignard, et exclut Auguste de Maulincour. Pour en être, il faut avoir fait ses preuves, non pas seulement « savoir très bien son monde[96] ». Nul n'y accède sans mérite : on le voit bien par l'exemple de Montriveau, qui nous est présenté à la fois comme un soldat de premier plan et comme un savant explorateur. En retour, l'association des Treize apporte à ses membres plus qu'une distinction flatteuse : le concours actif, infiniment précieux, de dévouements sans bornes. Comparée à cette élite réelle, l'aristocratie officielle fait piètre figure. De façon remarquable, Balzac en instruit le procès dans chacun des récits de l'*Histoire des Treize*. Dans *Ferragus*, il désigne en Maulincour « une des fautes vivantes de la Restauration » : chef d'escadron d'un régiment de la Garde royale en 1819, à vingt-trois ans, portant la croix de la Légion d'honneur sans avoir vu le feu, il appartient à cette jeunesse prise entre les souvenirs de l'Empire et de l'émigration, « incertaine en tout, aveugle et clairvoyante », qui « ne fut comptée pour rien par des vieillards jaloux de garder les rênes de l'État dans leurs mains débiles, tandis que la monarchie pouvait être sauvée par leur retraite, et par l'accès de cette jeune France[97] ». Les vraies responsabilités échappent à cet enfant gâté qui n'a d'autre ressource que de tenter de s'épanouir dans la vie privée, en cherchant « une femme par laquelle il pût être compris, recherche qui, pour le dire en passant, est la grande folie amoureuse de notre époque[98] ». Or, sur ce point encore, Maulincour est une victime : du vidame de Pamiers, il a hérité des « doctrines du grand siècle de la galanterie », qui mêlent à l'amour de la femme son mépris. D'où l'intrigue de *Ferragus*, où l'on voit Maulincour se venger sur Mme Jules de toute la force de son idéal qu'il croit trompé. On connaît l'issue : plusieurs vies brisées. Ces malheurs n'ont d'autre origine que la frivolité d'une classe qui ignore la puissance des sentiments vrais, ceux de la jeunesse, et aussi de la femme. Le monde moderne n'est plus comme l'ancien : il faut y prendre au sérieux la jeunesse, et la galanterie risque d'y devenir un jeu dangereux. Ce que montre à l'évidence *La Duchesse de Langeais*. C'est la femme ici qui incarne le faubourg Saint-Germain, avec ses séductions qui cachent un égoïsme profond. Antoinette de Langeais, « femme artificiellement instruite, réellement ignorante ; pleine de sentiments élevés, mais manquant d'une pensée qui les coordonnât ; dépensant les plus riches trésors de l'âme à obéir aux convenances [...] ; parlant beaucoup de la religion, mais ne l'aimant pas, et cependant prête à l'accepter comme un dénouement », offre selon le romancier « le type le plus complet de la nature à la fois supérieure et faible, grande et petite, de sa caste[99] ». Cet orgueil qui l'empêchera de consentir au bonheur et la poussera à l'exil dans le lointain désert d'un carmel espagnol est celui-là même qui dans le même moment entraîne sa caste hors de l'histoire. La longue analyse politique qui précède l'apparition du personnage et la met en perspective est sans complaisance. L'aristocratie restaurée a oublié, selon Balzac, qu'elle tenait désormais ses « fiefs moraux » d'un souverain qui « est certes aujourd'hui le peuple ». De cette situation nouvelle, résultait nécessairement pour elle l'obligation de manifester autrement que de manière purement factice une supériorité qui fût à la mesure de ses privilèges. Or qu'a fait le faubourg Saint-Germain après 1814 ? Au lieu de se faire puissant, il s'est appuyé sur le pouvoir. Il s'est conduit en parvenu, et de la façon la plus naïvement égoïste, sans le moindre « patriotisme de caste ». Victime de son « défaut d'instruction », de son « manque total de vue sur l'ensemble de ses intérêts » alors qu'il lui fallait « dominer l'époque la plus instruite, la bourgeoisie la plus aristocratique, le pays le plus femelle du monde », il ne put trouver en lui-même quelque « Richelieu constitutionnel » ; victime de ses préjugés, il ne voulut pas non plus aller chercher ailleurs ce génie qui lui manquait, « dans le froid grenier où il pouvait être en train de mourir », puis « se l'assimiler, comme la chambre des lords anglais s'assimile constamment les aristocrates de hasard ». Il refusa de s'ouvrir au talent, à la jeunesse, à la vie. Replié sur lui-même, prisonnier d'un éclat périmé, il n'eut que des manières, et de la morgue : « les mesquins meneurs de cette grande époque intelligentielle haïssaient tous l'art et la science. Ils ne surent même pas présenter la religion, dont ils avaient besoin, sous les poétiques couleurs qui l'eussent fait aimer [100] ». D'où la perte du pouvoir en 1830, rançon — provisoire ? — d'une — provisoire ? — médiocrité. Dans *La Fille aux yeux d'or*, la critique de l'aristocratie est certes moins développée. Elle demeure présente, et non moins vive : dans ses « grands salons aérés et dorés », la « gent aristocratique », libérée des travaux et des peines qui accablent toutes les autres sphères sociales, mène une vie rongée de vanité et dissipée en plaisirs qui usent les forces de l'être. « Dans ce monde, la déraison est égale à la faiblesse et au libertinage. On y est avare de temps à force d'en perdre. N'y cherchez pas plus d'affections que d'idées. Les embrassades couvrent une profonde indifférence, et la politesse un mépris continuel. [...] Cette vie creuse, cette attente continuelle d'un plaisir qui n'arrive jamais, cet ennui permanent, cette inanité d'esprit, de cœur et de cervelle, cette lassitude du grand raout parisien se reproduisent sur les traits, et confectionnent ces visages de carton, ces rides prématurées, cette physionomie des riches où grimace l'impuissance, où se reflète l'or, et d'où l'intelligence a fui[101] ».

Tant de virulence étonne chez un romancier qui fut, au printemps 1832, candidat légitimiste à Chinon. Tout le monde sait qu'à l'automne suivant, à Aix-les-Bains, Balzac devait subir une cruelle déconvenue amoureuse auprès de la marquise de Castries, qui a posé pour la duchesse de Langeais. Il faut bien prendre garde cependant que la critique balzacienne de la noblesse est antérieure à cette souffrance. Ainsi dans l'article « Du gouvernement moderne », proposé dès le 7 septembre 1832 au *Rénovateur*, organe carliste[102], article qui d'ailleurs ne sera pas inséré, on lit que « Louis XVIII eût à jamais sauvé la branche aînée, s'il eût osé continuer Roberspierre [*sic*], moins l'échafaud. En supprimant hardiment toute noblesse, hors la Chambre des Pairs, il eût fait respirer à la classe moyenne un air libre. Décorations royales ou impériales, titres anciens et nouveaux, tout devait tomber sous le coup d'une seule loi[103] ». Il ne fallait maintenir que la Pairie, une Pairie cependant constituée de manière à « admettre constamment les supériorités d'argent, d'intelligence ou de talent qui se forment à la superficie de la nation[104] ». Ce que l'analyse politique, dans *La Duchesse de Langeais*, doit donc au dépit amoureux, c'est la violence du ton, la force de la colère de Montriveau, sans doute aussi sa cristallisation romanesque sous forme d'ardente histoire d'amour manqué. Et l'humiliation d'Aix, succédant aux multiples avances de la marquise qui, en Balzac, avaient flatté toutes les vanités de l'homme et de l'écrivain, était certes de nature à rendre plus vive sa conviction antérieure que la Restauration avait péri par la faute de sa noblesse, et à renforcer ses doutes sur l'aptitude de cette noblesse à se réformer. En vérité, l'expérience personnelle rejoignait ici de plus, pour le contredire, le thème fourni par *Venise sauvée* d'Otway. Par qui Venise était-elle sauvée dans la pièce anglaise ? Par Belvidera, fille de sénateur, mais surtout femme aimante, qui en dépit des interdictions de sa caste et de la différence des rangs, osait aimer Jaffier. La force de cet amour faisait basculer l'Histoire. Elle arrachait Jaffier à la solidarité, sans elle victorieuse, des opposants, elle évitait à Venise la tragédie d'une révolution sanglante. Dans l'Angleterre de 1682, date de la pièce d'Otway, c'est-à-dire à la fin de la restauration des Stuarts, on a peine à croire que la mise en scène d'une aristocratie décadente, sauvée malgré elle par un peu de générosité, ait été dépourvue de signification politique, même s'il est vrai que la peinture de l'amitié trahie fournit l'intérêt majeur de la tragédie. Otway ne fit jamais mystère, au demeurant, de ses opinions royalistes. Il mourut trop jeune pour assister au changement de dynastie de 1688, ce 1830 anglais, victoire s'il en est du « protestantisme politique ». Le roman de Balzac n'a-t-il pas même valeur de mise en garde des siens ? On voit que le romancier avait bien des raisons de méditer *Venise sauvée* [105], lui qui, pour l'amour de quelque Belvidera, eût sans doute tout fait pour sauver la Venise moderne ! Dans *La Duchesse de Langeais* s'exprime le double aveu de cette ambition et de son échec, par la défaillance significative de l'amour, qui seul eût donné la foi nécessaire. Aussi, par rapport à la pièce d'Otway, le tragique se déplace-t-il : c'est la femme, c'est Antoinette de Langeais, prisonnière de ses préjugés et de son manque de cœur, c'est en elle l'aristocratie tout entière qui périt sous l'assaut des convoitises conjuguées. Ainsi Balzac refaisait-il, à l'usage en particulier de la marquise de Castries, cette *Venise sauvée* qu'Otway, cent cinquante ans plus tôt, avait dédiée à lady Arabelle Churchill, duchesse de Portsmouth, maîtresse de Jacques II, le dernier des Stuarts, dont elle avait eu en 1670 un fils naturel que Louis XIV fit duc de Fitz-James. Balzac en fréquentait plusieurs descendants : le duc Édouard de Fitz-

James, l'un des chefs du parti légitimiste dans les premières années de la monarchie de Juillet, et surtout la nièce de ce dernier, la marquise de Castries. Au nom des Fitz-James se trouvait donc liées, par la lointaine volonté d'Otway, mais aussi dans l'esprit de Balzac avec une force combien renouvelée par l'expérience, la référence littéraire à *Venise sauvée*, et à travers elle, autour d'une interrogation sur l'amour, la réflexion sur le salut de l'aristocratie. Certes, l'égalité est une chimère ; mais ni dans la vie privée ni dans la société il n'y a plus de droits acquis. Tout amour, toute supériorité veulent des preuves. « Aujourd'hui plus que jamais, lit-on dans *Ferragus* [106], règne le fanatisme de l'individualité ». Association de « pairs », individuellement supérieurs, les Treize sont, bien plus que l'ancienne oligarchie, les aristocrates qu'appelle le monde moderne.

Il est vrai qu'ils forcent le respect avec brutalité. Eux ne respectent rien, ni les préjugés sociaux, ni plus généralement les valeurs. En quoi leur aristocratie est plus particulièrement celle des fils de Caïn. Rejetés par la société comme Ferragus le forçat, ou privés comme Montriveau l'orphelin ou de Marsay le bâtard des formes ordinaires de l'enracinement social, ils n'ont « sur terre aucun sentiment obligatoire [107] ». D'où leur merveilleuse liberté d'invention de leur vie, qu'ils vivent comme un roman : le monde entier s'offre à l'exploration de Montriveau ; la multiplicité de ses masques rend insaisissable Gratien Bourignard ; de Marsay, le parfait dandy, emprunte quand il le faut à la carmélite sa bure, à Mariquita sa robe de velours rouge. Ce n'est pas leur vie seulement que les Treize inventent. A Jules Desmarets, Ferragus forge dans l'ombre une fortune, à Mme Jules un état civil ; Montriveau arrangerait volontiers celui d'Antoinette de Langeais, dont il se montre prêt à trancher successivement les liens qui l'unissent à son mari, puis à Dieu ; dans *La Fille aux yeux d'or*, de Marsay, outre qu'il s'attribue sur quiconque le droit de vie et de mort, usurpe, à son insu il est vrai, l'existence de la marquise de San-Réal. On voit où mène la liberté des Treize : au défi des lois, de Dieu, de la nature même. Explicable encore dans *Ferragus,* par la nécessité d'assurer contre l'agressive curiosité de Maulincour le salut de Mme Jules, la violence devient plus vaine dans *La Duchesse de Langeais,* trouble dans *La Fille aux yeux d'or,* où Paquita semble l'innocente victime d'un inceste inaccompli [108]. Incapables jamais d'assurer leur propre bonheur, les Treize ne sont plus ici que des êtres malfaisants, dont le nombre même est comme l'annonce du malheur.

Respectueux de rien, les Treize devaient nécessairement transgresser la plus humaine des religions : celle de la femme. En vérité, ils en éprouvent si bien la fascination, que par deux fois, les épisodes qui rapportent leurs aventures désignent comme figures centrales du récit, au lieu de l'un des Treize, l'objet de son désir. Il est bien révélateur à cet égard que *Ne touchez pas la hache* soit devenu *La Duchesse de Langeais*. Montriveau a beau dire [109] : il ne suffit pas de jeter un poème à la mer pour qu'il soit oublié. En prouvant que sa coquetterie cachait une « femme vraie », l'héroïne s'élevait à l'éternel féminin, hors d'atteinte des Treize. *Ferragus* semble faire exception. Autant que du forçat Gratien Bourignard, l'histoire était pourtant celle de Mme Jules, dont la mort, sommet du roman, ne laissait au Dévorant que le triste privilège de survivre. Quant à de Marsay, type des jeunes gens, il faisait par méprise la conquête de la fille aux yeux d'or, et perdait même sa vengeance par la faute d'une femme. Innocente ou coupable, voire perverse, la femme est donc dans nos trois récits ce par quoi ou ce sur quoi se brise la puissance des Treize. Par là elle se définit comme essentiellement ennemie. Ce qui n'étonne pas : aristocratie toute virile, l'association des Treize impliquait par son existence même une vision du monde où la division des sexes devait s'exaspérer. « Les deux sexes doivent être enchaînés, comme des bêtes féroces qu'ils sont », déclarera de Marsay dans *Autre étude de femme* [110], en plaidant pour le mariage indissoluble...

Dans une œuvre destinée à mettre en valeur une société de héros intrépides, le point de vue qui domine est forcément celui de l'homme. Jamais les Treize n'auraient conclu leur pacte s'ils n'avaient pensé, avant Vautrin, que le « seul sentiment réel » était « une amitié d'homme à homme [111] ». Ce qui ne va pas sans quelque mépris de la femme, que Vautrin d'ailleurs n'aime guère. En elle il discerne seulement un « être inférieur », qui « obéit trop à ses organes [112] », et l'amour n'est à ses yeux qu'une imprudente bêtise. Car « la femme, avec son génie de bourreau, ses talents pour la torture, est et sera toujours la perte de l'homme [113] ». L'*Histoire des Treize* est pleine de formules d'une misogynie à peine moins virulente. La supériorité des femmes se borne pour l'auteur de *Ferragus* au talent de « faire croire aux hommes qu'ils leur sont inférieurs en amour [114] ». Avec quel dédain profond il relève leurs mesquines coquetteries, « les craintes dont elles veulent se parer, ces délicieux tourments de la jalousie à faux, ces troubles de l'espoir trompé, ces vaines attentes, enfin tout le cortège de leurs bonnes misères de femme ». Plus loin vient l'axiome que « toute femme ment » : le mensonge, pour elles, est « le fond de la langue, et la vérité n'est plus qu'une exception ; elles la disent, comme elles sont vertueuses, par caprice ou par spéculation [115] ». Ce n'est pas Ronquerolles, c'est le narrateur de *La Duchesse de Langeais* qui observe combien « la nature femelle est avide de sensations extrêmes » ! Le récit qu'il propose est construit de façon à prouver que sur ce point du moins, la duchesse était parfaitement naturelle. C'est bien le « knout », en définitive, qui la révélera à elle-même. Tout donne à penser qu'en conseillant la brutalité, Ronquerolles s'était montré fin psychologue [116]. « Qu'est-ce que la femme ? », s'interroge aussi de Marsay dans *La Fille aux yeux d'or :* « Une petite chose, un ensemble de niaiseries », jamais pour ainsi dire ce qu'elle devrait être, « un abîme de plaisirs où l'on roule sans en trouver la fin [117] ». D'un tel être, faute de pouvoir être aimé, il faut du moins se faire respecter : « Tu t'es jouée de moi, tu m'as prostitué », s'écrie dans la version manuscrite du roman le fat que la fille aux yeux d'or vient de nommer Mariquita. « Tu ne sais donc pas ce que c'est qu'un homme ; eh bien ! tu vas en connaître la majesté [118]. » L'infini qui n'était pas dans l'amour, c'est la vengeance qui l'apportera.

On voit qu'il entre du dépit dans la misogynie des héros masculins de l'*Histoire des Treize.* Dans le roman, seul Ronquerolles, qui opte résolument pour les femmes faciles [119], se conduit en amour en athée serein. Ferragus, nous dit-on, a connu, lui, l'amour. Avec tout son cynisme, de Marsay a subi le charme de la fille aux yeux d'or. Et surtout Montriveau a cru au bonheur que lui promettaient les faveurs d'Antoinette de Langeais. Son rêve s'était incarné en idole. De là sa violence quand il se sent trompé. Le crime de la duchesse n'est pas tant de s'être refusée que de s'être montrée trop légère. Il est d'avoir offensé bien plus que la vanité d'un homme, son désir d'absolu. De même Maulincour, dans le premier épisode, ne peut pardonner à Mme Jules de ne point démentir les maximes libertines du XVIIIe siècle. Il rêvait, le malheureux, d'être compris, « recherche qui, pour le dire en passant », précise Balzac en un commentaire désabusé que nous avons déjà cité, « est la grande folie amoureuse de notre époque [120] ». Cet idéal est une utopie, ou pire : le mensonge sur lequel les duchesses appuient leur pouvoir. La plus aimante des épouses, Mme Jules, trompe encore son mari, ne serait-ce que sur l'origine de sa fortune. Que de sang, même autour d'elle, et qu'elle ne veut pas voir ! Toutes ne songent qu'à l'égoïste défense de l'idée qu'elles se font du bonheur. Leur fréquentation est bien compromettante. Mieux vaut s'abstenir, si l'on ne veut pas souffrir. Il n'y a que l'amitié virile qui soit sans conditions. « Voilà un homme ! », dit de Marsay en regardant Christemio[121].

Si pourtant les femmes font beaucoup souffrir dans l'*Histoire des Treize,* elles aussi, comme elles souffrent, et de diverses façons ! Pas une dans le roman, jusqu'à Ida Gruget, sur laquelle ne pèse quelque faute de ses parents. Sur Clémence, la tare sociale de la bâtardise, son origine qu'elle connaît trop, et dont elle a promis le secret : ce sera le principe de son malheur. Sur la duchesse de Langeais, le poids de la noblesse et de la politique, qui fait d'elle une mal mariée, comme il y en a tant de son rang dans *La Comédie humaine.* Pour elle, nul épanouissement affectif possible dans le mariage ; et hors du mariage, le risque de l'exclusion sociale, au terme, celui de l'abandon. Mme de Langeais connaît le sort de Mme de Beauséant, et le duc de Grandlieu est vraiment sage de lui rappeler, en conseil de famille, qu' « une femme ne doit jamais donner raison à son mari », de la mettre en garde contre les réels dangers du déclassement[122]. Leur condition condamne les femmes du faubourg Saint-Germain aux sentiments faux que reproche Montriveau. Aussi, à la misogynie des Treize, répond l'expérience de la princesse de Blamont-Chauvry : « aucun homme ne vaut un seul des sacrifices par lesquels nous sommes assez folles pour payer leur amour[123] ». D'autant plus que ces sacrifices eux-mêmes sont de nature à indisposer ceux en faveur desquels ils sont consentis. C'est quand elle aime Montriveau qu'Antoinette de Langeais prend pleinement conscience des limites que lui impose sa condition de femme : elle « comprit l'horreur de la destinée des femmes, qui, privées de tous les moyens d'action que possèdent les hommes, doivent attendre quand elles aiment. Aller au-devant de son aimé est une faute que peu d'hommes savent pardonner[124] ». Dans ces conditions, la coquetterie peut être autre chose qu'un vice de l'âme. Ne parlons pas de Paquita Valdès, dont la mère rappelle à bien des égards la veuve Gruget, en pire encore, puisqu'elle vend sa fille. Rien d'exceptionnel à cela dans *La Comédie humaine :*

Coralie, la tendre amante de Lucien de Rubempré dans *Illusions perdues*, est de même achetée aux siens, pour soixante mille francs, par de Marsay [125]. Souvenir peut-être de la jeunesse réelle d'Olympe Pélissier, la future épouse de Rossini, que Balzac connaissait intimement, et qui aurait été vendue par sa mère à un jeune duc.

Malheureuses, les héroïnes de l'*Histoire des Treize* le sont pourtant moins en raison de leur condition de femmes que par ceux qui prétendent les aimer, et que souvent elles aiment. Mme Jules a fait un mariage d'amour. Depuis cinq ans, quand commence l'action de *Ferragus*, elle vit heureuse en ménage. Bien plus, elle aime son mari de passion comme au premier jour. Avec une « admirable entente du métier de femme [126] », elle n'a songé qu'à lui plaire, lui disant encore dans l'instant où il la soupçonne : « Dis-moi bien que je te rends heureux [127]. » Par lui, elle prétend ignorer « ce que veulent dire les mots *devoir* et *vertu* » ; pour lui, elle se réjouit de n'avoir pas d'enfants, se sentant « plus épouse que mère ». Pourtant, tout ce bonheur s'effondre, par l'effet de la jalousie contagieuse de Maulincour. Ayant identifié sa vie à son amour, Clémence meurt d'être soupçonnée, comme meurt dans le même roman Ida Gruget d'être abandonnée. Montriveau n'est pas moins cruel envers la duchesse de Langeais lorsqu'elle se compromet. Aveuglé par cette incapacité à pardonner qu'il partage avec les Treize, et quitte à parcourir le monde à la recherche du bonheur, il lui refuse l'union à laquelle elle consentirait. Prise entre ce refus et sa révolte contre un état de mariage dont elle ne veut plus, Antoinette de Langeais n'a d'autre issue que la fuite au Carmel. Quant à Paquita, qui n'existe que pour l'amour, qui « heureuse d'être admirée », fascine de Marsay « par cette riche moisson de plaisirs promis, par cette constante variété dans le bonheur, le rêve de tout homme [128] », quoique entièrement offerte, elle sera néanmoins condamnée à mort, par celui-là même pour qui elle aura pris le risque de mourir. L'homme gorgé de plaisir est naturellement ingrat, note Balzac, qui pose de surcroît en maxime, avec de Marsay, que « la volupté mène à la férocité [129] ».

Aussi dans ce roman si fortement teinté de misogynie, est-ce finalement l'homme qui fait figure de bourreau. L'infini qu'il attendait de l'amour, dans chaque épisode, une femme, à sa manière, a su le lui offrir, mais en vain. Elle aura beau s'élever au sublime : de dénouement en dénouement, chaque fois elle périra d'un essentiel malentendu. L'*Histoire des Treize* apparaît ainsi comme une tragique suite d'amours manquées. Ni dans le mariage, représenté il est vrai, dans le premier épisode, comme abri d'une passion [130], ni hors du mariage, quels que soient l'attirance des cœurs ou l'appel des sens, l'union des sexes ne saurait être harmonieuse. L'amour, ici, reste un combat qui ne fait guère que des vaincus.

Ce combat trouve son cadre naturel dans la présence enveloppante de Paris, « la ville aux cent mille romans [131] ». Tout se passe même parfois comme si le propos majeur du romancier dans l'*Histoire des Treize* avait été de saisir, à l'occasion des diverses aventures qu'il conte, l'image protéiforme de la capitale. Ainsi, dans la Note publiée à la suite du texte de *Ferragus* dans la *Revue de Paris*, Balzac forme surtout le vœu d'avoir su « peindre », dans le récit qui vient de se clore, « Paris sous quelques-unes de ses faces, en le parcourant en hauteur, en largeur ; en allant du faubourg Saint-Germain au Marais ; de la rue au boudoir ; de l'hôtel à la mansarde ; de la prostituée à la figure d'une femme qui avait mis l'amour dans le mariage ; et du mouvement de la vie au repos de la mort [132] ». Les épigraphes des chapitres, dans la même publication préoriginale du roman, prêtées à Lautour-Mézeray, annonçaient une intention analogue : « Personne encore ne nous a raconté quelque aventure parisienne comme il en arrive dans Paris, avec le fantastique de Paris, car je soutiens qu'il y a beaucoup de fantastique dans Paris[133]... »

Certes, les agissements des Treize sont mystérieux, et l'efficacité du groupe est souvent merveilleuse. Il paraît pourtant abusif d'en conclure que le décor de leurs exploits soit de nature fantastique. Les lieux que cite Balzac appartiennent à la topographie la mieux établie. Nulle équivoque, sur ce point, dans l'*Histoire des Treize,* qui de l'infâme rue Pagevin, nous mène à la suite de Mme Jules dans le « monde d'or mat » de la banque, puis dans les « salons d'or moulu[134] » du faubourg Saint-Germain où règne en la duchesse de Langeais la plus parisienne des femmes, enfin dans le temple plus secret de la fille aux yeux d'or, que l'on investit toutefois sur plans.

Ce décor bien réel ne fait guère l'objet de vues générales. La « longue enceinte montueuse au milieu de laquelle le grand Paris se remue, comme un enfant dans son berceau », est évoquée de la façon la plus fugitive à la fin de *Ferragus,* tandis que l'on enterre la malheureuse Ida Gruget[135]. Et la dernière vision qu'emporte en Espagne Antoinette de Langeais de ce « Paris fumeux, bruyant, couvert de la rouge atmosphère produite par ses lumières », est elle aussi bien rapide[136]. Nul monument non plus ; mais sur la statue, le graffiti du gamin qui se l'approprie[137]. Le Paris extérieur dans lequel introduit l'*Histoire des Treize* est plus quotidien. Par la magie d'un éclairage particulier, il arrive qu'il donne l'illusion du fantastique, comme lorsqu'à la brune, une femme vous attire, ainsi qu' « un feu follet », d'un « ardent magnétisme[138] ». Mais cette poésie de Paris est trompeuse. La vraie doit être recherchée ailleurs, dans les contrastes qu'offre la grande cité.

Balzac relève donc les « échappées de lumière[139] » qui égaient le paysage parisien. Il s'attarde à décrire la chambre de Mme Jules, lieu sacré qu'agrémente un luxe raffiné. Il caractérise le faubourg Saint-Germain par « la splendeur de ses hôtels, ses grands jardins, leur silence[140] ». Et le boudoir de Paquita est certes un chef-d'œuvre. Mais toute cette splendeur fait mieux sentir la laideur parisienne, sur laquelle le romancier insiste comme nombre de ses contemporains. « Vêtu d'affiches », Paris est pourtant sale. La spéculation y a multiplié les maisons comme celle qu'habite Ferragus au début du roman, « maison ignoble, vulgaire, étroite, jaunâtre de ton[141] ». Les « cabajoutis » comme celui qu'habite la veuve Gruget — avec leurs fleurs qui inquiètent les médecins du temps — prolifèrent : lieux de « toutes les misères de la vie », où le premier rayon de jour fait ressortir « la poussière, la graisse, et je ne sais quelle couleur particulière aux taudis parisiens, mille saletés qui encadraient, vieillissaient et tachaient les murs humides, les balustres vermoulus de l'escalier, les châssis disjoints des fenêtres, et les portes primitivement rouges[142] ».

Il va sans dire que l'évocation de cette misère n'est pas concertée seulement d'un point de vue d'esthétique romanesque. Elle s'inscrit dans le mouvement alors général d'une prise de conscience de ce que la vie urbaine a de pathogène[143]. De là, en tête de *Ferragus*, les statistiques sur la mortalité dans les rues étroites et orientées vers le nord[144]. De là aussi, au début de *La Fille aux yeux d'or*, la célèbre description de la population parisienne qu'enlaidissent ses conditions de vie : « moisson d'hommes que la mort fauche plus souvent qu'ailleurs », « peuple horrible à voir, hâve, jaune, tanné[145] ». La critique est vive lorsque Balzac signale la « délétère influence dont la corruption égale celle des administrateurs parisiens qui la laissent complaisamment subsister ! Si l'air des maisons où vivent la plupart des bourgeois est infect, si l'atmosphère des rues crache des miasmes cruels en des arrière-boutiques où l'air se raréfie, sachez qu'outre cette pestilence, les quarante mille maisons de cette grande ville baignent leurs pieds en des immondices que le pouvoir n'a pas encore voulu sérieusement enceindre de murs en béton qui pussent empêcher la plus fétide boue de filtrer à travers le sol, d'y empoisonner les puits et de continuer souterrainement à Lutèce son nom célèbre. La moitié de Paris couche dans les exhalaisons putrides des cours, des rues et des basses œuvres[146] ». Cette inégalité biologique dont souffre par rapport aux provinciaux la population parisienne tout entière, et surtout sa partie la plus pauvre, est un fait que révélaient alors enquêtes et rapports des savants adeptes des « mathématiques sociales » : statisticiens et premiers sociologues. Leurs conclusions, qu'avaient terriblement confirmées les ravages du choléra de 1832, trouvaient alors dans la presse un large écho. Balzac ici va cependant plus loin : il ne se contente pas de constater, il accuse. La mise en procès de l'administration est un thème important de l'*Histoire des Treize*. Elle s'y exprime de la façon la plus insistante dans *Ferragus*, sous la forme de la satire, mais aussi directement. Comme dans ce roman le « saint respect que la police inspire à Paris » s'avère usurpé[147] ! Et quelle inhumaine pesanteur dans la bureaucratie qu'affrontent M. Jules et son ami Jacquet-Duclos pour vouloir faire incinérer Clémence : « la légalité constitutionnelle et administrative n'enfante rien », conclut Balzac ; « c'est un monstre infécond pour les peuples, pour les rois et pour les intérêts privés[148] ».

Il ne faudrait pas que ce « monstre » administratif en vînt à écraser ce « plus délicieux des monstres » qu'est aussi Paris. P. Citron a analysé les raisons pour lesquelles cette image de la capitale était de nature à plaire à Balzac, qui l'a « exploitée à fond » dans l'*Histoire des Treize*[149]. C'est qu'en elle s'exprimaient tout à la fois l'unité et l'infinie diversité qui caractérisent ensemble, de façon essentielle aux yeux du romancier, la vie parisienne. Cette diversité est celle des multiples images que la ville réserve aux flâneurs amoureux. Elle est aussi celle des nombreuses espèces et sous-espèces sociales dont elle se compose. Paris est un tout dont chaque élément n'existe que par lui. Aussi, pour être vrai, le regard porté sur tant de richesse devra-t-il être à la fois analytique et synthétique. Tel est bien celui de Balzac dans l'*Histoire des*

Treize. Il y multiplie les analyses des synthèses que produit spontanément la ville. Au début de *Ferragus,* la maison comme « unité » d'habitation fournit l'occasion d'une première coupe, avec « ses greniers, espèce de tête pleine de science et de génie, ses premiers étages, estomacs heureux ; ses boutiques, véritables pieds ; de là partent tous les trotteurs, tous les affairés [150] ». Autre unité que crée naturellement la ville, en collaboration avec la pluie : la porte cochère, grâce à laquelle on distinguera les diverses variétés de « fantassins » de Paris [151]. Ici l'art est de détailler. Il peut être au contraire de bien saisir l'esprit d'un ensemble : ce sera par exemple l'objet du développement sur la rue, dans les premières lignes de *Ferragus.* D'autres éléments peuvent alerter l'observateur : les idiomes sociaux. Balzac apportera en documents les lettres d'Ida Gruget, il « sténographiera » ce qu'il appelle dans *La Duchesse de Langeais* « le jargon de clinquant » du faubourg Saint-Germain [152]. Au demeurant, à l'exception de Paquita, dont il est précisé qu'elle ne sait pas écrire, chacune des héroïnes écrira sa lettre. Rien d'étonnant à cette nouvelle typologie. C'est qu'on retrouve dans la capitale des formes de regroupement qui ne lui sont pas propres. Le sexe en est une, de même que l'âge ou le métier, et il est donc normal que la femme fasse elle aussi l'objet de l'analyse différentielle. Dans les cas de ce type, l'effort de l'analyste sera de saisir dans l'espèce sociale sa forme spécifiquement parisienne. Nous aurons donc, dans *Ferragus,* la grisette, type qui « ne se rencontre qu'à Paris [153] », dans la série des âges, les jeunes gens de Paris [154], parmi les métiers, le concierge, avec ses variétés [155]. La tentation sera grande ici pour le romancier de trop concéder au pittoresque, au détriment de la profondeur. Il arrive que Balzac y succombe. La grisette, et a fortiori le mendiant de *Ferragus* [156], le facteur Moinot dans *La Fille aux yeux d'or,* « si pittoresque au milieu de la civilisation parisienne [157] », restent des personnages de caricatures [158].

C'est certainement l'originalité de la description de Paris dans l'*Histoire des Treize* que cette sorte de liberté, de dispersion même de la peinture qui s'abandonne à un savant négligé. Aussi peu de représentation systématique des milieux que de vue générale de Paris. L'aristocratie de *La Duchesse de Langeais* fait exception ; encore son évocation est-elle au moins autant politique que sociale. C'est par accumulation de détails que procède Balzac, multipliant croquis et petites « physiologies » au gré des rencontres, de la même façon que dans sa peinture du paysage parisien il avait retenu ici les teintes rouges d'un rideau cramoisi dans la nuit [159], là le mystère de « ces élégants coupés qui reviennent du bal » et dont « les lanternes éclairent la rue » et parfois la voiture [160], là encore, sur le boulevard Montmartre, au petit jour, « la lanterne d'une bonne femme qui vendait de l'eau-de-vie et du café aux ouvriers, aux gamins, aux maraîchers, à toute cette population parisienne qui commence sa vie avant le jour [161] ».

La peinture néanmoins s'organise en tableau. Cela tient assurément d'abord à l'ampleur de l'observation. Dans la vision de Balzac, le Paris de l'*Histoire des Treize* est bien ce « monstre complet » dont il est question au début de *Ferragus*. L'effort premier du peintre sera donc d'éviter les lacunes, et l'on voit en effet Balzac étendre son évocation du Paris matériel à toutes les formes de rues, jusqu'aux barrières de la capitale, et même à son faubourg, à toutes les heures du jour, et même à la nuit parisienne ; celle du Paris social à tous les actes de la vie, jusqu'à la mort incluse, à toutes les classes de la société, jusqu'à ces fameux oubliés de *La Comédie humaine* que sont les prolétaires.

Tableau de Paris, l'*Histoire des Treize* offre cependant plus qu'une somme, si complète soit-elle. Totale, l'observation est aussi générale, et par là s'unifie en vision. De la célèbre remarque que tous les Parisiens ont « non pas des visages, mais bien des masques [162] » naît l'ample développement qui ouvre *La Fille aux yeux d'or*. C'est de tout l'univers parisien, des plus humbles aux plus riches, que le nouveau Dante explore ici en quelques pages les cercles successifs. Partout se reconnaît la même « physionomie cadavéreuse », qui n'est que l'image de l'âme de ce Paris totalement consumé par la passion de l'or et du plaisir. Et cette passion même n'est que l'un des principes, le plus fondamental, de communion d'une ville qu'entraînent encore incessamment sa « funeste curiosité [163] », ses engouements, ses enthousiasmes factices [164], qui certes est un « sublime vaisseau chargé d'intelligence [165] », mais dont les tombes du Père-Lachaise montrent qu'elle n'a « de grand que sa vanité [166] ».

Ainsi la cité entière vit d'un même mouvement, dont Balzac mesure tout à la fois pour l'individu le caractère dérisoire, et pour la cité l'ampleur épique. En même temps, elle s'érige en enfer, en moderne Babylone dont le romancier condamne la corruption comme tant de ses contemporains. L'*Histoire des Treize*, écrit Félix Davin dans l' « Introduction » aux *Études de mœurs au* XIX*e siècle* [167], « est à elle seule toute une épopée moderne, où la nouvelle Sodome apparaît avec sa face changeante, grimée, mesquine, terrible ; avec son royal pouvoir, ses misères, ses vices et ses ravissantes exceptions ». On comprend que Balzac ait fait d'elle, dans *La Comédie humaine*, la première de ses *Scènes de la vie parisienne*. Il imposait ainsi d'emblée au lecteur l'image fascinante d'une capitale infâme, lourde de passions terribles, d'horribles drames cachés pleins d'amour et de sang, accueillante au mystère, ouverte au rêve et au désir, et féconde déjà, selon le mot qu'emploiera Baudelaire, en « sujets poétiques et merveilleux [168] ». Cette moderne cité était bien le décor qu'appelait l'aventure, essentiellement parisienne, des Treize.

Michel LICHTLÉ.

NOTES

Dans les notes de la présente édition, on usera des abréviations suivantes :

Lov. Fonds Lovenjoul, à la Bibliothèque de l'Institut.

Corr. Correspondance de Balzac, éd. R. Pierrot, Garnier, 5 vol.

LH Lettres à Mme Hanska, éd. R. Pierrot, Éd. du Delta, 4 vol.

CHH Œuvres complètes de Balzac, au Club de l'honnête homme.

BO Œuvres complètes de Balzac, aux Bibliophiles de l'originale.

Pl. « Bibliothèque de la Pléiade », Gallimard ; et pour *La Comédie humaine,* éd. publiée sous la direction de P.-G. Castex, 12 vol., 1976-1981.

AB et millésime L'Année balzacienne (1960 →), Garnier.

RHLF Revue d'histoire littéraire de la France.

GF GF Flammarion.

1. Lettre à Balzac du 21 mars 1833, *Corr.*, t. II, p. 273.

2. Il s'agit de la duchesse de Berry, arrêtée à Nantes le 6 novembre 1832, et détenue à la forteresse de Blaye, en Gironde, sous la garde de Bugeaud.

3. *LH*, t. I, p. 49. Voir aussi *Corr.*, t. II, p. 289 et 309.

4. Th. Gautier, *Honoré de Balzac,* Paris, Poulet-Malassis et De Broise, 1859, p. 89-97.

5. Léon Gozlan, *Balzac en pantoufles,* Paris, Horizons de France, 1946, p. 141-153.

6. Th. Gautier, *op. cit.*, p. 97.

7. A.-D. Mikhaïlov, « Balzac à l'étranger : URSS », *AB 1980,* p. 364.

8. *Le Chevalier des Touches,* GF, 1965, p. 97. Rappelons que le héros historique de l'aventure, rencontré à Caen en 1856, fait songer l'auteur à Ferragus (*ibid.*, p. 29).

9. *Œuvres complètes* de Baudelaire, Pl., t. II, 1976, p. 183-184.

10. Voir la Préface de l'*Histoire des Treize,* ci-dessous, p. 69.

11. Lettre du 8 mars 1836, *LH,* t. I, p. 394.

12. Voir le titre du dernier chapitre de *La Duchesse de Langeais.*

13. *Histoire des Treize,* éd. Garnier, 1966, p. 5.

14. *Pensées, Sujets, Fragmens,* éd. Crépet, Paris, Blaizot, 1910, p. 107 ; et M. Bardèche, *CHH,* 1963, t. XXVIII, p. 678.

15. Voir *Lov.*, A 99, f°s 3, 8, 10 et 11 v°. Dans cette série de faux départs, le titre *Histoire des Treize* ne figure pas. Voir aussi notre Notice sur *Ferragus.*

16. Voir l'*Histoire des Treize,* éd. R. Fortassier, Pl., t. V, les variantes b de la p. 789 et c de la p. 792 ; et ci-dessous, la note 18 de la Préface.

17. Comme le note aussi P.-G. Castex, éd. cit., p. 175.

18. Son nom apparaît pour la première fois dans *Les Amours d'une laide,* œuvre ébauchée par Balzac (voir Henri Gauthier « Un projet d'*Étude de femme : Les Amours d'une laide* », *AB 1961,* p. 118).

19. Voir dans la Notice sur *Ferragus,* p. 298.

20. *Illusions perdues,* Pl., t. V, p. 495.

21. Voir ci-dessous la Notice sur *Ferragus,* p. 298.

22. *Contes bruns,* Éditions des autres, Paris, 1979, p. 9.

23. Sur « L'échange du récit chez Balzac », voir l'étude de Léo Mazet, *AB 1976,* p. 129 sq.

24. Voir P. Barbéris, *Le Monde de Balzac,* Paris, Arthaud, 1973, p. 444.

25. *Contes bruns,* éd. cit., p. 22.

26. Voir dans notre édition à paraître de *La Duchesse de Langeais,* GF, la note 165.

27. Voir sur ce point A.-R. Pugh, « Personnages reparaissants avant *Le Père Goriot* », *AB 1964,* p. 226-228.

28. Voir dans notre édition à paraître de *La Duchesse de Langeais,* GF, la note 65.

29. Voir dans l'édition R. Guise de *La Femme de trente ans* (Pl., t. II), les variantes c de la p. 1121 et b de la p. 1124.

30. Voir *La Duchesse de Langeais,* Pl., t. V, p. 961 et 977.

31. Voir dans l'éd. M. Ambrière de *La Femme abandonnée* (Pl., t. II), la p. 469 et la var. a de cette page. Voir aussi A.-R. Pugh, art. cit., p. 227-228.

32. *Corr.*, t. I, p. 738 et t. II, p. 36.

33. Voir H. Gauthier, « Le projet du recueil *Études de femmes* », *AB 1967*, p. 123. Le projet d'écrire une *Sainte Thérèse* n'aura pas de suite. Mais on ne peut manquer d'établir un rapport entre ce titre et celui du premier chapitre de *La Duchesse de Langeais [Ne touchez pas la hache]* : « La sœur Thérèse ».

34. Lettre à Mme B.-F. Balzac, du 21 août 1832 (*Corr.*, t. II, p. 95).

35. *Contes bruns*, éd. cit., p. 42 et 53.

36. Voir H. Gauthier, art. cit., p. 132. Désormais, et tant que vivra le projet du recueil des *Études de femmes*, Balzac maintiendra concurremment les deux titres de *Conversations* et d'*Études de femmes*. Son projet de fusion semble abandonné plutôt que différé. On notera toutefois l'intégration de l' « Histoire du capitaine Bianchi » aux *Marana*.

37. Annonce encartée à la suite de l'*Histoire intellectuelle de Louis Lambert*, parue chez Gosselin au début de février 1833, et citée par H. Gauthier, art. cit., p. 136.

38. Voir ci-dessus, la note 14.

39. Voir la célèbre lettre à A. Pichot, de décembre 1832 : « Quant à ne faire que des contes, quoi que ce soit à mon avis [...] l'expression la plus rare de la littérature, je ne veux pas être exclusivement un *contier*. Autre est ma destinée. La preuve me regarde » (*Corr.*, t. II, p. 185).

40. Le 1er janvier 1832 (*Corr.*, t. I, p. 641).

41. Cité in P.-G. Castex, *Le Conte fantastique en France de Nodier à Maupassant*, Corti, 4e éd., 1971, p. 69.

42. Ainsi M. Bardèche, dans ses Introductions à *Ferragus*, à *La Duchesse de Langeais* et à *La Fille aux yeux d'or* (*CHH*, 1969, t. IX).

43. Voir ci-dessous, dans *La Fille aux yeux d'or*, 262.

44. *Histoire des Treize*, éd. Garnier, p. 367.

45. L'expression est de P. Laubriet, qui l'emploie à propos de la « brillante variation sur le *Magnificat* » dans *La Duchesse de Langeais* (*L'Intelligence de l'art chez Balzac*, Paris, Didier, 1961, p. 433).

46. Ainsi dans *Massimilla Doni :* « Cette puissance sur notre intérieur est une des grandeurs de la musique. Les autres arts imposent à l'esprit des créations définies, la musique est infinie dans les siennes. Nous sommes obligés d'accepter les idées du poète, le tableau du peintre, la statue du sculpteur ; mais chacun de nous interprète la musique au gré de sa douleur ou de sa joie, de ses espérances ou de son désespoir » (Pl., t. X, p. 587-588, et GF n° 365, p. 204).

47. J.-M. Bailbé, *Le Roman et la musique en France sous la Monarchie de Juillet*, Paris, 1970, p. 323.

48. Voir *Pensées, Sujets, Fragmens*, éd. Bardèche, *CHH*, 1963, t. XXVIII, p. 677, f° 24.

49. Voir *ibidem*, et P. Citron, « Le rêve asiatique de Balzac », *AB 1968*, p. 318.

50. *Pensées, Sujets, Fragmens*, éd. cit., p. 675 ; et P.-G. Castex, éd. Garnier de l'*Histoire des Treize*, p. 358.

51. Olivier Bonard, *La Peinture dans la création balzacienne*, Droz, Genève, 1969, p. 160.

52. *Ibid.*, p. 156.

53. Dans notre texte, p. 266.

54. Olivier Bonard, *op. cit.*, p. 161.

55. Voir *La Duchesse de Langeais*, Pl., t. V, p. 984.

56. Dans notre texte, p. 251.

57. Ci-dessous, p. 237.

58. Sur *La Gina*, drame ébauché par Balzac en 1839, voir *BO*, t. 21. Dans une lettre à Mme Hanska du 17 septembre 1838, Balzac définit ce drame, dont « la scène est à Venise », comme « *Othello* retourné » (*LH*, t. I, p. 615).

59. Dans notre texte, p. 266.

60. *Ibid.*, p. 282.

61. Argow est le personnage principal d'*Annette et le criminel*, roman de jeunesse publié par Balzac en 1824 sous le pseudonyme d'H. de Saint-Aubin (GF n° 391) ; le « capitaine parisien » est le héros du récit intitulé *Les Deux Rencontres*, paru en 1831 dans la *Revue de Paris*, et incorporé ensuite par Balzac à *La Femme de trente ans*.

62. Lettre à Victor Ratier du 21 juillet 1830 (*Corr.*, t. I, p. 461).

63. Toutes ces références renvoient à la Préface de l'*Histoire des Treize* (ci-dessous, p. 67 et 72).

64. Pl., t. III, p. 186.

65. « Livre scolaire », selon J. Ehrard et G. Palmade, *L'Histoire*, coll. U, A. Colin, 1965, p. 26.

66. Ainsi que l'a noté M. Le Yaouanc dans son Introduction à *Melmoth réconcilié* (Pl., t. X, p. 337).

67. Pl., t. II, p. 1160.

68. *La Peau de chagrin*, Pl., t. X, p. 1269, note 1 de la p. 113.

69. Toutes ces citations sont tirées de *Venise sauvée ou une*

conspiration découverte, collection des « Chefs-d'œuvre des Théâtres étrangers traduits en français », Paris, Rapilly, 1827. On se reportera aux pages 144, 140, 139, 164.

70. Dans notre texte, p. 172 et 174.

71. Dans notre texte, p. 228.

72. *Venise sauvée,* p. 184.

73. Voir ci-dessous, p. 72.

74. *Venise sauvée,* p. 163.

75. Préface de l'*Histoire des Treize,* p. 71-72 et 67.

76. *Venise sauvée,* p. 197.

77. Dans notre texte, p. 173.

78. Préface de l'*Histoire des Treize,* p. 72.

79. *Venise sauvée,* p. 165.

80. Préface de l'*Histoire des Treize,* p. 71 et 72.

81. Dans notre texte, p. 117.

82. P.-G. Castex, éd. cit. de l'*Histoire des Treize,* p. 30. Pour les citations suivantes, voir *ibid.*, p. 30-31.

83. *Une conversation entre onze heures et minuit,* dans les *Contes bruns,* éd. cit., p. 15. Dans *Autre étude de femme,* où Balzac recueille le récit d'*Une conversation,* ce jugement est attribué à de Marsay (Pl., t. III, p. 701).

84. Pour toutes ces citations voir *La Duchesse de Langeais,* Pl., t. V, p. 940 à 943 et p. 971.

85. La société des Dix mille, selon Gondureau, réunit « tout ce qu'il y a de plus distingué parmi ceux de nos hommes qui vont droit en cour d'assises » ; elle ne se compose pas, comme on aurait pu croire, de dix mille voleurs, mais de voleurs que n'intéresse pas « une affaire où il n'y a pas dix mille francs à gagner » (*Le Père Goriot,* Pl., t. III, p. 191). Dans *Venise sauvée* d'Otway, le personnage de Pierre, auquel celui de Vautrin doit beaucoup, annonce aux conjurés que « dix mille hommes armés, et guidés par des chefs dignes de les mener au combat », soutiendront leur complot (*op. cit.*, p. 164). En créant dans *Le Père Goriot* la société des Dix mille, Balzac semble bien avoir adapté d'une façon plaisante qui est dans son goût — et dans celui de Vautrin — une donnée fournie par la pièce anglaise. Pour un rapprochement systématique entre Ferragus et Vautrin-Herrera, voir P. Citron, Introduction à *Splendeurs et misères des courtisanes,* Pl., t. VI, p. 407-408.

86. Ces références renvoient au *Père Goriot,* éd. cit., p. 144.

87. *Le Contrat de mariage,* Pl., t. III, p. 646-647.

88. Dans notre texte, p. 227.

89. *Biographie Michaud*, article « Talleyrand », p. 611.

90. Voir *La Duchesse de Langeais*, Pl., t. V, p. 931.

91. *Le Contrat de mariage*, éd. cit., p. 647.

92. Pièce de théâtre ébauchée par Balzac, que R. Guise date de 1820-1822 (*BO*, t. 21, p. 559).

93. A.-M. Meininger, « *Catilina*, les conjurations orléanistes et Jacquet », *AB 1980*, p. 38.

94. Voir dans notre texte, p. 158 ; et sur Jacquet, A.-M. Bijaoui-Baron, « Origine et avenir d'un rôle balzacien : l'employé aux morts », *AB 1978*, p. 65-66, et A.-M Meininger, « *Catilina* [...] », art. cit., p. 41-42. Balzac semble avoir été particulièrement lié en 1833 avec Jacquet-Duclos, qu'il avait connu dès 1816 à l'étude de l'avoué Guillonnet-Merville : c'est à lui que sont confiés à cette date, enfermés dans une « boîte de cèdre », les précieux « aveux d'amour » de Mme Hanska (*LH*, t. I, p. 102).

95. « Il vient un âge », écrit de Marsay dans *Le Contrat de mariage* (Pl., t. III, p. 646), « où la plus belle maîtresse que puisse servir un homme est sa nation. »

96. La formule est dans *Ferragus*, ci-dessous, p. 85.

97. Voir *ibid.*, p. 86.

98. Page 88 du même roman.

99. Voir *La Duchesse de Langeais*, Pl., t. V, p. 934-935.

100. Pour ces citations, voir *ibid.*, p. 926 à 931.

101. *La Fille aux yeux d'or*, ci-dessous p. 221 à 223.

102. Voir *Corr.*, t. III, p. 113 et la note 1 de cette page.

103. « Du Gouvernement moderne », *CHH*, 1962, t. XXVII, p. 97.

104. *Ibid.*, p. 98.

105. Plusieurs personnages balzaciens devront à *Venise sauvée* leur nom — preuve certaine de l'importance de cette lecture pour le romancier. Ainsi de la courtisane Aquilina, Balzac a fait un personnage — notamment — de *La Peau de chagrin*. Sur le nom de Belvidera, il a formé celui de Don Juan Belvidero, héros de *L'Elixir de longue vie*. Inversement, du nom du conjuré Marrana, il tirera celui de la courtisane vénitienne Marana (*Les Marana*). Dans *La Vieillesse de Don Juan*, projet théâtral esquissé en collaboration avec Eugène Sue en 1830, il songe à attribuer au valet de Don Juan Belvidero le nom d'un autre conjuré de *Venise sauvée :* Spinosa.

106. Voir page 130.

107. *La Fille aux yeux d'or*, p. 229.

108. Voir Marthe Robert, *Roman des origines, origines du roman*, Coll. « Tel », Gallimard, 1977, p. 269.

109. Voir les dernières lignes de *La Duchesse de Langeais*, Pl., t. V, p. 1037.

110. *La Comédie humaine*, Pl., t. III, p. 683.

111. *Le Père Goriot*, éd. cit., p. 186.

112. *Splendeurs et misères des courtisanes*, Pl., t. VI, p. 902.

113. *Ibid.*, p. 934.

114. Dans *Ferragus*, ci-dessous, p. 88.

115. *Ibid.*, p. 88 et 125.

116. Pour ces citations, voir *La Duchesse de Langeais*, Pl., t. V, p. 990 et 982.

117. *La Fille aux yeux d'or*, ci-dessus, p. 247 et 237.

118. Voir dans l'éd. R. Fortassier de l'*Histoire des Treize*, Pl., t. V, la variante a de la page 1103.

119. *La Duchesse de Langeais*, éd. cit., p. 983.

120. *Ferragus*, p. 88.

121. *La Fille aux yeux d'or*, p. 284.

122. Voir *La Duchesse de Langeais*, éd. cit., p. 1018.

123. *Ibid.*, p. 1021.

124. *Ibid.*, p. 1007.

125. Voir *Illusions perdues*, Pl., t. V, p. 388, et la note 1 de R. Chollet.

126. *Ferragus*, p. 132.

127. *Ibid.*, p. 135.

128. *La Fille aux yeux d'or*, p. 259.

129. Voir *ibid.*, p. 270 et 276.

130. Pour l'analyse du couple que forment M. et Mme Jules dans *Ferragus*, voir A. Michel, *Le Mariage et l'amour dans l'œuvre romanesque d'H. de Balzac*, Paris, diff. Champion, 1976, t. II, p. 758-777.

131. *Ferragus*, p. 79.

132. Voir ci-dessous, la Notice sur *Ferragus*, p. 298.

133. Voir la note 1 de la Préface.

134. *Ferragus*, p. 96.

135. *Ibid.*, p. 199.

136. *La Duchesse de Langeais*, éd. cit., p. 1029.

137. *Ferragus*, p. 80.

138. *Ibid.*, p. 82.

139. *Ibid.*, p. 79.

140. *La Duchesse de Langeais*, éd. cit., p. 926.

141. *Ferragus*, p. 79 et 83.

142. *Ibid.*, p. 163.

143. Voir les pages consacrées à l'analyse du témoignage balzacien dans Louis Chevalier, *Classes laborieuses et classes dangereuses à Paris pendant la première moitié du* XIXe *siècle*, Coll. « Pluriel », 1978.

144. *Ferragus*, p. 78.

145. *La Fille aux yeux d'or*, p. 209.

146. *Ibid.*, p. 221.

147. *Ferragus*, p. 122. Voir aussi p. 115 et 117.

148. *Ibid.*, p. 192.

149. Pierre Citron, *La Poésie de Paris dans la littérature française de Rousseau à Baudelaire*, Paris, éd. de Minuit, 1961, t. II, p. 203 sq.

150. *Ferragus*, p. 78.

151. Voir *ibid.*, p. 102.

152. *La Duchesse de Langeais*, éd. cit., p. 1012.

153. *Ferragus*, p. 143.

154. *La Fille aux yeux d'or*, p. 231.

155. *Ferragus*, p. 162.

156. *Ibid.*, p. 104.

157. *La Fille aux yeux d'or*, p. 241.

158. Voir la note 77 de *Ferragus*.

159. *Ferragus*, p. 83.

160. *Ibid.*, p. 127.

161. *La Fille aux yeux d'or*, p. 271.

162. *Ibid.*, p. 209.

163. Voir *Ferragus*, p. 199.

164. Voir *La Duchesse de Langeais*, éd. cit., p. 940.

165. *La Fille aux yeux d'or*, p. 223.

166. Voir *Ferragus*, p. 198.

167. *La Comédie humaine*, Pl., t. I, p. 1169.

168. *Salon de 1846*, in *Œuvres complètes* de Baudelaire, Pl., t. II, 1976, p. 496.

NOTE SUR LA PRÉSENTE ÉDITION

Le texte que nous avons adopté pour cette édition de l'*Histoire des Treize* est celui de l'édition Furne, la dernière parue du vivant de l'auteur, au tome IX de *La Comédie humaine*. Il tient compte des ultimes corrections, particulièrement rares, apportées par Balzac sur son exemplaire personnel, conservé à la Bibliothèque de l'Institut dans le fonds Lovenjoul, et reproduit en fac-similé par Jean Ducourneau pour les Bibliophiles de l'Originale. On a toutefois rétabli la division en chapitres initialement instituée par le romancier, et à laquelle il n'avait renoncé qu'à contrecœur, pour des raisons commerciales. Les coquilles typographiques, les graphies surannées (long-temps, enfans, dénoûment...) n'ont pas été reproduites, dans le souci de faciliter la lecture. Les interventions plus particulières, touchant à certains usages orthographiques propres à Balzac, ou à l'orthographe des noms propres, sont signalées en note.

L'*Histoire des Treize* forme un tout. Son ampleur, cependant, a rendu impossible l'édition du texte en un seul volume. Le lecteur qui, avec raison, souhaite découvrir l'œuvre dans sa continuité, se reportera, pour le second épisode, à une édition séparée de *La Duchesse de Langeais*. Le titre est à paraître dans la même collection.

NOTE SUR LA PRÉSENTE ÉDITION

Le texte que nous avons adopté [illegible] de l'édition [illegible]
[illegible]
[illegible] *Le Candide* [illegible]
[illegible]
[illegible]
Bibliothèque de [illegible]
reproduit en fac-similé par [illegible]
[illegible]
[illegible]
[illegible]
[illegible] Les coquilles
typographiques, les [illegible]
[illegible]
[illegible]
[illegible]
[illegible]
[illegible] de notes.
[illegible]
[illegible]
[illegible]
[illegible]
[illegible]
[illegible]
[illegible] cette édition.

HISTOIRE DES TREIZE

PRÉFACE [1]

Il s'est rencontré, sous l'Empire[2] et dans Paris, treize hommes également frappés du même sentiment, tous doués d'une assez grande énergie pour être fidèles à la même pensée, assez probes entre eux pour ne point se trahir, alors même què leurs intérêts se trouvaient opposés, assez profondément politiques pour dissimuler les liens sacrés qui les unissaient, assez forts pour se mettre au-dessus de toutes les lois, assez hardis pour tout entreprendre, et assez heureux pour avoir presque toujours réussi dans leurs desseins ; ayant couru les plus grands dangers, mais taisant leurs défaites ; inaccessibles à la peur, et n'ayant tremblé ni devant le prince, ni devant le bourreau, ni devant l'innocence ; s'étant acceptés tous, tels qu'ils étaient, sans tenir compte des préjugés sociaux ; criminels sans doute, mais certainement remarquables par quelques-unes des qualités qui font les grands hommes, et ne se recrutant que parmi les hommes d'élite. Enfin, pour que rien ne manquât à la sombre et mystérieuse poésie de cette histoire, ces treize hommes sont restés inconnus, quoique tous aient réalisé les plus bizarres idées que suggère à l'imagination la fantastique puissance faussement attribuée aux Manfred, aux Faust, aux Melmoth[3], et tous aujourd'hui sont brisés, dispersés du moins. Ils sont paisiblement rentrés sous le joug des lois civiles, de même que Morgan, l'Achille des pirates[4], se fit, de ravageur, colon tranquille, et disposa sans remords, à la lueur du foyer domestique, de millions ramassés dans le sang, à la rouge clarté des incendies.

Depuis la mort de Napoléon, un hasard que l'auteur doit taire encore a dissous les liens de cette vie secrète[5], curieuse, autant que peut l'être le plus noir des romans de madame Radcliffe[6]. La permission assez étrange de raconter à sa guise quelques-unes des aventures arrivées à ces hommes, tout en respectant certaines convenances, ne lui a été que récemment donnée par un de ces héros anonymes auxquels la société tout entière fut occultement soumise, et chez lequel il croit avoir surpris un vague désir de célébrité.

Cet homme en apparence jeune encore, à cheveux blonds, aux yeux bleus, dont la voix douce et claire semblait annoncer une âme féminine, était pâle de visage et mystérieux dans ses manières, il causait avec amabilité, prétendait n'avoir que quarante ans, et pouvait appartenir aux plus hautes classes sociales. Le nom qu'il avait pris paraissait être un nom supposé ; dans le monde, sa personne était inconnue. Qu'est-il ? On ne sait.

Peut-être, en confiant à l'auteur les choses extraordinaires qu'il lui a révélées, l'inconnu voulait-il les voir en quelque sorte reproduites, et jouir des émotions qu'elles feraient naître au cœur de la foule, sentiment analogue à celui qui agitait Macpherson quand le nom d'Ossian, sa créature, s'inscrivait dans tous les langages[7]. Et c'était, certes, pour l'avocat écossais, une des sensations les plus vives, ou les plus rares du moins, que l'homme puisse se donner. N'est-ce pas l'incognito du génie ? Écrire l'*Itinéraire de Paris à Jérusalem*, c'est prendre sa part dans la gloire humaine d'un siècle ; mais doter son pays d'un Homère[8], n'est-ce pas usurper sur Dieu ?

L'auteur connaît trop les lois de la narration pour ignorer les engagements que cette courte préface lui fait contracter ; mais il connaît assez l'*Histoire des Treize* pour être certain de ne jamais se trouver au-dessous de l'intérêt que doit inspirer ce programme.

Des drames dégouttant de sang, des comédies pleines de terreurs, des romans où roulent des têtes secrètement coupées, lui ont été confiés. Si quelque lecteur n'était pas rassasié des horreurs froidement servies au public depuis quelque temps, il pourrait lui révéler de calmes atrocités, de surprenantes tragédies de famille, pour peu que le désir de les savoir lui fût témoigné. Mais il a choisi de préférence les aventures les plus douces, celles où des scènes pures succèdent à l'orage des passions, où la femme est radieuse de vertus et de beauté. Pour l'honneur des Treize, il s'en rencontre de telles dans leur histoire, qui peut-être aura l'honneur d'être mise un jour en pendant de celle des flibustiers, ce peuple à part, si curieusement énergique, si attachant malgré ses crimes.

Un auteur doit dédaigner de convertir son récit, quand ce récit est véritable, en une espèce de joujou à surprise, et de promener, à la manière de quelques romanciers, le lecteur, pendant quatre volumes, de souterrains en souterrains, pour lui montrer un cadavre tout sec, et lui dire, en forme de conclusion, qu'il lui a constamment fait peur d'une porte cachée dans quelque tapisserie, ou d'un mort laissé par mégarde sous des planchers. Malgré son aversion pour les préfaces, l'auteur a dû jeter ces phrases en tête de ce fragment. *Ferragus* est un premier épisode qui tient par d'invisibles liens à l'*Histoire des Treize*, dont la puissance naturellement acquise peut seule expliquer certains ressorts en apparence surnaturels. Quoiqu'il soit permis aux conteurs d'avoir une sorte de coquetterie littéraire, en devenant historiens, ils doivent renoncer aux bénéfices que procure l'apparente bizarrerie des titres sur lesquels se fondent aujourd'hui de légers succès. Aussi l'auteur expliquera-t-il succinctement ici les raisons qui l'ont obligé d'accepter des intitulés peu naturels en apparence.

FERRAGUS est, suivant une ancienne coutume, un nom pris par un chef de Dévorants [9]. Le jour de leur élection, ces chefs continuent celle des dynasties dévorantesques dont le nom leur plaît le plus, comme le font les papes à leur avènement, pour les dynasties pontificales. Ainsi les Dévorants ont *Trempe-la-Soupe IX*, *Ferragus XXII*, *Tutanus XIII*, *Masche-Fer IV*, de même que l'Église a ses Clément XIV, Grégoire IX, Jules II, Alexandre VI, etc. Maintenant, que sont les Dévorants ? Dévorants est le nom d'une des tribus de *Compagnons* ressortissant jadis de la grande association mystique formée entre les ouvriers de la chrétienté pour rebâtir le temple de Jérusalem [10]. Le *Compagnonnage* est encore debout en France dans le peuple. Ses traditions, puissantes sur des têtes peu éclairées et sur des gens qui ne sont point assez instruits pour manquer à leurs serments, pourraient servir à de formidables entreprises, si quelque grossier génie voulait s'emparer de ces diverses sociétés. En effet, là, tous les instruments sont presque aveugles ; là, de ville en ville, existe pour les Compagnons, depuis un temps immémorial, une *Obade*, espèce d'étape tenue par une Mère, vieille femme, bohémienne à demi, n'ayant rien à perdre, sachant tout ce qui se passe dans le pays, et dévouée, par peur ou par une longue habitude, à la tribu qu'elle loge et nourrit en détail. Enfin, ce peuple changeant, mais soumis à d'immuables coutumes, peut avoir des yeux en tous lieux, exécuter partout une volonté sans la juger, car le plus vieux Compagnon est encore dans l'âge où l'on croit à quelque chose. D'ailleurs, le corps entier professe des doctrines assez vraies, assez mystérieuses, pour électriser patriotiquement tous les adeptes, si elles recevaient le moindre développement. Puis l'attachement des Compagnons à leurs lois est si passionné, que les diverses tribus se livrent entre elles de sanglants combats, afin de défendre quelques questions de principes. Heureusement pour l'ordre public actuel, quand un Dévorant est ambitieux il construit des maisons, fait fortune, et quitte le Compagnonnage. Il y aurait beaucoup de choses curieuses à dire sur les *Compagnons du Devoir*, les rivaux des Dévorants [11], et sur toutes les différentes sectes d'ouvriers, sur leurs usages et leur fraternité, sur les rapports qui se trouvent entre eux et les francs-maçons ; mais ici ces détails seraient déplacés. Seulement, l'auteur ajoutera que sous l'ancienne monarchie il n'était pas sans exemple de trouver un Trempe-la-Soupe au service du roi, ayant place pour cent et un ans sur ses galères ; mais de là, dominant toujours sa tribu, consulté religieusement par elle ; puis, s'il quittait sa chiourme, certain de rencontrer aide, secours et respect en tous lieux. Voir son chef aux galères n'est pour la tribu fidèle qu'un de ces malheurs dont la Providence est responsable, mais qui ne dispense pas les Dévorants d'obéir au pouvoir créé par eux, au-dessus d'eux. C'est l'exil momentané de leur roi légitime, toujours roi pour eux. Voici donc le prestige romanesque attaché au nom de Ferragus et à celui de Dévorants complètement dissipé [12].

Quant aux Treize, l'auteur se sent assez fortement appuyé par les détails de cette histoire presque romanesque, pour abdiquer encore l'un des plus beaux privilèges de romancier dont il y ait exemple, et qui, sur le Châtelet de la littérature [13], pourrait s'adjuger à haut prix, et imposer le public d'autant de volumes que lui en a donné la CONTEMPORAINE [14]. Les Treize étaient tous des hommes trempés comme le fut Trelawney, l'ami de lord Byron, et, dit-on, l'original du *Corsaire* [15], tous fatalistes, gens de cœur et de poésie, mais ennuyés de la vie plate qu'ils menaient, entraînés vers des jouissances asiatiques par des forces d'autant plus excessives que, longtemps endormies, elles se réveillaient plus furieuses. Un jour, l'un d'eux, après avoir relu *Venise sauvée* [16], après avoir admiré l'union sublime de Pierre et de Jaffier, vint à songer aux vertus particulières des gens jetés en dehors de l'ordre social, à la probité des bagnes, à la fidélité des voleurs entre eux, aux privilèges de puissance exorbitante que ces hommes savent conquérir en confondant toutes les idées dans une seule volonté. Il trouva l'homme plus grand que les hommes. Il présuma que la société devait appartenir tout entière à des gens distingués qui, à leur esprit naturel, à leurs lumières acquises, à leur fortune, joindraient un fanatisme assez chaud pour fondre en un seul jet ces différentes forces. Dès lors, immense d'action et d'intensité, leur puissance occulte, contre laquelle l'ordre social serait sans défense, y renverserait les obstacles, foudroierait les volontés, et donnerait à chacun d'eux le pouvoir diabolique de tous. Ce monde à part dans le monde, hostile au monde, n'admettant aucune des idées du monde, n'en reconnaissant aucune loi, ne se soumettant qu'à la conscience de sa nécessité, n'obéissant qu'à un dévouement, agissant tout entier pour un seul des associés quand l'un d'eux réclamerait l'assistance de tous ; cette vie de flibustier en gants jaunes et en carrosse ; cette union intime de gens supérieurs, froids et railleurs, souriant et maudissant au milieu d'une société fausse et mesquine ; la certitude de tout faire plier sous un caprice, d'ourdir une vengeance avec habileté, de vivre dans treize cœurs ; puis le bonheur continu d'avoir un secret de haine en face des hommes, d'être toujours armé contre eux, et de pouvoir se retirer en soi avec une idée de plus que n'en avaient les gens les plus remarquables ; cette religion de plaisir et d'égoïsme fanatisa treize hommes qui recommencèrent la société de Jésus au profit du diable. Ce fut horrible et sublime. Puis le pacte eut lieu ; puis il dura, précisément parce qu'il paraissait impossible. Il y eut donc dans Paris treize frères qui s'appartenaient et se méconnaissaient tous dans le monde ; mais qui se retrouvaient réunis, le soir, comme des conspirateurs, ne se cachant aucune pensée, usant tour à tour d'une fortune semblable à celle du Vieux de la Montagne [17] ; ayant les pieds dans tous les salons, les mains dans tous les coffres-forts, les coudes dans la rue, leurs têtes sur tous les oreillers, et, sans scrupules, faisant tout servir à leur fantaisie. Aucun chef ne les commanda, personne ne put s'arroger le pouvoir ; seulement la passion la plus vive, la circonstance la plus exigeante passait la première. Ce furent treize rois inconnus, mais réellement rois, et plus que rois, des juges et des bourreaux qui, s'étant fait des ailes pour parcourir la société du haut en bas, dédaignèrent d'y être quelque chose, parce qu'ils y pouvaient tout. Si l'auteur apprend les causes de leur abdication, il les dira.

Maintenant, il lui est permis de commencer le récit des trois épisodes qui [18], dans cette histoire, l'ont plus particulièrement séduit par la senteur parisienne des détails, et par la bizarrerie des contrastes.

Paris, 1831 [19].

PREMIER ÉPISODE

FERRAGUS, CHEF DES DÉVORANTS

À Hector Berlioz [1]

I

MADAME JULES

Il est dans Paris certaines rues déshonorées autant que peut l'être un homme coupable d'infamie ; puis il existe des rues nobles, puis des rues simplement honnêtes, puis de jeunes rues sur la moralité desquelles le public ne s'est pas encore formé d'opinion ; puis des rues assassines, des rues plus vieilles que de vieilles douairières ne sont vieilles, des rues estimables, des rues toujours propres, des rues toujours sales, des rues ouvrières, travailleuses, mercantiles. Enfin, les rues de Paris ont des qualités humaines, et nous impriment par leur physionomie certaines idées contre lesquelles nous sommes sans défense. Il y a des rues de mauvaise compagnie où vous ne voudriez pas demeurer, et des rues où vous placeriez volontiers votre séjour. Quelques rues, ainsi que la rue Montmartre, ont une belle tête et finissent en queue de poisson. La rue de la Paix est une large rue, une grande rue ; mais elle ne réveille aucune des pensées gracieusement nobles qui surprennent une âme impressible [2] au milieu de la rue Royale, et elle manque certainement de la majesté qui règne dans la place Vendôme. Si vous vous promenez dans les rues de l'île Saint-Louis, ne demandez raison de la tristesse nerveuse qui s'empare de vous qu'à la solitude, à l'air morne des maisons et des grands hôtels déserts. Cette île, le cadavre des fermiers-généraux [3], est comme la Venise de Paris. La place de la Bourse est babillarde, active, prostituée ; elle n'est belle que par un clair de lune, à deux heures du matin : le jour, c'est un abrégé de Paris ; pendant la nuit, c'est comme une rêverie de la Grèce. La rue Traversière-Saint-Honoré [4] n'est-elle pas une rue infâme ? Il y a là de méchantes petites maisons à deux croisées, où, d'étage en étage, se trouvent des vices, des crimes, de la misère. Les rues étroites exposées au nord, où le soleil ne vient que trois ou quatre fois dans l'année, sont des rues assassines qui tuent impunément ; la Justice d'aujourd'hui ne s'en mêle pas ; mais autrefois le Parlement eût peut-être mandé le lieutenant de police pour le vitupérer *à ces causes,* et aurait au moins rendu quelque arrêt contre la rue, comme jadis il en porta contre les perruques du chapitre de Beauvais [5]. Cependant monsieur Benoiston de Châteauneuf [6] a prouvé que la mortalité de ces rues était du double supérieure à celle des autres. Pour résumer ces idées par un exemple, la rue Fromenteau [7] n'est-elle pas tout à la fois meurtrière et de mauvaise vie ? Ces observations, incompréhensibles au-delà de Paris, seront sans doute saisies par ces hommes d'étude et de pensée, de poésie et de plaisir qui savent récolter, en flânant dans Paris, la masse de jouissances flottantes, à toute heure, entre ses murailles ; par ceux pour lesquels Paris est le plus délicieux des monstres : là, jolie femme ; plus loin, vieux et pauvre ; ici, tout neuf comme la monnaie d'un nouveau règne ; dans ce coin, élégant comme une femme à la mode. Monstre complet d'ailleurs ! Ses greniers, espèce de tête pleine de science et de génie, ses premiers étages, estomacs heureux ; ses boutiques, véritables pieds ; de là partent tous les trotteurs, tous les affairés. Eh ! quelle vie toujours active a le monstre ? À peine le dernier frétillement des dernières voitures de bal cesse-t-il au cœur que déjà ses bras se remuent aux Barrières, et il se secoue lentement. Toutes les portes bâillent, tournent sur leurs gonds, comme les membranes d'un grand homard, invisiblement manœuvrées par trente mille hommes ou femmes, dont chacune ou chacun vit dans six pieds carrés, y possède une cuisine, un atelier, un lit, des enfants, un jardin, n'y voit pas clair, et doit tout voir. Insensiblement les articulations craquent, le mouvement se communique, la rue parle. À midi, tout est vivant, les cheminées fument, le monstre mange ; puis il rugit, puis ses mille pattes s'agitent. Beau spectacle ! Mais, ô Paris ! qui n'a pas admiré tes sombres paysages, tes échappées de lumière, tes culs-de-sac profonds et silencieux ; qui n'a pas entendu tes murmures, entre minuit et deux heures du matin, ne connaît encore rien de ta vraie poésie, ni de tes bizarres et larges contrastes. Il est un petit nombre d'amateurs, de gens qui ne marchent jamais en écervelés, qui dégustent leur Paris, qui en possèdent si bien la physionomie qu'ils y voient une verrue, un bouton, une rougeur. Pour les autres, Paris est toujours cette monstrueuse merveille, étonnant assemblage de mouvements, de machines et de pensées, la ville aux cent mille romans, la tête du monde. Mais, pour ceux-là, Paris est triste ou gai, laid ou beau, vivant ou mort ; pour eux, Paris est une créature ; chaque homme, chaque fraction de maison est un lobe du tissu cellulaire de cette grande courtisane de laquelle ils connaissent parfaitement la tête, le cœur et les mœurs fantasques. Aussi ceux-là sont-ils les amants de Paris : ils lèvent le nez à tel coin de rue, sûrs d'y trouver le cadran d'une horloge ; ils disent à un ami dont la tabatière est vide : Prends par tel passage, il y a un débit de tabac, à gauche, près d'un pâtissier qui a une jolie femme. Voyager dans Paris est, pour ces poètes, un luxe coûteux. Comment ne pas dépenser quelques minutes devant les drames, les désastres, les figures, les pittoresques accidents qui vous assaillent au milieu de cette mouvante reine des cités, vêtue d'affiches et qui néanmoins n'a pas un coin de propre, tant elle est complaisante aux vices de la nation française. À qui n'est-il pas arrivé de partir, le matin, de son logis pour aller aux extrémités de Paris, sans avoir pu en quitter le centre à l'heure du dîner ? Ceux-là sauront excuser ce début vagabond qui, cependant, se résume par une observation éminemment utile et neuve, autant qu'une observation peut être neuve à Paris où il n'y a rien de neuf, pas même la statue posée d'hier sur laquelle un gamin a déjà mis son nom. Oui donc, il est des rues, ou des fins de rue, il est certaines maisons, inconnues pour la plupart aux personnes du grand monde, dans lesquelles une femme appartenant à ce monde ne saurait aller sans faire penser d'elle les choses les plus cruellement blessantes. Si cette femme est riche, si elle a voiture, si elle se trouve à pied ou déguisée, en quelques-uns de ces défilés du pays parisien, elle y compromet sa réputation d'honnête femme. Mais si, par hasard, elle y est venue à neuf heures du soir, les conjectures qu'un observateur peut se permettre deviennent épouvantables par leurs conséquences. Enfin, si cette femme est jeune et jolie, si elle entre dans quelque maison d'une de ces rues ; si la maison a une allée longue et sombre, humide et puante ; si au fond de l'allée tremblote la lueur pâle d'une lampe, et que sous cette lueur se dessine un horrible visage de vieille femme aux doigts décharnés ; en vérité, disons-le, par intérêt pour les jeunes et jolies femmes, cette femme est perdue. Elle est à la merci du premier homme de sa connaissance qui la rencontre dans ces marécages parisiens. Mais il y a telle rue de Paris où cette rencontre peut devenir le drame le plus effroyablement terrible, un drame plein de sang et d'amour, un drame de l'école moderne. Malheureusement, cette conviction, ce dramatique sera, comme le drame moderne, compris par peu de personnes ; et c'est grande pitié que de raconter une histoire à un public qui n'en épouse pas tout le mérite local. Mais qui peut se flatter d'être jamais compris ? Nous mourons tous inconnus. C'est le mot des femmes et celui des auteurs.

À huit heures et demie du soir, rue Pagevin, dans un temps où la rue Pagevin n'avait pas un mur qui ne répétât un mot infâme, et dans la direction de la rue Soly[8], la plus étroite et la moins praticable de toutes les rues de Paris, sans en excepter le coin le plus fréquenté de la rue la plus déserte ; au commencement du mois de février, il y a de cette aventure environ treize ans[9], un jeune homme, par l'un de ces hasards qui n'arrivent pas deux fois dans la vie, tournait, à pied, le coin de la rue Pagevin pour entrer dans la rue des Vieux-Augustins, du côté droit, où se trouve précisément la rue Soly. Là, ce jeune homme, qui demeurait, lui, rue de Bourbon[10], trouva dans la femme à quelques pas de laquelle il marchait fort insouciamment de vagues ressemblances avec la plus jolie femme de Paris, une chaste et délicieuse personne de laquelle il était en secret passionnément amoureux, et amoureux sans espoir : elle était mariée. En un moment son cœur bondit, une chaleur intolérable sourdit de son diaphragme et passa dans toutes ses veines, il eut froid dans le dos, et sentit dans sa tête un frémissement superficiel. Il aimait, il était jeune, il connaissait Paris ; et sa perspicacité ne lui permettait pas d'ignorer tout ce qu'il y avait d'infamie possible pour une femme élégante, riche, jeune et jolie, à se promener là, d'un pied criminellement furtif. *Elle*, dans cette crotte, à cette heure ! L'amour que ce jeune homme avait pour cette femme pourra sembler bien romanesque, et d'autant plus même qu'il était officier dans la garde royale. S'il eût été dans l'infanterie, la chose serait encore vraisemblable ; mais officier supérieur de cavalerie, il appartenait à l'arme française qui veut le plus de rapidité dans ses conquêtes, qui tire vanité de ses mœurs amoureuses autant que de son costume. Cependant la passion de cet officier était vraie, et à beaucoup de jeunes cœurs elle paraîtra grande. Il aimait cette femme parce qu'elle était vertueuse, il en aimait la vertu, la grâce décente, l'imposante sainteté, comme les plus chers trésors de sa passion inconnue. Cette femme était vraiment digne d'inspirer un de ces amours platoniques qui se rencontrent comme des fleurs au milieu de ruines sanglantes dans l'histoire du Moyen Âge ; digne d'être secrètement le principe de toutes les actions d'un homme jeune ; amour aussi haut, aussi pur que le ciel quand il est bleu ; amour sans espoir et auquel on s'attache, parce qu'il ne trompe jamais ; amour prodigue de jouissances effrénées, surtout à un âge où le cœur est brûlant, l'imagination mordante, et où les yeux d'un homme voient bien clair. Il se rencontre dans Paris des effets de nuit singuliers, bizarres, inconcevables. Ceux-là seulement qui se sont amusés à les observer savent combien la femme y devient fantastique à la brune. Tantôt la créature que vous y suivez, par hasard ou à dessein, vous paraît svelte ; tantôt le bas, s'il est bien blanc, vous fait croire à des jambes fines et élégantes ; puis la taille, quoique enveloppée d'un châle, d'une pelisse, se révèle jeune et voluptueuse dans l'ombre ; enfin les clartés incertaines d'une boutique ou d'un réverbère donnent à l'inconnue un éclat fugitif, presque toujours trompeur, qui réveille, allume l'imagination et la lance au-delà du vrai. Les sens s'émeuvent alors, tout se colore et s'anime ; la femme prend un aspect tout nouveau ; son corps s'embellit ; par moments ce n'est plus une femme, c'est un démon, un feu follet qui vous entraîne par un ardent magnétisme jusqu'à une maison décente où la pauvre bourgeoise, ayant peur de votre pas menaçant ou de vos bottes retentissantes, vous ferme la porte cochère au nez sans vous regarder. La lueur vacillante que projetait le vitrage d'une boutique de cordonnier illumina soudain, précisément à la chute des reins, la taille de la femme qui se trouvait devant le jeune homme. Ah ! certes, *elle* seule était ainsi cambrée ! Elle seule avait le secret de cette chaste démarche qui met innocemment en relief les beautés des formes les plus attrayantes. C'était et son châle du matin et le chapeau de velours du matin. À son bas de soie gris, pas une mouche, à son soulier pas une éclaboussure. Le châle était bien collé sur le buste, il en dessinait vaguement les délicieux contours, et le jeune homme en avait vu les blanches épaules au bal ; il savait tout ce que ce châle couvrait de trésors. À la manière dont s'entortille une Parisienne dans son châle, à la manière dont elle lève le pied dans la rue, un homme d'esprit devine le secret de sa course mystérieuse. Il y a je ne sais quoi de frémissant, de léger dans la personne et dans la démarche : la femme semble peser moins, elle va, elle va, ou mieux elle file comme une étoile, et vole emportée par une pensée que trahissent les plis et les jeux de sa robe. Le jeune homme hâta le pas, devança la femme, se retourna pour la voir... Pst ! elle avait disparu dans une allée dont la porte à claire-voie et à grelot claquait et sonnait. Le jeune homme revint, et vit cette femme montant au fond de l'allée, non sans recevoir l'obséquieux salut d'une vieille portière, un tortueux escalier dont les premières marches étaient fortement éclairées ; et madame montait lestement, vivement, comme doit monter une femme impatiente.

— Impatiente de quoi ? se dit le jeune homme qui se recula pour se coller en espalier sur le mur de l'autre côté de la rue. Et il regarda, le malheureux, tous les étages de la maison avec l'attention d'un agent de police cherchant son conspirateur.

C'était une de ces maisons comme il y en a des milliers à Paris, maison ignoble, vulgaire, étroite, jaunâtre de ton, à quatre étages et à trois fenêtres. La boutique et l'entresol appartenaient au cordonnier. Les persiennes du premier étage étaient fermées. Où allait madame ? Le jeune homme crut entendre les tintements d'une sonnette dans l'appartement du second. Effectivement, une lumière s'agita dans une pièce à deux croisées fortement éclairées, et illumina soudain la troisième dont l'obscurité annonçait une première chambre, sans doute le salon ou la salle à manger de l'appartement. Aussitôt la silhouette d'un chapeau de femme se dessina vaguement, la porte se ferma, la première pièce redevint obscure, puis les deux dernières croisées reprirent leurs teintes rouges. Là, le jeune homme entendit : *Gare*, et reçut un coup à l'épaule.

— Vous ne faites donc attention à rien, dit une grosse voix. C'était la voix d'un ouvrier portant une longue planche sur son épaule. Et l'ouvrier passa. Cet ouvrier était l'homme de la Providence, disant à ce curieux : — De quoi te mêles-tu ? Songe à ton service, et laisse les Parisiens à leurs petites affaires.

Le jeune homme se croisa les bras ; puis, n'étant vu de personne, il laissa rouler sur ses joues des larmes de rage sans les essuyer. Enfin, la vue des ombres qui se jouaient sur ces deux fenêtres éclairées lui faisait mal, il regarda au hasard dans la partie supérieure de la rue des Vieux-Augustins, et il vit un fiacre arrêté le long d'un mur, à un endroit où il n'y avait ni porte de maison ni lueur de boutique.

Est-ce elle ? n'est-ce pas elle ? La vie ou la mort pour un amant. Et cet amant attendait. Il resta là pendant un siècle de vingt minutes. Après, la femme descendit, et il reconnut alors celle qu'il aimait secrètement. Néanmoins il voulut douter encore. L'inconnue alla vers le fiacre et y monta.

— La maison sera toujours là, je pourrai toujours la fouiller, se dit le jeune homme qui suivit la voiture en courant afin de dissiper ses derniers doutes, et bientôt il n'en conserva plus.

Le fiacre s'arrêta rue de Richelieu, devant la boutique d'un magasin de fleurs, près de la rue de Ménars. La dame descendit, entra dans la boutique, envoya l'argent dû au cocher, et sortit après avoir choisi des marabouts [11]. Des marabouts pour ses cheveux noirs ! Brune, elle avait approché le plumage de sa tête pour en voir l'effet. L'officier croyait entendre la conversation de cette femme avec les fleuristes.

— Madame, rien ne va mieux aux brunes, les brunes ont quelque chose de trop précis dans les contours, et les marabouts prêtent à leur toilette un *flou* qui leur manque. Madame la duchesse de Langeais [12] dit que cela donne à une femme quelque chose de vague, d'ossianique et de très comme il faut.

— Bien. Envoyez-les-moi promptement.

Puis la dame tourna lestement vers la rue de Ménars, et rentra chez elle. Quand la porte de l'hôtel où elle demeurait fut fermée, le jeune amant, ayant perdu toutes ses espérances, et, double malheur, ses plus chères croyances, alla dans Paris comme un homme ivre, et se trouva bientôt chez lui sans savoir comment il y était venu. Il se jeta dans un fauteuil, resta les pieds sur ses chenets, la tête entre les mains, séchant ses bottes mouillées, les brûlant même. Ce fut un moment affreux, un de ces moments où, dans la vie humaine, le caractère se modifie, et où la conduite du meilleur homme dépend du bonheur ou du malheur de sa première action. Providence ou Fatalité, choisissez.

Ce jeune homme appartenait à une bonne famille dont la noblesse n'était pas d'ailleurs très ancienne ; mais il y a si peu d'anciennes familles aujourd'hui, que tous les jeunes gens sont anciens sans conteste. Son aïeul avait acheté une charge de Conseiller au Parlement de Paris, où il était devenu Président. Ses fils, pourvus chacun d'une belle fortune, entrèrent au service, et, par leurs alliances, arrivèrent à la cour. La révolution avait balayé cette famille ; mais il en était resté une vieille douairière entêtée qui n'avait pas voulu émigrer ; qui, mise en prison, menacée de mourir et sauvée au 9 thermidor, retrouva ses biens. Elle fit revenir en temps utile, vers 1804[13], son petit-fils Auguste de Maulincour[14], l'unique rejeton des Charbonnon de Maulincour, qui fut élevé par la bonne douairière avec un triple soin de mère, de femme noble et de douairière entêtée. Puis, quand vint la Restauration, le jeune homme alors âgé de dix-huit ans, entra dans la Maison-Rouge[15], suivit les princes à Gand, fut fait officier dans les Gardes du corps, en sortit pour servir dans la Ligne, fut rappelé dans la Garde royale, où il se trouvait alors, à vingt-trois ans[16], chef d'escadron d'un régiment de cavalerie, position superbe, et due à sa grand-mère, qui, malgré son âge, savait très bien son monde. Cette double biographie est le résumé de l'histoire générale et particulière, sauf les variantes, de toutes les familles qui ont émigré, qui avaient des dettes et des biens, des douairières et de l'entregent. Madame la baronne de

Maulincour avait pour ami le vieux vidame de Pamiers, ancien Commandeur de l'Ordre de Malte. C'était une de ces amitiés éternelles fondées sur des liens sexagénaires, et que rien ne peut plus tuer, parce qu'au fond de ces liaisons il y a toujours des secrets de cœur humain, admirables à deviner quand on en a le temps, mais insipides à expliquer en vingt lignes, et qui feraient le texte d'un ouvrage en quatre volumes, amusant comme peut l'être *Le Doyen de Killerine* [17], une de ces œuvres dont parlent les jeunes gens, et qu'ils jugent sans les avoir lues. Auguste de Maulincour tenait donc au faubourg Saint-Germain par sa grand-mère et par le vidame, et il lui suffisait de dater de deux siècles pour prendre les airs et les opinions de ceux qui prétendent remonter à Clovis. Ce jeune homme pâle, long et fluet, délicat en apparence, homme d'honneur et de vrai courage d'ailleurs, qui se battait en duel sans hésiter pour un oui, pour un non, ne s'était encore trouvé sur aucun champ de bataille, et portait à sa boutonnière la croix de la Légion d'honneur. C'était, vous le voyez, une des fautes vivantes de la Restauration, peut-être la plus pardonnable. La jeunesse de ce temps n'a été la jeunesse d'aucune époque : elle s'est rencontrée entre les souvenirs de l'Empire et les souvenirs de l'émigration, entre les vieilles traditions de la cour et les études consciencieuses de la bourgeoisie, entre la religion et les bals costumés, entre deux fois politiques, entre Louis XVIII qui ne voyait que le présent, et Charles X qui voyait trop en avant [18] ; puis, obligée de respecter la volonté du roi quoique la royauté se trompât. Cette jeunesse incertaine en tout, aveugle et clairvoyante, ne fut comptée pour rien par des vieillards jaloux de garder les rênes de l'État dans leurs mains débiles, tandis que la monarchie pouvait être sauvée par leur retraite, et par l'accès de cette jeune France de laquelle aujourd'hui les vieux doctrinaires, ces émigrés de la Restauration, se moquent encore. Auguste de Maulincour était une victime des idées qui pesaient alors sur cette jeunesse, et voici comment. Le vidame était encore, à soixante-sept ans[19], un homme très spirituel, ayant beaucoup vu, beaucoup vécu, contant bien, homme d'honneur, galant homme, mais qui avait, à l'endroit des femmes, les opinions les plus détestables : il les aimait et les méprisait. Leur honneur, leurs sentiments ? Tarare, bagatelles et momeries ! Près d'elles, il croyait en elles, le ci-devant *monstre*, il ne les contredisait jamais, et les faisait valoir. Mais, entre amis, quand il en était question, le vidame posait en principe que tromper les femmes, mener plusieurs intrigues de front, devait être toute l'occupation des jeunes gens, qui se fourvoyaient en voulant se mêler d'autre chose dans l'État. Il est fâcheux d'avoir à esquisser un portrait si suranné. N'a-t-il pas figuré partout ? et littérairement, n'est-il pas presque aussi usé que celui d'un grenadier de l'Empire ? Mais le vidame eut sur la destinée de monsieur de Maulincour une influence qu'il était nécessaire de consacrer ; il le moralisait à sa manière, et voulait le convertir aux doctrines du grand siècle de la galanterie. La douairière, femme tendre et pieuse, assise entre son vidame et Dieu, modèle de grâce et de douceur, mais douée d'une persistance de bon goût qui triomphe de tout à la longue, avait voulu conserver à son petit-fils les belles illusions de la vie, et l'avait élevé dans les meilleurs principes ; elle lui donna toutes ses délicatesses, et en fit un homme timide, un vrai sot en apparence. La sensibilité de ce garçon, conservée pure, ne s'usa point au dehors, et lui resta si pudique, si chatouilleuse, qu'il était vivement offensé par des actions et des maximes auxquelles le monde n'attachait aucune importance. Honteux de sa susceptibilité, le jeune homme la cachait sous une assurance menteuse, et souffrait en silence ; mais il se moquait, avec les autres, de choses que seul il admirait. Aussi fut-il trompé, parce que, suivant un caprice assez commun de la destinée, il rencontra dans l'objet de sa première passion, lui, homme de douce mélancolie et spiritualiste en amour, une femme qui avait pris en horreur la sensiblerie allemande[20]. Le jeune homme douta de lui, devint rêveur, et se roula dans ses chagrins, en se plaignant de ne pas être compris. Puis, comme nous désirons d'autant plus violemment les choses qu'il nous est plus difficile de les avoir, il continua d'adorer les femmes avec cette ingénieuse tendresse et ces félines délicatesses dont le secret leur appartient et dont peut-être veulent-elles garder le monopole. En effet, quoique les femmes se plaignent d'être mal aimées par les hommes, elles ont néanmoins peu de goût pour ceux dont l'âme est à demi féminine. Toute leur supériorité consiste à faire croire aux hommes qu'ils leur sont inférieurs en amour ; aussi quittent-elles assez volontiers un amant, quand il est assez inexpérimenté pour leur ravir les craintes dont elles veulent se parer, ces délicieux tourments de la jalousie à faux, ces troubles de l'espoir trompé, ces vaines attentes, enfin tout le cortège de leurs bonnes misères de femme ; elles ont en horreur les Grandisson[21]. Qu'y a-t-il de plus contraire à leur nature qu'un amour tranquille et parfait ? Elles veulent des émotions, et le bonheur sans orages n'est plus le bonheur pour elles. Les âmes féminines assez puissantes pour mettre l'infini dans l'amour constituent d'angéliques exceptions, et sont parmi les femmes ce que sont les beaux génies parmi les hommes. Les grandes passions sont rares comme les chefs-d'œuvre. Hors cet amour, il n'y a que des arrangements, des irritations passagères, méprisables, comme tout ce qui est petit.

Au milieu des secrets désastres de son cœur, pendant qu'il cherchait une femme par laquelle il pût être compris, recherche qui, pour le dire en passant, est la grande folie amoureuse de notre époque, Auguste rencontra dans le monde le plus éloigné du sien, dans la seconde sphère du monde d'argent où la haute banque tient le premier rang, une créature parfaite, une de ces femmes qui ont je ne sais quoi de saint et de sacré, qui inspirent tant de respect, que l'amour a besoin de tous les secours d'une longue familiarité pour se déclarer. Auguste se livra donc tout entier aux délices de la plus touchante et de la plus profonde des passions, à un amour purement admiratif. Ce fut d'innombrables désirs réprimés, nuances de passion si vagues et si profondes, si fugitives et si frappantes, qu'on ne sait à quoi les comparer ; elles ressemblent à des parfums, à des nuages, à des rayons de soleil, à des ombres, à tout ce qui, dans la nature, peut en un moment briller et disparaître, se raviver et mourir, en laissant au cœur de longues émotions. Dans le moment où l'âme est encore assez jeune pour concevoir la mélancolie, les lointaines espérances, et sait trouver dans la femme plus qu'une femme, n'est-ce pas le plus grand bonheur qui puisse échoir à un homme que d'aimer assez pour ressentir plus de joie à toucher un gant blanc, à effleurer des cheveux, à écouter une phrase, à jeter un regard, que la possession la plus fougueuse n'en donne à l'amour heureux ? Aussi, les gens rebutés, les laides, les malheureux, les amants inconnus, les femmes ou les hommes timides, connaissent-ils seuls les trésors que renferme la voix de la personne aimée. En prenant leur source et leur principe dans l'âme même, les vibrations de l'air chargé de feu mettent si violemment les cœurs en rapport, y portent si lucidement la pensée, et sont si peu menteuses, qu'une seule inflexion est souvent tout un dénouement. Combien d'enchantements ne prodigue pas au cœur d'un poète le timbre harmonieux d'une voix douce ! combien d'idées elle y réveille ! quelle fraîcheur elle y répand ! L'amour est dans la voix avant d'être avoué par le regard. Auguste, poète à la manière des amants (il y a les poètes qui sentent et les poètes qui expriment, les premiers sont les plus heureux), Auguste avait savouré toutes ces joies premières, si larges, si fécondes. *Elle* possédait le plus flatteur organe que la femme la plus artificieuse ait jamais souhaité pour pouvoir tromper à son aise ; elle avait cette voix d'argent, qui, douce à l'oreille, n'est éclatante que pour le cœur qu'elle trouble et remue, qu'elle caresse en le bouleversant. Et cette femme allait le soir rue Soly, près la rue Pagevin ; et sa furtive apparition dans une infâme maison venait de briser la plus magnifique des passions ! La logique du vidame triompha.

— Si elle trahit son mari, nous nous vengerons, dit Auguste.

Il y avait encore de l'amour dans le si... Le doute philosophique de Descartes est une politesse par laquelle il faut toujours honorer la vertu. Dix heures sonnèrent. En ce moment le baron de Maulincour se rappela que cette femme devait aller au bal dans une maison où il avait accès. Sur-le-champ il s'habilla, partit, arriva, *la* chercha d'un air sournois dans les salons. Madame de Nucingen[22], le voyant si affairé, lui dit : — Vous ne voyez pas madame Jules, mais elle n'est pas encore venue.

— Bonjour, ma chère, dit une voix.

Auguste et madame de Nucingen se retournent. Madame Jules arrivait vêtue de blanc, simple et noble, coiffée précisément avec les marabouts que le jeune baron lui avait vu choisir dans le magasin de fleurs. Cette voix d'amour perça le cœur d'Auguste. S'il avait su conquérir le moindre droit qui lui permît d'être jaloux de cette femme, il aurait pu la pétrifier en lui disant : — Rue Soly ! Mais quand lui, étranger, eût mille fois répété ce mot à l'oreille de madame Jules, elle lui aurait avec étonnement demandé ce qu'il voulait dire : il la regarda d'un air stupide.

Pour les gens méchants et qui rient de tout, c'est peut-être un grand amusement que de connaître le secret d'une femme, de savoir que sa chasteté ment, que sa figure calme cache une pensée profonde, qu'il y a quelque épouvantable drame sous son front pur. Mais il y a certaines âmes qu'un tel spectacle contriste réellement, et beaucoup de ceux qui en rient, rentrés chez eux, seuls avec leur conscience, maudissent le monde et méprisent une telle femme. Tel se trouvait Auguste de Maulincour en présence de madame Jules. Situation bizarre ! Il n'existait pas entre eux d'autres rapports que ceux qui s'établissent dans le monde entre gens qui échangent quelques mots sept ou huit fois par hiver, et il lui demandait compte d'un bonheur ignoré d'elle, il la jugeait sans lui faire connaître l'accusation.

Beaucoup de jeunes gens se sont trouvés ainsi, rentrant chez eux, désespérés d'avoir rompu pour toujours avec une femme adorée en secret ; condamnée, méprisée en secret. C'est des monologues inconnus, dits aux murs d'un réduit solitaire, des orages nés et calmés sans être sortis du fond des cœurs, d'admirables scènes du monde moral, auxquelles il faudrait un peintre. Madame Jules alla s'asseoir, en quittant son mari qui fit le tour du salon. Quand elle fut assise, elle se trouva comme gênée, et, tout en causant avec sa voisine, elle jetait furtivement un regard sur monsieur Jules Desmarets, son mari, l'agent de change du baron de Nucingen. Voici l'histoire de ce ménage.

Monsieur Desmarets était, cinq ans avant son mariage, placé chez un agent de change, et n'avait alors pour toute fortune que les maigres appointements d'un commis. Mais c'était un de ces hommes auxquels le malheur apprend hâtivement les choses de la vie, et qui suivent la ligne droite avec la ténacité d'un insecte voulant arriver à son gîte ; un de ces jeunes gens têtus qui font les morts devant les obstacles et lassent toutes les patiences par une patience de cloporte. Ainsi, jeune, il avait toutes les vertus républicaines des peuples pauvres : il était sobre, avare de son temps, ennemi des plaisirs. Il attendait. La nature lui avait d'ailleurs donné les immenses avantages d'un extérieur agréable. Son front calme et pur ; la coupe de sa figure placide, mais expressive ; ses manières simples, tout en lui révélait une existence laborieuse et résignée, cette haute dignité personnelle qui impose, et cette secrète noblesse de cœur qui résiste à toutes les situations. Sa modestie inspirait une sorte de respect à tous ceux qui le connaissaient. Solitaire d'ailleurs au milieu de Paris, il ne voyait le monde que par échappées, pendant le peu de moments qu'il passait dans le salon de son patron, les jours de fête. Il y avait chez ce jeune homme, comme chez la plupart des gens qui vivent ainsi, des passions d'une étonnante profondeur ; passions trop vastes pour se compromettre jamais dans de petits incidents. Son peu de fortune l'obligeait à une vie austère, et il domptait ses fantaisies par de grands travaux. Après avoir pâli sur les chiffres, il se délassait en essayant avec obstination d'acquérir cet ensemble de connaissances, aujourd'hui nécessaires à tout homme qui veut se faire remarquer dans le monde, dans le commerce, au barreau, dans la politique ou dans les lettres. Le seul écueil que rencontrent ces belles âmes est leur probité même. Voient-ils une pauvre fille, ils s'en amourachent, l'épousent, et usent leur existence à se débattre entre la misère et l'amour. La plus belle ambition s'éteint dans le livre de dépense du ménage. Jules Desmarets donna pleinement dans cet écueil. Un soir, il vit chez son patron une jeune personne de la plus rare beauté. Les malheureux privés d'affection, et qui consument les belles heures de la jeunesse en de longs travaux, ont seuls le secret des rapides ravages que fait une passion dans leurs cœurs désertés, méconnus. Ils sont si certains de bien aimer, toutes leurs forces se concentrent si promptement sur la femme de laquelle ils s'éprennent, que, près d'elle, ils reçoivent de délicieuses sensations en n'en donnant souvent aucune. C'est le plus flatteur de tous les égoïsmes pour la femme qui sait deviner cette apparente immobilité de la passion et ces atteintes si profondes qu'il leur faut quelque temps pour reparaître à la surface humaine. Ces pauvres gens, anachorètes au sein de Paris, ont toutes les jouissances des anachorètes, et peuvent parfois succomber à leurs tentations ; mais plus souvent trompés, trahis, mésentendus, il leur est rarement permis de recueillir les doux fruits de cet amour qui, pour eux, est toujours comme une fleur tombée du ciel. Un sourire de sa femme, une seule inflexion de voix suffirent à Jules Desmarets pour concevoir une passion sans bornes. Heureusement, le feu concentré de cette passion secrète se révéla naïvement à celle qui l'inspirait. Ces deux êtres s'aimèrent alors religieusement. Pour tout exprimer en un mot, ils se prirent sans honte tous deux par la main, au milieu du monde, comme deux enfants, frère et sœur, qui veulent traverser une foule où chacun leur fait place en les admirant. La jeune personne était dans une de ces circonstances affreuses où l'égoïsme a placé certains enfants. Elle n'avait pas d'état civil, et son nom de *Clémence*[23], son âge furent constatés par un acte de notoriété publique. Quant à sa fortune, c'était peu de chose. Jules Desmarets fut l'homme le plus heureux en apprenant ces malheurs. Si Clémence eût appartenu à quelque famille opulente, il aurait désespéré de l'obtenir ; mais elle était une pauvre enfant de l'amour, le fruit de quelque terrible passion adultérine : ils s'épousèrent. Là, commença pour Jules Desmarets une série d'événements heureux. Chacun envia son bonheur, et ses jaloux l'accusèrent dès lors de n'avoir quc du bonheur, sans faire la part à ses vertus ni à son courage. Quelques jours après le mariage de sa fille, la mère de Clémence, qui, dans le monde, passait pour en être la marraine, dit à Jules Desmarets d'acheter une charge d'agent de change, en promettant dc lui procurer tous les capitaux nécessaires. En ce moment, ces charges étaient encore à un prix modéré. Le soir, dans le salon même de son agent de change, un riche capitaliste proposa, sur la recommandation de cette dame, à Julcs Desmarets, le plus avantageux marché qu'il fût possible de conclure, lui donna autant de fonds qu'il lui en fallait pour exploiter son privilège, et le lendemain l'heureux commis avait acheté la charge de son patron. En quatre ans[24], Jules Desmarets était devenu l'un des plus riches particuliers de sa compagnie ; des clients considérables vinrent augmenter lc nombre de ceux que lui avait légués son prédécesseur. Il inspirait une confiance sans bornes, et il lui était impossible de méconnaître, dans la manière dont les affaires se présentaient à lui, quelque influence occulte due à sa belle-mère ou à une protection secrète qu'il attribuait à la Providence. Au bout de la troisième année, Clémence perdit sa marraine. En ce moment, monsieur Jules, que l'on nommait ainsi pour le distinguer de son frère aîné, qu'il avait établi notaire à Paris, possédait environ deux cent mille livres de rente. Il n'existait pas dans Paris un second exemple du bonheur dont jouissait ce ménage. Depuis cinq ans cet amour exceptionnel n'avait été troublé que par une calomnie dont monsieur Jules tira la plus éclatante vengeance. Un de ses anciens camarades attribuait à madame Jules la fortune de son mari, qu'il expliquait par une haute protection chèrement achetée. Le calomniateur fut tué en duel. La passion profonde des deux époux l'un pour l'autre, et qui résistait au mariage, obtenait dans le monde le plus grand succès, quoiqu'elle contrariât plusieurs femmes. Le joli ménage était respecté, chacun le fêtait. L'on aimait sincèrement monsieur et madame Jules, peut-être parce qu'il n'y a rien de plus doux à voir que des gens heureux ; mais ils ne restaient jamais longtemps dans les salons, et s'en sauvaient impatients de gagner leur nid à tire-d'aile comme deux colombes égarées. Ce nid était d'ailleurs un grand et bel hôtel de la rue de Ménars [25] où le sentiment des arts tempérait ce luxe que la gent financière continue à étaler traditionnellement, et où les deux époux recevaient magnifiquement, quoique les obligations du monde leur convinssent peu. Néanmoins, Jules subissait le monde, sachant que, tôt ou tard, une famille en a besoin ; mais sa femme et lui s'y trouvaient toujours comme des plantes de serre au milieu d'un orage. Par une délicatesse bien naturelle, Jules avait caché soigneusement à sa femme et la calomnie et la mort du calomniateur qui avait failli troubler leur félicité. Madame Jules était portée, par sa nature artiste et délicate, à aimer le luxe. Malgré la terrible leçon du duel, quelques femmes imprudentes se disaient à l'oreille que madame Jules devait se trouver souvent gênée. Les vingt mille [26] francs que lui accordait son mari pour sa toilette et pour ses fantaisies ne pouvaient pas, suivant leurs calculs, suffire à ses dépenses. En effet, on la trouvait souvent bien plus élégante, chez elle, qu'elle ne l'était pour aller dans le monde. Elle aimait à ne se parer que pour son mari, voulant lui prouver ainsi que, pour elle, il était plus que le monde. Amour vrai, amour pur, heureux surtout, autant que le peut être un amour publiquement clandestin. Aussi monsieur Jules, toujours amant, plus amoureux chaque jour, heureux de tout près de sa femme, même de ses caprices, était-il inquiet de ne pas lui en voir, comme si c'eût été le symptôme de quelque maladie. Auguste de Maulincour avait eu le malheur de se heurter contre cette passion, et de s'éprendre de cette femme à en perdre la tête. Cependant, quoiqu'il portât en son cœur un amour si sublime, il n'était pas ridicule. Il se laissait aller à toutes les exigences des mœurs militaires ; mais il avait constamment, même en buvant un verre de vin de Champagne, cet air rêveur, ce silencieux dédain de l'existence, cette figure nébuleuse qu'ont, à divers titres, les gens blasés, les gens peu satisfaits d'une vie creuse, et ceux qui se croient poitrinaires ou se gratifient d'une maladie au cœur. Aimer sans espoir, être dégoûté de la vie, constituent aujourd'hui des positions sociales. Or, la tentative de violer le cœur d'une souveraine donnerait peut-être plus d'espérances qu'un amour follement conçu pour une femme heureuse. Aussi Maulincour avait-il des raisons suffisantes pour rester grave et morne. Une reine a encore la vanité de sa puissance, elle a contre elle son élévation ; mais une bourgeoise religieuse est comme un hérisson, comme une huître dans leurs rudes enveloppes[27].

En ce moment, le jeune officier se trouvait près de sa maîtresse anonyme, qui ne savait certes pas être doublement infidèle. Madame Jules était là, naïvement posée, comme la femme la moins artificieuse du monde, douce, pleine d'une sérénité majestueuse. Quel abîme est donc la nature humaine ? Avant d'entamer la conversation, le baron regardait alternativement et cette femme et son mari. Que de réflexions ne fit-il pas ? Il recomposa toutes *Les Nuits* d'Young[28] en un moment. Cependant la musique retentissait dans les appartements, la lumière y était versée par mille bougies, c'était un bal de banquier, une de ces fêtes insolentes par lesquelles ce monde d'or mat essayait de narguer les salons d'or moulu où riait la bonne compagnie du faubourg Saint-Germain, sans prévoir qu'un jour la banque envahirait le Luxembourg et s'assiérait sur le trône. Les conspirations dansaient alors, aussi insouciantes des futures faillites du pouvoir que des futures faillites de la banque. Les salons dorés de monsieur le baron de Nucingen[29] avaient cette animation particulière que le monde de Paris, joyeux en apparence du moins, donne aux fêtes de Paris. Là, les hommes de talent communiquent aux sots leur esprit, et les sots leur communiquent cet air heureux qui les caractérise. Par cet échange, tout s'anime. Mais une fête de Paris ressemble toujours un peu à un feu d'artifice : esprit,. coquetterie, plaisir, tout y brille et s'y éteint comme des fusées. Le lendemain, chacun a oublié son esprit, ses coquetteries et son plaisir.

— Eh quoi ! se dit Auguste en forme de conclusion, les femmes sont donc telles que le vidame les voit ? Certes, toutes celles qui dansent ici sont moins irréprochables que ne le paraît madame Jules, et madame Jules va rue Soly. La rue Soly était sa maladie, le mot seul lui crispait le cœur.

— Madame, vous ne dansez donc jamais ? lui demanda-t-il.

— Voici la troisième fois que vous me faites cette question depuis le commencement de l'hiver, dit-elle en souriant.

— Mais vous ne m'avez peut-être jamais répondu.

— Cela est vrai.

— Je savais bien que vous étiez fausse, comme le sont toutes les femmes.

Et madame Jules continua de rire.

— Écoutez, monsieur, si je vous disais la véritable raison, elle vous paraîtrait ridicule. Je ne pense pas qu'il y ait fausseté à ne pas dire des secrets dont le monde a l'habitude de se moquer.

— Tout secret veut, pour être dit, une amitié de laquelle je ne suis sans doute pas digne, madame. Mais vous ne sauriez avoir que de nobles secrets, et me croyez-vous donc capable de plaisanter sur des choses respectables ?

— Oui, dit-elle, vous, comme tous les autres, vous riez de nos sentiments les plus purs ; vous les calomniez. D'ailleurs, je n'ai pas de secrets. J'ai le droit d'aimer mon mari à la face du monde, je le dis, j'en suis orgueilleuse ; et si vous vous moquez de moi en apprenant que je ne danse qu'avec lui, j'aurai la plus mauvaise opinion de votre cœur.

— Vous n'avez jamais dansé, depuis votre mariage, qu'avec votre mari ?

— Oui, monsieur. Son bras est le seul sur lequel je me sois appuyée, et je n'ai jamais senti le contact d'aucun autre homme.

— Votre médecin ne vous a pas même tâté le pouls ?...

— Eh bien, voilà que vous vous moquez.

— Non, madame, je vous admire parce que je vous comprends. Mais vous laissez entendre votre voix, mais vous vous laissez voir, mais... enfin, vous permettez à nos yeux d'admirer...

— Ah ! voilà mes chagrins, dit-elle en l'interrompant. Oui, j'aurais voulu qu'il fût possible à une femme mariée de vivre avec son mari comme une maîtresse vit avec son amant : car alors...

— Alors, pourquoi étiez-vous, il y a deux heures, à pied, déguisée, rue Soly ?

— Qu'est-ce que c'est que la rue Soly ? lui demanda-t-elle.

Et sa voix si pure ne laissa deviner aucune émotion, et aucun trait ne vacilla dans son visage, et elle ne rougit pas, et elle resta calme.

— Quoi ! vous n'êtes pas montée au second étage d'une maison située rue des Vieux-Augustins, au coin de la rue Soly ? Vous n'aviez pas un fiacre à dix pas, et vous n'êtes pas revenue rue de Richelieu, chez la fleuriste, où vous avez choisi les marabouts qui parent maintenant votre tête ?

— Je ne suis pas sortie de chez moi ce soir.

En mentant ainsi, elle était impassible et rieuse, elle s'éventait ; mais qui eût eu le droit de passer la main sur sa ceinture, au milieu du dos, l'aurait peut-être trouvée humide. En ce moment, Auguste se souvint des leçons du vidame.

— C'était alors une personne qui vous ressemble étrangement, ajouta-t-il d'un air crédule.

— Monsieur, dit-elle, si vous êtes capable de suivre une femme et de surprendre ses secrets, vous me permettrez de vous dire que cela est mal, très mal, et je vous fais l'honneur de ne pas vous croire.

Le baron s'en alla, se plaça devant la cheminée, et parut pensif. Il baissa la tête ; mais son regard était attaché sournoisement sur madame Jules, qui, ne pensant pas au jeu des glaces, jeta sur lui deux ou trois coups d'œil empreints de terreur. Madame Jules fit un signe à son mari, elle en prit le bras en se levant pour se promener dans les salons.

Quand elle passa près de monsieur de Maulincour, celui-ci, qui causait avec un de ses amis, dit à haute voix, comme s'il répondait à une interrogation : — C'est une femme qui ne dormira certes pas tranquillement cette nuit... Madame Jules s'arrêta, lui lança un regard imposant plein de mépris, et continua sa marche, sans savoir qu'un regard de plus, s'il était surpris par son mari, pouvait mettre en question et son bonheur et la vie de deux hommes. Auguste, en proie à la rage qu'il étouffa dans les profondeurs de son âme, sortit bientôt en jurant de pénétrer jusqu'au cœur de cette intrigue. Avant de partir, il chercha madame Jules afin de la revoir encore ; mais elle avait disparu. Quel drame jeté dans cette jeune tête éminemment romanesque comme toutes celles qui n'ont point connu l'amour dans toute l'étendue qu'elles[30] lui donnent ! Il adorait madame Jules sous une nouvelle forme, il l'aimait avec la rage de la jalousie, avec les délirantes angoisses de l'espoir. Infidèle à son mari, cette femme devenait vulgaire. Auguste pouvait se livrer à toutes les félicités de l'amour heureux, et son imagination lui ouvrit alors l'immense carrière des plaisirs de la possession. Enfin, s'il avait perdu l'ange, il retrouvait le plus délicieux des démons. Il se coucha, faisant mille châteaux en Espagne, justifiant madame Jules par quelque romanesque bienfait auquel il ne croyait pas. Puis il résolut de se vouer entièrement, dès le lendemain, à la recherche des causes, des intérêts, du nœud que cachait ce mystère. C'était un roman à lire ; ou mieux, un drame à jouer, et dans lequel il avait son rôle [31].

II

FERRAGUS

Une bien belle chose est le métier d'espion, quand on le fait pour son compte et au profit d'une passion. N'est-ce pas se donner les plaisirs du voleur en restant honnête homme ? Mais il faut se résigner à bouillir de colère, à rugir d'impatience, à se glacer les pieds dans la boue, à transir et brûler, à dévorer de fausses espérances. Il faut aller, sur la foi d'une indication, vers un but ignoré, manquer son coup, pester, s'improviser à soi-même des élégies, des dithyrambes, s'exclamer niaisement devant un passant inoffensif qui vous admire ; puis renverser des bonnes femmes et leurs paniers de pommes, courir, se reposer, rester devant une croisée, faire mille suppositions... Mais c'est la chasse, la chasse dans Paris, la chasse avec tous ses accidents, moins les chiens, le fusil et le taïaut [32] ! Il n'est de comparable à ces scènes que celles de la vie des joueurs. Puis besoin est d'un cœur gros d'amour ou de vengeance pour s'embusquer dans Paris, comme un tigre qui veut sauter sur sa proie, et pour jouir alors de tous les accidents de Paris et d'un quartier, en leur prêtant un intérêt de plus que celui dont ils abondent déjà. Alors, ne faut-il pas avoir une âme multiple ? n'est-ce pas vivre de mille passions, de mille sentiments ensemble ?

Auguste de Maulincour se jeta dans cette ardente existence avec amour, parce qu'il en ressentit tous les malheurs et tous les plaisirs. Il allait déguisé, dans

Paris, veillait à tous les coins de la rue Pagevin ou de la rue des Vieux-Augustins. Il courait comme un chasseur de la rue de Ménars à la rue Soly, de la rue Soly à la rue de Ménars, sans connaître ni la vengeance, ni le prix dont seraient ou punis ou récompensés tant de soins, de démarches et de ruses ! Et, cependant, il n'en était pas encore arrivé à cette impatience qui tord les entrailles et fait suer ; il flânait avec espoir, en pensant que madame Jules ne se hasarderait pas pendant les premiers jours à retourner là où elle avait été surprise. Aussi avait-il consacré ces premiers jours à s'initier à tous les secrets de la rue. Novice en ce métier, il n'osait questionner ni le portier, ni le cordonnier de la maison dans laquelle venait madame Jules ; mais il espérait pouvoir se créer un observatoire dans la maison située en face de l'appartement mystérieux. Il étudiait le terrain, il voulait concilier la prudence et l'impatience, son amour et le secret.

Dans les premiers jours du mois de mars, au milieu des plans qu'il méditait pour frapper un grand coup, et en quittant son échiquier après une de ces factions assidues qui ne lui avaient encore rien appris, il s'en retournait vers quatre heures à son hôtel où l'appelait une affaire relative à son service, lorsqu'il [33] fut pris, rue Coquillière, par une de ces belles pluies qui grossissent tout à coup les ruisseaux, et dont chaque goutte fait cloche en tombant sur les flaques d'eau de la voie publique. Un fantassin de Paris est alors obligé de s'arrêter tout court, de se réfugier dans une boutique ou dans un café, s'il est assez riche pour y payer son hospitalité forcée ; ou, selon l'urgence, sous une porte cochère, asile des gens pauvres ou mal mis. Comment aucun de nos peintres n'a-t-il pas encore essayé de reproduire la physionomie d'un essaim de Parisiens groupés, par un temps d'orage, sous le porche humide d'une maison ? Où rencontrer un plus riche tableau ? N'y a-t-il pas d'abord le piéton rêveur ou philosophe qui observe avec plaisir, soit les raies faites par la pluie sur le fond grisâtre de l'atmosphère, espèce de ciselures semblables aux jets capricieux des filets de verre ; soit les tourbillons d'eau blanche que le vent roule en poussière lumineuse sur les toits ; soit les capricieux dégorgements des tuyaux pétillants, écumeux ; enfin mille autres riens admirables, étudiés avec délices par les flâneurs, malgré les coups de balai dont les régale le maître de la loge ? Puis il y a le piéton causeur qui se plaint et converse avec la portière, quand elle se pose sur son balai comme un grenadier sur son fusil ; le piéton indigent, fantastiquement collé sur le mur, sans nul souci de ses haillons habitués au contact des rues ; le piéton savant qui étudie, épelle ou lit les affiches sans les achever ; le piéton rieur qui se moque des gens auxquels il arrive malheur dans la rue, qui rit des femmes crottées et fait des mines à ceux ou celles qui sont aux fenêtres ; le piéton silencieux qui regarde à toutes les croisées, à tous les étages ; le piéton industriel [34], armé d'une sacoche ou muni d'un paquet, traduisant la pluie par profits et pertes ; le piéton aimable, qui arrive comme un obus, en disant : Ah ! quel temps, messieurs ! et qui salue tout le monde ; enfin, le vrai bourgeois de Paris, homme à parapluie, expert en averse, qui l'a prévue, sorti malgré l'avis de sa femme, et qui s'est assis sur la chaise du portier. Selon son caractère, chaque membre de cette société fortuite contemple le ciel, s'en va sautillant pour ne pas se crotter, ou parce qu'il est pressé, ou parce qu'il voit des citoyens marchant malgré vent et marée, ou parce que la cour de la maison étant humide et catarrhalement mortelle [35], la lisière, dit un proverbe, est pire que le drap. Chacun a ses motifs. Il ne reste que le piéton prudent, l'homme qui, pour se remettre en route, épie quelques espaces bleus à travers les nuages crevassés.

Monsieur de Maulincour se réfugia donc, avec toute une famille de piétons, sous le porche d'une vieille maison dont la cour ressemblait à un grand tuyau de cheminée. Il y avait le long de ces murs plâtreux, salpêtrés et verdâtres, tant de plombs et de conduits, et tant d'étages dans les quatre corps de logis, que vous eussiez dit les cascatelles de Saint-Cloud [36]. L'eau ruisselait de toutes parts ; elle bouillonnait, elle sautillait, murmurait ; elle était noire, blanche, bleue, verte ; elle criait, elle foisonnait sous le balai de la portière, vieille femme édentée, faite aux orages, qui semblait les bénir et qui poussait dans la rue mille débris dont l'inventaire curieux révélait la vie et les habitudes de chaque locataire de la maison. C'était des découpures d'indienne, des feuilles de thé, des pétales de fleurs artificielles, décolorées, manquées ; des épluchures de légumes, des papiers, des fragments de métal. A chaque coup de balai, la vieille femme mettait à nu l'âme du ruisseau, cette fente noire, découpée en cases de damier, après laquelle s'acharnent les portiers. Le pauvre amant examinait ce tableau, l'un des milliers que le mouvant Paris offre chaque jour [37] ; mais il l'examinait machinalement, en homme absorbé par ses pensées, lorsqu'en levant les yeux il se trouva nez à nez avec un homme qui venait d'entrer.

C'était, en apparence du moins, un mendiant, mais non pas le mendiant de Paris [38], création sans nom dans les langages humains ; non, cet homme formait un type nouveau frappé en dehors de toutes les idées réveillées par le mot de mendiant. L'inconnu ne se distinguait point par ce caractère originalement parisien qui nous saisit assez souvent dans les malheureux que Charlet [39] a représentés parfois, avec un rare bonheur d'observation : c'est de grossières figures roulées dans la boue, à la voie rauque, au nez rougi et bulbeux, à bouches dépourvues de dents, quoique menaçantes ; humbles et terribles, chez lesquelles l'intelligence profonde qui brille dans les yeux semble être un contresens. Quelques-uns de ces vagabonds effrontés ont le teint marbré, gercé, veiné ; le front couvert de rugosités ; les cheveux rares et sales, comme ceux d'une perruque jetée au coin d'une borne. Tous gais dans leur dégradation, et dégradés dans leurs joies, tous marqués du sceau de la débauche jettent leur silence comme un reproche ; leur attitude révèle d'effrayantes pensées. Placés entre le crime et l'aumône, ils n'ont plus de remords, et tournent prudemment autour de l'échafaud sans y tomber, innocents au milieu du vice, et vicieux au milieu de leur innocence. Ils font souvent sourire, mais font toujours penser. L'un vous présente la civilisation rabougrie, il comprend tout : l'honneur du bagne, la patrie, la vertu ; puis c'est la malice du crime vulgaire, et les finesses d'un forfait élégant. L'autre est résigné, mime profond, mais stupide. Tous ont des velléités d'ordre et de travail, mais ils sont repoussés dans leur fange par une société qui ne veut pas s'enquérir de ce qu'il peut y avoir de poètes, de grands hommes, de gens intrépides et d'organisations magnifiques parmi les mendiants, ces bohémiens de Paris ; peuple souverainement bon et souverainement méchant, comme toutes les masses qui ont souffert ; habitué à supporter des maux inouïs, et qu'une fatale puissance maintient toujours au niveau de la boue. Ils ont tous un rêve, une espérance, un bonheur : le jeu, la loterie ou le vin. Il n'y avait rien de cette vie étrange dans le personnage collé fort insouciamment sur le mur, devant monsieur de Maulincour, comme une fantaisie dessinée par un habile artiste derrière quelque toile retournée de son atelier. Cet homme long et sec, dont le visage plombé trahissait une pensée profonde et glaciale, séchait la pitié dans le cœur des curieux, par une attitude pleine d'ironie et par un regard noir qui annonçaient sa prétention de traiter d'égal à égal avec eux. Sa figure était d'un blanc sale, et son crâne ridé, dégarni de cheveux, avait une vague ressemblance avec un quartier de granit. Quelques mèches plates et grises, placées de chaque côté de sa tête, descendaient sur le collet de son habit crasseux et boutonné jusqu'au cou. Il ressemblait tout à la fois à Voltaire et à don Quichotte ; il était railleur et mélancolique, plein de mépris, de philosophie, mais à demi aliéné. Il paraissait ne pas avoir de chemise. Sa barbe était longue. Sa méchante cravate noire tout usée, déchirée, laissait voir un cou protubérant, fortement sillonné, composé de veines grosses comme des cordes. Un large cercle brun, meurtri, se dessinait sous chacun de ses yeux. Il semblait avoir au moins soixante ans. Ses mains étaient blanches et propres. Il portait des bottes éculées et percées. Son pantalon bleu, raccommodé en plusieurs endroits, était blanchi par une espèce de duvet qui le rendait ignoble à voir. Soit que ses vêtements mouillés exhalassent une odeur fétide, soit qu'il eût à l'état normal cette senteur de misère qu'ont les taudis parisiens, de même que les bureaux, les sacristies et les hospices ont la leur, goût fétide et rance, dont rien ne saurait donner l'idée, les voisins de cet homme quittèrent leurs places et le laissèrent seul ; il jeta sur eux, puis reporta sur l'officier son regard calme et sans expression, le regard si célèbre de monsieur de Talleyrand, coup d'œil terne et sans chaleur, espèce de voile impénétrable sous lequel une âme forte cache de profondes émotions et les plus exacts calculs sur les hommes, les choses et les événements. Aucun pli de son visage ne se creusa. Sa bouche et son front furent impassibles ; mais ses yeux s'abaissèrent par un mouvement d'une lenteur noble et presque tragique. Il y eut enfin tout un drame dans le mouvement de ses paupières flétries[40].

L'aspect de cette figure stoïque fit naître chez monsieur de Maulincour l'une de ces rêveries vagabondes qui commencent par une interrogation vulgaire et finissent par comprendre tout un monde de pensées. L'orage était passé. Monsieur de Maulincour n'aperçut plus de cet homme que le pan de sa redingote qui frôlait la borne ; mais, en quittant sa place pour s'en aller, il trouva sous ses pieds une lettre qui venait de tomber, et devina qu'elle appartenait à l'inconnu, en lui voyant remettre dans sa poche un foulard dont il venait de se servir. L'officier, qui prit la lettre pour la lui rendre, en lut involontairement l'adresse :

À Mosieur,

Mosieur Ferragusse,

Rue des Grans-Augustains, au coing de la rue Soly.

PARIS.

La lettre ne portait aucun timbre, et l'indication empêcha monsieur de Maulincour de la restituer : car il y a peu de passions qui ne deviennent improbes à la longue. Le baron eut un pressentiment de l'opportunité de cette trouvaille, et voulut, en gardant la lettre, se donner le droit d'entrer dans la maison mystérieuse pour y venir la rendre à cet homme, ne doutant pas qu'il ne demeurât dans la maison suspecte. Déjà des soupçons, vagues comme les premières lueurs du jour, lui faisaient établir des rapports entre cet homme et madame Jules. Les amants jaloux supposent tout ; et c'est en supposant tout, en choisissant les conjectures les plus probables que les juges, les espions, les amants et les observateurs devinent la vérité qui les intéresse.

— Est-ce à lui la lettre ? est-elle de madame Jules ?

Mille questions ensemble lui furent jetées par son imagination inquiète ; mais aux premiers mots il sourit. Voici textuellement, dans la splendeur de sa phrase naïve, dans son orthographe ignoble, cette lettre, à laquelle il était impossible de rien ajouter, dont il ne fallait rien retrancher, si ce n'est la lettre même, mais qu'il a été nécessaire de ponctuer en la donnant. Il n'existe dans l'original ni virgules, ni repos indiqué, ni même de points d'exclamation ; fait qui tendrait à détruire le système des points par lesquels les auteurs modernes ont essayé de peindre les grands désastres de toutes les passions.

« Henry !

Dans le nombre des sacrifisses que je m'étais imposée a votre égard se trouvoit ce lui de ne plus vous donner de mes nouvelles, mais une voix irrésistible mordonne de vous faire connettre vos crimes en vers moi. Je sais d'avance que votre ame an durcie dans le vice ne daignera pas me pleindre. Votre cœur est sour à la censibilité. Ne l'ét-il pas aux cris de la nature, mais peu importe : je dois vous apprendre jusquà quelle poing vous vous etes rendu coupable et l'orreur de la position où vous m'avez mis. Henry, vous saviez tout ce que j'ai souffert de ma promière faute et vous avez pu mé plonger dans le même *malheur* et m'abendonner à mon desespoir et ma douleur. Oui, je la voue, la croyence que javoit d'être aimée et d'être estimée de vou m'avoit donné le couraje de suporter mon sort. Mais aujourd'hui que me reste-til ? ne m'avez vous pas fai perdre tout ce que j'avoit de plus cher, tout ce qui m'attachait à la vie : parans, amis, onneur, réputations, je vous ai tout sacrifiés et il ne me reste que l'oprobre, la honte et je le dis sans rougire, la misère. Il ne manquai à mon malheur que la sertitude de votre mépris et de votre aine ; maintenant que je l'é, j'orai le couraje que mon projet exije. Mon parti est pris et l'honneur de ma famille le commande : je vais donc mettre un terme à mes souffransses. Ne faites aucune réflaictions sur mon projet, Henry. Il est affreux, je le sais, mais mon état m'y forsse. Sans secour, sans soutien, sans un *ami* pour me consoler, puije vivre ? non. Le sort en a désidé. Ainci dans deux jours, Henry, dans deux jours Ida ne cera plus digne de votre estime ; mais recevez le serment que je vous fais d'avoir ma conscience tranquille, puisque je n'ai jamais sésé d'être digne de votre amitié. O Henry, mon ami, car je ne changerai jamais pour vous, promettez-moi que vous me pardonnerèz la carrier que je vait embrasser. Mon amour m'a donné du courage, il me soutiendra dans la vertu. Mon cœur d'ailleur plain de ton image cera pour moi un préservatife contre la séduction. N'oubliez jamais que mon sort est votre ouvrage, et jugez-vous. Puice le ciel ne pas vous punir de vos crimes, c'est à genoux que je lui demende votre pardon, car je le sens, il ne me manquerai plus à mes maux que la douleur de vous savoir malheureux. Malgré le dénument où je me trouve, je refuserai tout èspec de secour de vous. Si vous m'aviez aimé, j'orai pu les recevoir comme venent de la mitié, mais un bienfait exité par la *pitié, mon ame le repousse* et je cerois plus lache en le resevent que celui qui me le proposerai. J'ai une grâce a vous demander. Je ne sais pas le temps que je dois rester chez madame Meynardie[41], soyez assez généreux déviter di paroitre devent moi. Vos deux dernier visites mon fait un mal dont je me résentirai longtemps : je ne veux point entrer dans des détailles sur votre condhuite à ce sujet. Vous me haisez, ce mot est gravé dans mon cœur et la glassé défroit. Hélas! c'est au moment où j'ai besoin de tout mon courage que toutes mes facultés ma bandonnent, Henry, mon ami, avant que j'aie mis une barrier entre nous, donne moi une dernier preuve de ton estime : écris-moi, répons moi, dis moi que tu mestime encore quoique ne m'aimant plus. *Malgré que* mes yeux soit toujours dignes de rencontrer les vôtres, je ne solicite pas d'entrevue : je crains tout de ma faiblesse et de mon amour. Mais de grâce écrivez moi un mot de suite, il me donnera le courage dont j'ai besoin pour supporter mes adversités. Adieu l'oteur de tous mes maux, mais le seul ami que mon cœur ai choisi et qu'il n'oublira jamais.

Ida. »

Cette vie de jeune fille dont l'amour trompé, les joies funestes, les douleurs, la misère et l'épouvantable résignation étaient résumés en si peu de mots ; ce poème inconnu, mais essentiellement parisien, écrit dans cette lettre sale, agirent pendant un moment sur monsieur de Maulincour, qui finit par se demander si cette Ida ne serait pas une parente de madame Jules, et si le rendez-vous du soir, duquel il avait été fortuitement témoin, n'était pas nécessité par quelque tentative charitable. Que le vieux pauvre eût séduit Ida ?... cette séduction tenait du prodige. En se jouant dans le labyrinthe de ses réflexions qui se croisaient et se détruisaient l'une par l'autre, le baron arriva près de la rue Pagevin, et vit un fiacre arrêté dans le bout de la rue des Vieux-Augustins qui avoisine la rue Montmartre. Tous les fiacres stationnés lui disaient quelque chose. — Y serait-elle ? pensa-t-il. Et son cœur battait par un mouvement chaud et fiévreux. Il poussa la petite porte à grelot, mais en baissant la tête et en obéissant à une sorte de honte, car il entendait une voix secrète qui lui disait : — Pourquoi mets-tu le pied dans ce mystère ?

Il monta quelques marches, et se trouva nez à nez avec la vieille portière.

— Monsieur Ferragus ?

— Connais pas...

— Comment, monsieur Ferragus ne demeure pas ici ?

— Nous n'avons pas ça dans la maison.

— Mais, ma bonne femme...

— Je ne suis pas une bonne femme, monsieur, je suis concierge.

— Mais, madame, reprit le baron, j'ai une lettre à remettre à monsieur Ferragus.

— Ah ! si monsieur a une lettre, dit-elle en changeant de ton, la chose est bien différente. Voulez-vous la faire voir, votre lettre ? Auguste montra la lettre pliée. La vieille hocha la tête d'un air de doute, hésita, sembla vouloir quitter sa loge pour aller instruire le mystérieux Ferragus de cet incident imprévu ; puis elle dit : — Eh bien ! montez, monsieur. Vous devez savoir où c'est... Sans répondre à cette phrase, par laquelle cette vieille rusée pouvait lui tendre un piège, l'officier grimpa lestement les escaliers, et sonna vivement à la porte du second étage. Son instinct d'amant lui disait : — *Elle* est là.

L'inconnu du porche, le Ferragus ou l'*oteur* des maux d'Ida, ouvrit lui-même. Il se montra vêtu d'une robe de chambre à fleurs, d'un pantalon de molleton blanc, les pieds chaussés dans de jolies pantoufles en tapisserie, et la tête débarbouillée. Madame Jules, dont la tête dépassait le chambranle de la porte de la seconde pièce, pâlit et tomba sur une chaise.

— Qu'avez-vous, madame, s'écria l'officier en s'élançant vers elle.

Mais Ferragus étendit le bras et rejeta vivement l'officier [42] en arrière par un mouvement si sec qu'Auguste crut avoir reçu dans la poitrine un coup de barre de fer.

— Arrière ! monsieur, dit cet homme. Que nous voulez-vous ? Vous rôdez dans le quartier depuis cinq à six jours. Seriez-vous un espion ?

— Êtes-vous monsieur Ferragus ? dit le baron.

— Non, monsieur.

— Néanmoins, reprit Auguste, je dois vous remettre ce papier, que vous avez perdu sous la porte de la maison où nous étions tous deux pendant la pluie.

En parlant et en tendant la lettre à cet homme, le baron ne put s'empêcher de jeter un coup d'œil sur la pièce où le recevait Ferragus, il la trouva fort bien décorée, quoique simplement. Il y avait du feu dans la cheminée ; tout auprès était une table servie plus somptueusement que ne le comportaient l'apparente situation de cet homme et la médiocrité de son loyer. Enfin, sur une causeuse de la seconde pièce, qu'il lui fut possible de voir, il aperçut un tas d'or, et entendit un bruit qui ne pouvait être produit que par des pleurs de femme.

— Ce papier m'appartient, je vous remercie, dit l'inconnu en se tournant de manière à faire comprendre au baron qu'il désirait le renvoyer aussitôt.

Trop curieux pour faire attention à l'examen profond dont il était l'objet, Auguste ne vit pas les regards à demi magnétiques par lesquels l'inconnu semblait vouloir le dévorer ; mais s'il eût rencontré cet œil de basilic, il aurait compris le danger de sa position. Trop passionné pour penser à lui-même, Auguste salua, descendit, et retourna chez lui, en essayant de trouver un sens dans la réunion de ces trois personnes : Ida, Ferragus et madame Jules ; occupation qui, moralement, équivalait à chercher l'arrangement des morceaux de bois biscornus du casse-tête chinois, sans avoir la clef du jeu. Mais madame Jules l'avait vu, madame Jules venait là, madame Jules lui avait menti. Maulincour se proposa d'aller rendre une visite à cette femme le lendemain, elle ne pouvait pas refuser de le voir, il s'était fait son complice, il avait les pieds et les mains dans cette ténébreuse intrigue. Il tranchait déjà du sultan, et pensait à demander impérieusement à madame Jules de lui révéler tous ses secrets.

En ce temps-là, Paris avait la fièvre des constructions [43]. Si Paris est un monstre, il est assurément le plus maniaque des monstres. Il s'éprend de mille fantaisies : tantôt il bâtit comme un grand seigneur qui aime la truelle ; puis il laisse sa truelle et devient militaire ; il s'habille de la tête aux pieds en garde national, fait l'exercice et fume ; tout à coup, il abandonne les répétitions militaires et jette son cigare ; puis il se désole, fait faillite, vend ses meubles sur la place du Châtelet, dépose son bilan ; mais quelques jours après, il arrange ses affaires, se met en fête et danse. Un jour il mange du sucre d'orge à pleines mains, à pleines lèvres ; hier il achetait du papier Weynen [44] ; aujourd'hui le monstre a mal aux dents et s'applique un alexipharmaque sur toutes ses murailles ; demain il fera ses provisions de pâte pectorale [45]. Il a ses manies pour le mois, pour la saison, pour l'année, comme ses manies d'un jour. En ce moment donc, tout le monde bâtissait et démolissait quelque chose, on ne sait quoi encore. Il y avait très peu de rues qui ne vissent l'échafaudage à longues perches, garni de planches mises sur des traverses et fixées d'étages en étages dans des boulins ; construction frêle, ébranlée par les Limousins [46], mais assujettie par des cordages, toute blanche de plâtre, rarement garantie des atteintes d'une voiture par ce mur de planches, enceinte obligée des monuments qu'on ne bâtit pas. Il y a quelque chose de maritime dans ces mâts, dans ces échelles, dans ces cordages, dans les cris des maçons. Or, à douze pas de l'hôtel Maulincour, un de ces bâtiments éphémères était élevé devant une maison que l'on construisait en pierres de taille. Le lendemain, au moment où le baron de Maulincour passait en cabriolet devant cet échafaud, en allant chez madame Jules, une pierre de deux pieds carrés, arrivée au sommet des perches, s'échappa de ses liens de corde en tournant sur elle-même, et tomba sur le domestique, qu'elle écrasa derrière le cabriolet. Un cri d'épouvante fit trembler l'échafaudage et les maçons ; l'un d'eux, en danger de mort, se tenait avec peine aux longues perches et paraissait avoir été touché par la pierre. La foule s'amassa promptement. Tous les maçons descendirent, criant, jurant et disant que le cabriolet de monsieur de Maulincour avait causé un ébranlement à leur grue. Deux pouces de plus, et l'officier avait la tête coiffée par la pierre. Le valet était mort, la voiture était brisée. Ce fut un événement pour le quartier, les journaux le rapportèrent. Monsieur de Maulincour, sûr de n'avoir rien touché, se plaignit. La justice intervint. Enquête faite, il fut prouvé qu'un petit garçon, armé d'une latte, montait la garde et criait aux passants de s'éloigner. L'affaire en resta là. Monsieur de Maulincour en fut pour son domestique, pour sa terreur, et resta dans son lit pendant quelques jours ; car l'arrière-train du cabriolet en se brisant lui avait fait des contusions ; puis, la secousse nerveuse causée par la surprise lui donna la fièvre. Il n'alla pas chez madame Jules. Dix jours après cet événement, et à sa première sortie, il se rendait au bois de Boulogne dans son cabriolet restauré, lorsqu'en descendant la rue de Bourgogne, à l'endroit où se trouve l'égout, en face la Chambre des Députés[47], l'essieu se cassa net par le milieu, et le baron allait si rapidement que cette cassure eut pour effet de faire tendre les deux roues à se rejoindre assez violemment pour lui fracasser la tête ; mais il fut préservé de ce danger par la résistance qu'opposa la capote. Néanmoins il reçut une blessure grave au côté. Pour la seconde fois en dix jours il fut rapporté quasi mort chez la douairière éplorée. Ce second accident lui donna quelque défiance, et il pensa, mais vaguement, à Ferragus et à madame Jules. Pour éclaircir ses soupçons, il garda l'essieu brisé dans sa chambre, et manda son carrossier. Le carrossier vint, regarda l'essieu, la cassure, et prouva deux choses à monsieur de Maulincour. D'abord l'essieu ne sortait pas de ses ateliers ; il n'en fournissait aucun qu'il n'y gravât grossièrement les initiales de son nom, et il ne pouvait pas expliquer par quels moyens cet essieu avait été substitué à l'autre ; puis la cassure de cet essieu suspect avait été ménagée par une chambre, espèce de creux intérieur, par des soufflures et par des pailles[48] très habilement pratiquées.

— Eh ! monsieur le baron, il a fallu être joliment malin, dit-il, pour arranger un essieu sur ce modèle, on jurerait que c'est naturel...

Monsieur de Maulincour pria son carrossier de ne rien dire de cette aventure, et se tint pour dûment averti. Ces deux tentatives d'assassinat étaient ourdies avec une adresse qui dénotait l'inimitié de gens supérieurs.

— C'est une guerre à mort, se dit-il en s'agitant dans son lit, une guerre de sauvage, une guerre de surprise, d'embuscade, de traîtrise, déclarée au nom de madame Jules. A quel homme appartient-elle donc ? De quel pouvoir dispose donc ce Ferragus ?

Enfin monsieur de Maulincour, quoique brave et militaire, ne put s'empêcher de frémir. Au milieu de toutes les pensées qui l'assaillirent, il y en eut une contre laquelle il se trouva sans défense et sans courage : le poison ne serait-il pas bientôt employé par ses ennemis secrets ? Aussitôt, dominé par des craintes que sa faiblesse momentanée, que la diète et la fièvre augmentaient encore, il fit venir une vieille femme attachée depuis longtemps à sa grand-mère, une femme qui avait pour lui un de ces sentiments à demi maternels, le sublime du commun. Sans s'ouvrir entièrement à elle, il la chargea d'acheter secrètement, et chaque jour, en des endroits différents, les aliments qui lui étaient nécessaires, en lui recommandant de les mettre sous clef, et de les lui apporter elle-même, sans permettre à qui que ce fût de s'en approcher quand elle les lui servirait. Enfin il prit les précautions les plus minutieuses pour se garantir de ce genre de mort. Il se trouvait au lit, seul, malade ; il pouvait donc penser à loisir à sa propre défense, le seul besoin assez clairvoyant pour permettre à l'égoïsme humain de ne rien oublier. Mais le malheureux malade avait empoisonné sa vie par la crainte ; et, malgré lui, le soupçon teignit toutes les heures de ses sombres nuances. Cependant ces deux leçons d'assassinat lui apprirent une des vertus les plus nécessaires aux hommes politiques, il comprit la haute dissimulation dont il faut user dans le jeu des grands intérêts de la vie. Taire son secret n'est rien ; mais se taire à l'avance, mais savoir oublier un fait pendant trente ans, s'il le faut, à la manière d'Ali-Pacha[49], pour assurer une vengeance méditée pendant trente ans, est une belle étude en un pays où il y a peu d'hommes qui sachent dissimuler pendant trente jours. Monsieur de Maulincour ne vivait plus que par madame Jules. Il était perpétuellement occupé à examiner sérieusement les moyens qu'il pouvait employer dans cette lutte inconnue pour triompher d'adversaires inconnus. Sa passion anonyme pour cette femme grandissait de tous ces obstacles. Madame Jules était toujours debout, au milieu de ses pensées et de son cœur, plus attrayante alors par ses vices présumés que par les vertus certaines qui en avaient fait pour lui son idole.

Le malade, voulant reconnaître les positions de l'ennemi, crut pouvoir sans danger initier le vieux vidame aux secrets de la situation. Le commandeur aimait Auguste comme un père aime les enfants de sa femme ; il était fin, adroit, il avait un esprit diplomatique. Il vint donc écouter le baron, hocha la tête, et tous deux tinrent conseil. Le bon vidame ne partagea pas la confiance de son jeune ami, quand Auguste lui dit qu'au temps où ils vivaient, la police et le pouvoir étaient à même de connaître tous les mystères, et que, s'il fallait absolument y recourir, il trouverait en eux de puissants auxiliaires.

Le vieillard lui répondit gravement : — La police, mon cher enfant, est ce qu'il y a de plus inhabile au monde, et le pouvoir ce qu'il y a de plus faible dans les questions individuelles. Ni la police, ni le pouvoir ne savent lire au fond des cœurs. Ce qu'on doit raisonnablement leur demander, c'est de rechercher les causes d'un fait. Or, le pouvoir et la police sont éminemment impropres à ce métier ; ils manquent essentiellement de cet intérêt personnel qui révèle tout à celui qui a besoin de tout savoir. Aucune puissance humaine ne peut empêcher un assassin ou un empoisonneur d'arriver soit au cœur d'un prince soit à l'estomac d'un honnête homme. Les passions font toute la police.

Le commandeur conseilla fortement au baron de s'en aller en Italie, d'Italie en Grèce, de Grèce en Syrie, de Syrie en Asie, et de ne revenir qu'après avoir convaincu ses ennemis secrets de son repentir, et de faire ainsi tacitement sa paix avec eux ; sinon, de rester dans son hôtel, et même dans sa chambre, où il pouvait se garantir des atteintes de ce Ferragus, et n'en sortir que pour l'écraser en toute sûreté.

— Il ne faut toucher à son ennemi que pour lui abattre la tête, lui dit-il gravement.

Néanmoins, le vieillard promit à son favori d'employer tout ce que le ciel lui avait départi d'astuce pour, sans compromettre personne, pousser des reconnaissances chez l'ennemi, en rendre bon compte, et préparer la victoire. Le commandeur avait un vieux Figaro retiré, le plus malin singe qui jamais eût pris figure humaine, jadis spirituel comme un diable, faisant tout de son corps comme un forçat, alerte comme un voleur, fin comme une femme, mais tombé dans la décadence du génie, faute d'occasions, depuis la nouvelle constitution de la société parisienne, qui a mis en réforme les valets de comédie. Ce Scapin émérite était attaché à son maître comme à un être supérieur ; mais le rusé vidame ajoutait chaque année aux gages de son ancien prévôt de galanterie une assez forte somme, attention qui en corroborait l'amitié naturelle par les liens de l'intérêt, et valait au vieillard des soins que la maîtresse la plus aimante n'eût pas inventés pour son ami malade. Ce fut cette perle des vieux valets de théâtre, débris du dernier siècle, ministre incorruptible, faute de passions à satisfaire, auquel se fièrent le commandeur et monsieur de Maulincour.

— Monsieur le baron gâterait tout, dit ce grand

homme en livrée appelé au conseil. Que monsieur mange, boive et dorme tranquillement. Je prends tout sur moi.

En effet, huit jours après la conférence, au moment où monsieur de Maulincour, parfaitement remis de son indisposition, déjeunait avec sa grand-mère et le vidame, Justin entra pour faire son rapport. Puis, avec cette fausse modestie qu'affectent les gens de talent, il dit, lorsque la douairière fut rentrée dans ses appartements : — Ferragus n'est pas le nom de l'ennemi qui poursuit monsieur le baron. Cet homme, ce diable s'appelle Gratien, Henri [50], Victor, Jean-Joseph Bourignard. Le sieur Gratien Bourignard est un ancien entrepreneur de bâtiments, jadis fort riche, et surtout l'un des plus jolis garçons de Paris, un Lovelace capable de séduire Grandisson [51]. Ici s'arrêtent mes renseignements. Il a été simple ouvrier, et les compagnons de l'ordre des Dévorants l'ont, dans le temps, élu pour chef, sous le nom de Ferragus XXIII. La police devrait savoir cela, si la police était instituée pour savoir quelque chose. Cet homme a déménagé, ne demeure plus rue des Vieux-Augustins, et perche maintenant rue Joquelet [52], madame Jules Desmarets va le voir souvent ; assez souvent son mari, en allant à la Bourse, la mène rue Vivienne, ou elle mène son mari à la Bourse. Monsieur le vidame connaît trop bien ces choses-là pour exiger que je lui dise si c'est le mari qui mène sa femme ou la femme qui mène son mari ; mais madame Jules est si jolie que je parierais pour elle. Tout cela est du dernier positif. Mon Bourignard joue souvent au numéro 129 [53]. C'est, sous votre respect, monsieur, un farceur qui aime les femmes, et qui vous a ses petites allures comme un homme de condition. Du reste, il gagne souvent, se déguise comme un acteur, se grime comme il veut, et vous a la vie la plus originale du monde. Je ne doute pas qu'il n'ait plusieurs domiciles, car, la plupart du temps, il échappe à ce que monsieur le commandeur nomme les *investigations parlementaires*. Si monsieur le désire, on peut néanmoins s'en défaire honorablement, eu égard à ses habitudes. Il est toujours facile de se débarrasser d'un homme qui aime les femmes. Néanmoins, ce capitaliste parle de déménager encore. Maintenant, monsieur le vidame et monsieur le baron ont-ils quelque chose à me commander ?

— Justin, je suis content de toi, ne va pas plus loin sans ordre ; mais veille ici à tout, de manière que monsieur le baron n'ait rien à craindre.

— Mon cher enfant, reprit le vidame, reprends ta vie et oublie madame Jules.

— Non, non, dit Auguste, je ne céderai pas la place à Gratien Bourignard, je veux l'avoir pieds et poings liés, et madame Jules aussi.

Le soir, le baron Auguste de Maulincour, récemment promu à un grade supérieur dans une compagnie des Gardes-du-corps, alla au bal, à l'Élysée-Bourbon, chez madame la duchesse de Berry [54]. Là, certes, il ne pouvait y avoir aucun danger à redouter pour lui. Le baron de Maulincour en sortit néanmoins avec une affaire d'honneur à vider, une affaire qu'il était impossible d'arranger. Son adversaire, le marquis de Ronquerolles, avait les plus fortes raisons de se plaindre d'Auguste, et Auguste y avait donné lieu par son ancienne liaison avec la sœur de monsieur de Ronquerolles, la comtesse de Sérizy [55]. Cette dame, qui n'aimait pas la sensiblerie allemande, n'en était que plus exigeante dans les moindres détails de son costume de prude. Par une de ces fatalités inexplicables, Auguste fit une innocente plaisanterie que madame de Sérizy prit fort mal, et de laquelle son frère s'offensa. L'explication eut lieu dans un coin, à voix basse. En gens de bonne compagnie, les deux adversaires ne firent point de bruit. Le lendemain seulement, la société du faubourg Saint-Honoré, du faubourg Saint-Germain, et le château [56], s'entretinrent de cette aventure. Madame de Sérizy fut chaudement défendue, et l'on donna tous les torts à Maulincour. D'augustes personnages intervinrent. Des témoins de la plus haute distinction furent imposés à messieurs de Maulincour et de Ronquerolles, et toutes les précautions furent prises sur le terrain pour qu'il n'y eût personne de tué. Quand Auguste se trouva devant son adversaire, homme de plaisir, auquel personne ne refusait des sentiments d'honneur, il ne put voir en lui l'instrument de Ferragus, chef des Dévorants, mais il eut une secrète envie d'obéir à d'inexplicables pressentiments en questionnant le marquis.

— Messieurs, dit-il aux témoins, je ne refuse certes pas d'essuyer le feu de monsieur de Ronquerolles ; mais, auparavant, je déclare que j'ai eu tort, je lui fais les excuses qu'il exigera de moi, publiquement même s'il le désire, parce que, quand il s'agit d'une femme, rien ne saurait, je crois, déshonorer un galant homme. J'en appelle donc à sa raison et à sa générosité, n'y a-t-il pas un peu de niaiserie à se battre quand le bon droit peut succomber ?...

Monsieur de Ronquerolles n'admit pas cette façon de finir l'affaire, et alors le baron, devenu plus soupçonneux, s'approcha de son adversaire.

— Eh bien, monsieur le marquis, lui dit-il, engagez-moi, devant ces messieurs, votre foi de gentilhomme de n'apporter dans cette rencontre aucune raison de vengeance autre que celle dont il s'agit publiquement.

— Monsieur, ce n'est pas une question à me faire.

Et monsieur de Ronquerolles alla se mettre à sa place. Il était convenu, par avance, que les deux adversaires se contenteraient d'échanger un coup de pistolet. Monsieur de Ronquerolles, malgré la distance déterminée qui semblait devoir rendre la mort de monsieur de Maulincour très problématique, pour ne pas dire impossible, fit tomber le baron. La balle lui traversa les côtes, à deux doigts au-dessous du cœur, mais heureusement sans de fortes lésions.

— Vous visez trop bien, monsieur, dit l'officier aux gardes, pour avoir voulu venger des passions mortes.

Monsieur de Ronquerolles crut Auguste mort, et ne put retenir un sourire sardonique en entendant ces paroles.

— La sœur de Jules César, monsieur, ne doit pas être soupçonnée.

— Toujours madame Jules, répondit Auguste.

Il s'évanouit, sans pouvoir achever une mordante plaisanterie qui expira sur ses lèvres ; mais, quoiqu'il perdît beaucoup de sang, sa blessure n'était pas dangereuse. Après une quinzaine de jours pendant lesquels la douairière et le vidame lui prodiguèrent ces soins de vieillard, soins dont une longue expérience de la vie donne seule le secret, un matin sa grand-mère lui porta de rudes coups. Elle lui révéla les mortelles inquiétudes auxquelles étaient livrés ses vieux, ses derniers jours. Elle avait reçu une lettre signée d'un F, dans laquelle l'histoire de l'espionnage auquel s'était abaissé son petit-fils lui était, de point en point, racontée. Dans cette lettre, des actions indignes d'un honnête homme étaient reprochées à monsieur de Maulincour. Il avait, disait-on, mis une vieille femme rue de Ménars, sur la place de fiacres qui s'y trouve, vieille espionne occupée en apparence à vendre aux cochers l'eau de ses tonneaux, mais en réalité chargée d'épier les démarches de madame Jules Desmarets. Il avait espionné l'homme le plus inoffensif du monde pour en pénétrer tous les secrets, quand, de ces secrets, dépendait la vie ou la mort de trois personnes. Lui seul avait voulu la lutte impitoyable dans laquelle, déjà blessé trois fois, il succomberait inévitablement, parce que sa mort avait été jurée, et serait sollicitée par tous les moyens humains. Monsieur de Maulincour ne pourrait même plus éviter son sort en promettant de respecter la vie mystérieuse de ces trois personnes, parce qu'il était impossible de croire à la parole d'un gentilhomme capable de tomber aussi bas que des agents de police ; et pourquoi, pour troubler, sans raison, la vie d'une femme innocente et d'un vieillard respectable. La lettre ne fut rien pour Auguste, en comparaison des tendres reproches que lui fit essuyer la baronne de Maulincour. Manquer de respect et de confiance envers une femme, l'espionner sans en avoir le droit ! Et devait-on espionner la femme dont on est aimé ? Ce fut un torrent de ces excellentes raisons qui ne prouvent jamais rien, et qui mirent, pour la première fois de sa vie, le jeune baron dans une des grandes colères humaines où germent, d'où sortent les actions les plus capitales de la vie.

— Puisque ce duel est un duel à mort, dit-il en forme de conclusion, je dois tuer mon ennemi par tous les moyens que je puis avoir à ma disposition.

Aussitôt le commandeur alla trouver, de la part de monsieur de Maulincour, le chef de la police particulière de Paris, et, sans mêler ni le nom ni la personne de madame Jules au récit de cette aventure, quoiqu'elle en fût le nœud secret, il lui fit part des craintes que donnait à la famille de Maulincour le personnage inconnu assez osé pour jurer la perte d'un officier aux gardes, en face des lois et de la police. L'homme de la police leva de surprise ses lunettes vertes, se moucha plusieurs fois, et offrit du tabac au vidame, qui, par dignité, prétendait ne pas user de tabac, quoiqu'il en eût le nez barbouillé. Puis le sous-chef prit ses notes, et promit que, Vidocq et ses limiers[57] aidant, il rendrait sous peu de jours bon compte à la famille Maulincour de cet ennemi, disant qu'il n'y avait pas de mystères pour la police de Paris. Quelques jours après, le chef vint voir monsieur le vidame à l'hôtel de Maulincour, et trouva le jeune baron parfaitement remis de sa dernière blessure. Alors, il leur fit en style administratif ses remerciements des indications qu'ils avaient eu la bonté de lui donner, en lui apprenant que ce Bourignard était un homme condamné à vingt ans de travaux forcés, mais miraculeusement échappé pendant le transport de la chaîne de Bicêtre à Toulon. Depuis treize ans, la police avait infructueusement essayé de le reprendre, après avoir su qu'il était venu fort insouciamment habiter Paris, où il avait évité les recherches les plus actives, quoiqu'il fût constamment mêlé à beaucoup d'intrigues ténébreuses. Bref, cet homme, dont la vie offrait les particularités les plus curieuses, allait être certainement saisi à l'un de ses domiciles, et livré à la justice. Le bureaucrate termina son rapport officieux en disant à monsieur de Maulincour que s'il attachait assez d'importance à cette affaire pour être témoin de la capture de Bourignard, il pouvait venir le lendemain, à huit heures du matin, rue Sainte-Foi [58], dans une maison dont il lui donna le numéro. Monsieur de Maulincour se dispensa d'aller chercher cette certitude, s'en fiant, avec le saint respect que la police inspire à Paris, sur la diligence de l'administration. Trois jours après, n'ayant rien lu dans le journal sur cette arrestation, qui cependant devait fournir matière à quelque article curieux, monsieur de Maulincour conçut des inquiétudes, que dissipa la lettre suivante :

« Monsieur le baron,

J'ai l'honneur de vous annoncer que vous ne devez plus conserver aucune crainte touchant l'affaire dont il est question. Le nommé Gratien Bourignard, dit Ferragus, est décédé hier, en son domicile, rue Joquelet, n° 7. Les soupçons que nous devions concevoir sur son identité ont pleinement été détruits par les faits. Le médecin de la Préfecture de police a été par nous adjoint à celui de la mairie, et le chef de la police de sûreté a fait toutes les vérifications nécessaires pour parvenir à une pleine certitude. D'ailleurs, la moralité des témoins qui ont signé l'acte de décès, et les attestations de ceux qui ont soigné ledit Bourignard dans ses derniers moments, entre autres celle du respectable vicaire de l'église Bonne-Nouvelle, auquel il a fait ses aveux, au tribunal de la pénitence, car il est mort en chrétien, ne nous ont pas permis de conserver les moindres doutes.

Agréez, monsieur le baron », etc.

Monsieur de Maulincour, la douairière et le vidame respirèrent avec un plaisir indicible. La bonne femme embrassa son petit-fils, en laissant échapper une larme, et le quitta pour remercier Dieu par une prière. La chère douairière, qui faisait une neuvaine pour le salut d'Auguste, se crut exaucée.

— Eh bien, dit le commandeur, tu peux maintenant te rendre au bal dont tu me parlais, je n'ai plus d'objections à t'opposer.

Monsieur de Maulincour fut d'autant plus empressé d'aller à ce bal, que madame Jules devait s'y trouver. Cette fête était donnée par le préfet de la Seine, chez lequel les deux sociétés de Paris se rencontraient comme sur un terrain neutre. Auguste parcourut les salons sans voir la femme qui exerçait sur sa vie une si grande influence. Il entra dans un boudoir encore désert, où des tables de jeu attendaient les joueurs, et il s'assit sur un divan, livré aux pensées les plus contradictoires sur madame Jules. Un homme prit alors le jeune officier par le bras, et le baron resta stupéfait en voyant le pauvre de la rue Coquillière, le Ferragus d'Ida, l'habitant de la rue Soly, le Bourignard de Justin, le forçat de la police, le mort de la veille.

— Monsieur, pas un cri, pas un mot, lui dit Bourignard dont il reconnut la voix, mais qui certes eût semblé méconnaissable à tout autre. Il était mis élégamment, portait les insignes de l'ordre de la Toison-d'Or et une plaque à son habit. — Monsieur, reprit-il d'une voix qui sifflait comme celle d'une hyène, vous autorisez toutes mes tentatives en mettant de votre côté la police. Vous périrez, monsieur. Il le faut. Aimez-vous madame Jules ? Étiez-vous aimé d'elle ? de quel droit vouliez-vous troubler son repos, noircir sa vertu ?

Quelqu'un survint. Ferragus se leva pour sortir.

— Connaissez-vous cet homme, demanda monsieur de Maulincour en saisissant Ferragus au collet. Mais Ferragus se dégagea lentement, prit monsieur de Maulincour par les cheveux, et lui secoua railleusement la tête à plusieurs reprises. — Faut-il donc absolument du plomb pour la rendre sage ? dit-il.

— Non pas personnellement, monsieur, répondit de Marsay, le témoin de cette scène [59] ; mais je sais que monsieur est monsieur de Funcal, Portugais fort riche.

Monsieur de Funcal avait disparu. Le baron se mit à sa poursuite sans pouvoir le rejoindre, et quand il arriva sous le péristyle, il vit, dans un brillant équipage, Ferragus qui ricanait en le regardant, et partait au grand trot.

— Monsieur, de grâce, dit Auguste en rentrant dans le salon et en s'adressant à de Marsay qui se trouvait être de sa connaissance, où monsieur de Funcal demeure-t-il ?

— Je l'ignore, mais on vous le dira sans doute ici.

Le baron, ayant questionné le préfet, apprit que le comte de Funcal demeurait à l'ambassade de Portugal[60]. En ce moment où il croyait encore sentir les doigts glacés de Ferragus dans ses cheveux, il vit madame Jules dans tout l'éclat de sa beauté, fraîche, gracieuse, naïve, resplendissant de cette sainteté féminine dont il s'était épris. Cette créature, infernale pour lui, n'excitait plus chez Auguste que de la haine, et cette haine déborda sanglante, terrible dans ses regards ; il épia le moment de lui parler sans être entendu de personne, et lui dit : — Madame, voici déjà trois fois que vos *bravi* me manquent...

— Que voulez-vous dire, monsieur ? répondit-elle en rougissant. Je sais qu'il vous est arrivé plusieurs accidents fâcheux, auxquels j'ai pris beaucoup de part ; mais comment puis-je y être pour quelque chose ?

— Vous savez donc qu'il y a des *bravi* dirigés contre moi par l'homme de la rue Soly ?

— Monsieur !

— Madame, maintenant je ne serai pas seul à vous demander compte, non pas de mon bonheur, mais de mon sang...

En ce moment, Jules Desmarets s'approcha.

— Que dites-vous donc à ma femme, monsieur ?

— Venez vous en enquérir chez moi, si vous en êtes curieux, monsieur.

Et Maulincour sortit, laissant madame Jules pâle et presque en défaillance.

III

LA FEMME ACCUSÉE

Il est bien peu de femmes qui ne se soient trouvées, une fois dans leur vie, à propos d'un fait incontestable, en face d'une interrogation précise, aiguë, tranchante, une de ces questions impitoyablement faites par leurs maris, et dont la seule appréhension donne un léger froid, dont le premier mot entre dans le cœur comme y entrerait l'acier d'un poignard. De là cet axiome : *Toute femme ment*. Mensonge officieux, mensonge véniel, mensonge sublime, mensonge horrible ; mais obligation de mentir. Puis, cette obligation admise, ne faut-il pas savoir bien mentir ? Les femmes mentent admirablement en France. Nos mœurs leur apprennent si bien l'imposture ! Enfin, la femme est si naïvement impertinente, si jolie, si gracieuse, si vraie dans le mensonge ; elle en reconnaît si bien l'utilité pour éviter, dans la vie sociale, les chocs violents auxquels le bonheur ne résisterait pas, qu'il leur est nécessaire comme la ouate où elles mettent leurs bijoux. Le mensonge devient donc pour elles le fond de la langue, et la vérité n'est plus qu'une exception ; elles la disent, comme elles sont vertueuses, par caprice ou par spéculation. Puis, selon leur caractère, certaines femmes rient en mentant ; celles-ci pleurent, celles-là deviennent graves ; quelques-unes se fâchent. Après avoir commencé dans la vie par feindre de l'insensibilité pour les hommages qui les flattaient le plus, elles finissent souvent par se mentir à elles-mêmes. Qui n'a pas admiré leur apparence de supériorité au moment où elles tremblent pour les mystérieux trésors de leur amour ? Qui n'a pas étudié leur aisance, leur facilité, leur liberté d'esprit dans les plus grands embarras de la vie ? Chez elles, rien d'emprunté : la tromperie coule alors comme la neige tombe du ciel. Puis, avec quel art elles découvrent le vrai dans autrui ! Avec quelle finesse elles emploient la plus droite logique, à propos de la question passionnée qui leur livre toujours quelque secret de cœur chez un homme assez naïf pour procéder près d'elles par interrogation ! Questionner une femme, n'est-ce pas se livrer à elle ? n'apprendra-t-elle pas tout ce qu'on veut lui cacher, et ne saura-t-elle pas se taire en parlant ? Et quelques hommes ont la prétention de lutter avec la femme de Paris ! avec une femme qui sait se mettre au-dessus des coups de poignard, en disant : — *Vous êtes bien curieux ! que vous importe ? Pourquoi voulez-vous le savoir ? Ah ! vous êtes jaloux ! Et si je ne voulais pas vous répondre ?* enfin, avec une femme qui possède cent trente-sept mille manières de dire NON, et d'incommensurables variations pour dire OUI. Le traité du *non* et du *oui* n'est-il pas une des plus belles œuvres diplomatiques, philosophiques, logographiques[61] et morales qui nous restent à faire ? Mais pour accomplir cette œuvre diabolique, ne faudrait-il pas un génie androgyne ? aussi, ne sera-t-elle jamais tentée. Puis, de tous les ouvrages inédits, celui-là n'est-il pas le plus connu, le mieux pratiqué par les femmes ? Avez-vous jamais étudié l'allure, la pose, la *disinvoltura* d'un mensonge ? Examinez. Madame Desmarets était assise dans le coin droit de sa voiture, et son mari dans le coin gauche. Ayant su se remettre de son émotion en sortant du bal, madame Jules affectait une contenance calme. Son mari ne lui avait rien dit, et ne lui disait rien encore. Jules regardait par la portière les pans noirs des maisons silencieuses devant lesquelles il passait ; mais tout à coup, comme poussé par une pensée déterminante, en tournant un coin de rue, il examina sa femme, qui semblait avoir froid, malgré la pelisse doublée de fourrure dans laquelle elle était enveloppée ; il lui trouva un air pensif, et peut-être était-elle réellement pensive. De toutes les choses qui se communiquent, la réflexion et la gravité sont les plus contagieuses.

— Qu'est-ce que monsieur de Maulincour a donc pu te dire pour t'affecter si vivement, demanda Jules, et que veut-il donc que j'aille apprendre chez lui ?

— Mais il ne pourra rien te dire chez lui que je ne te dise maintenant, répondit-elle.

Puis, avec cette finesse féminine qui déshonore toujours un peu la vertu, madame Jules attendit une autre question. Le mari retourna la tête vers les maisons et continua ses études sur les portes cochères. Une interrogation de plus n'était-elle pas un soupçon, une défiance ? Soupçonner une femme est un crime en amour. Jules avait déjà tué un homme sans avoir douté de sa femme. Clémence ne savait pas tout ce qu'il y avait de passion vraie, de réflexions profondes dans le silence de son mari, de même que Jules ignorait le drame admirable qui serrait le cœur de sa Clémence. Et la voiture d'aller dans Paris silencieux, emportant deux époux, deux amants qui s'idolâtraient, et qui, doucement appuyés, réunis sur des coussins de soie, étaient néanmoins séparés par un abîme. Dans ces élégants coupés qui reviennent du bal, entre minuit et deux heures du matin, combien de scènes bizarres ne se passe-t-il pas, en s'en tenant aux coupés dont les lanternes éclairent et la rue et la voiture, ceux dont les glaces sont claires, enfin les coupés de l'amour légitime où les couples peuvent se quereller sans avoir peur d'être vu par les passants, parce que l'État civil donne le droit de bouder, de battre, d'embrasser une femme en voiture et ailleurs, partout ! Aussi combien de secrets ne se révèle-t-il pas aux fantassins nocturnes, à ces jeunes gens venus au bal en voiture, mais obligés, par quelque cause que ce soit, de s'en aller à pied ! C'était la première fois que Jules et Clémence se trouvaient ainsi chacun dans leur coin. Le mari se pressait ordinairement près de sa femme.

— Il fait bien froid, dit madame Jules.

Mais ce mari n'entendit point, il étudiait toutes les enseignes noires au-dessus des boutiques.

— Clémence, dit-il enfin, pardonne-moi la question que je vais t'adresser.

Et il se rapprocha, la saisit par la taille, et la ramena près de lui.

— Mon Dieu, nous y voici! pensa la pauvre femme.

— Eh bien, reprit-elle en allant au-devant de la question, tu veux apprendre ce que me disait monsieur de Maulincour. Je te le dirai, Jules; mais ce ne sera point sans terreur. Mon Dieu, pouvons-nous avoir des secrets l'un pour l'autre? Depuis un moment, je te vois luttant entre la conscience de notre amour et des craintes vagues; mais notre conscience n'est-elle pas claire, et tes soupçons ne te semblent-ils pas bien ténébreux? Pourquoi ne pas rester dans la clarté qui te plaît? Quand je t'aurai tout raconté, tu désireras en savoir davantage; et cependant, je ne sais moi-même ce que cachent les étranges paroles de cet homme. Eh bien, peut-être y aura-t-il alors entre vous deux quelque fatale affaire. J'aimerais bien mieux que nous oubliassions tous deux ce mauvais moment. Mais, dans tous les cas, jure-moi d'attendre que cette singulière aventure s'explique naturellement. Monsieur de Maulincour m'a déclaré que les trois accidents dont tu as entendu parler : la pierre tombée sur son domestique, sa chute en cabriolet et son duel à propos de madame de Sérizy étaient l'effet d'une conjuration que j'avais tramée contre lui. Puis, il m'a menacée de t'expliquer l'intérêt qui me porterait à l'assassiner. Comprends-tu quelque chose à tout cela? Mon trouble est venu de l'impression que m'ont causée la vue de sa figure empreinte de folie, ses yeux hagards et ses paroles violemment entrecoupées par une émotion intérieure. Je l'ai cru fou. Voilà tout. Maintenant, je ne serais pas femme si je ne m'étais point aperçue que, depuis un an, je suis devenue, comme on dit, la passion de monsieur de Maulincour. Il ne m'a jamais vue qu'au bal, et ses propos étaient insignifiants, comme tout ceux que l'on tient au bal. Peut-être veut-il nous désunir pour me trouver un jour seule et sans défense. Tu vois bien ? Déjà tes sourcils se froncent. Oh ! je hais cordialement le monde. Nous sommes si heureux sans lui ! pourquoi donc l'aller chercher ? Jules, je t'en supplie, promets-moi d'oublier tout ceci. Demain nous apprendrons sans doute que monsieur de Maulincour est devenu fou.

— Quelle singulière chose ! se dit Jules en descendant de voiture sous le péristyle de son escalier.

Il tendit les bras à sa femme, et tous deux montèrent dans leurs appartements.

Pour développer cette histoire dans toute la vérité de ses détails, pour en suivre le cours dans toutes ses sinuosités, il faut ici divulguer quelques secrets de l'amour, se glisser sous les lambris d'une chambre à coucher, non pas effrontément, mais à la manière de Trilby, n'effaroucher ni Dougal, ni Jeannie [62], n'effaroucher personne, être aussi chaste que veut l'être notre noble langue française, aussi hardi que l'a été le pinceau de Gérard dans son tableau de *Daphnis et Chloé* [63]. La chambre à coucher de madame Jules était un lieu sacré. Elle, son mari, sa femme de chambre pouvaient seuls y entrer. L'opulence a de beaux privilèges, et les plus enviables sont ceux qui permettent de développer les sentiments dans toute leur étendue, de les féconder par l'accomplissement de leurs mille caprices, de les environner de cet éclat qui les agrandit, de ces recherches qui les purifient, de ces délicatesses qui les rendent encore plus attrayants [64]. Si vous haïssez les dîners sur l'herbe et les repas mal servis, si vous éprouvez quelque plaisir à voir une nappe damassée éblouissante de blancheur, un couvert de vermeil, des porcelaines d'une exquise pureté, une table bordée d'or, riche de ciselure, éclairée par des bougies diaphanes, puis, sous des globes d'argent armoriés, les miracles de la cuisine la plus recherchée ; pour être conséquent, vous devez alors laisser la mansarde en haut des maisons, les grisettes dans la rue ; abandonner les mansardes, les grisettes, les parapluies, les socques articulés aux gens qui payent leur dîner avec des cachets ; puis, vous devez comprendre l'amour comme un principe qui ne se développe dans toute sa grâce que sur les tapis de la Savonnerie[65], sous la lueur d'opale d'une lampe marmorine[66], entre des murailles discrètes et revêtues de soie, devant un foyer doré, dans une chambre sourde au bruit des voisins, de la rue, de tout, par des persiennes, par des volets, par d'ondoyants rideaux. Il vous faut des glaces dans lesquelles les formes se jouent, et qui répètent à l'infini la femme que l'on voudrait multiple, et que l'amour multiplie souvent ; puis des divans bien bas ; puis un lit qui, semblable à un secret, se laisse deviner sans être montré ; puis, dans cette chambre coquette, des fourrures pour les pieds nus, des bougies sous verre au milieu de mousselines drapées, pour lire à toute heure de nuit, et des fleurs qui n'entêtent pas, et des toiles dont la finesse eût satisfait Anne d'Autriche[67]. Madame Jules avait réalisé ce délicieux programme, mais ce n'était rien. Toute femme de goût pouvait en faire autant, quoique, néanmoins, il y ait dans l'arrangement de ces choses un cachet de personnalité qui donne à tel ornement, à tel détail, un caractère inimitable. Aujourd'hui plus que jamais règne le fanatisme de l'individualité. Plus nos lois tendront à une impossible égalité, plus nous nous en écarterons par les mœurs. Aussi les personnes riches commencent-elles, en France, à devenir plus exclusives dans leurs goûts et dans les choses qui leur appartiennent, qu'elles ne l'ont été depuis trente ans. Madame Jules savait à quoi l'engageait ce programme, et avait tout mis chez elle en harmonie avec un luxe qui allait si bien à l'amour. Les *Quinze cents francs et ma Sophie*, ou la passion dans la chaumière[68], sont des propos d'affamés auxquels le pain bis suffit d'abord, mais qui, devenus gourmets s'ils aiment réellement, finissent par regretter les richesses de la gastronomie. L'amour a le travail et la misère en horreur. Il aime mieux mourir que de vivoter. La plupart des femmes, en rentrant du bal, impatientes de se coucher, jettent autour d'elles leurs robes, leurs fleurs fanées, leurs bouquets dont l'odeur s'est flétrie. Elles laissent leurs petits souliers sous un fauteuil, marchent sur les cothurnes flottants, ôtent leurs peignes, déroulent leurs tresses sans soin d'elles-mêmes. Peu leur importe que leurs maris voient les agrafes, les doubles épingles, les artificieux crochets qui soutenaient les élégants édifices de la coiffure ou de la parure. Plus de mystères, tout tombe alors devant le mari, plus de fard pour le mari. Le corset, la plupart du temps corset plein de précautions, reste là, si la femme de chambre trop endormie oublie de l'emporter. Enfin les bouffants de baleine, les entournures garnies de taffetas gommé, les chiffons menteurs, les cheveux vendus par le coiffeur, toute la fausse femme est là, éparse. *Disjecta membra poetae*[69], la poésie artificielle tant admirée par ceux pour qui elle avait été conçue, élaborée, la jolie femme encombre tous les coins. A l'amour d'un mari qui bâille, se présente alors une femme vraie qui bâille aussi, qui vient dans un désordre sans élégance, coiffée de nuit avec un bonnet fripé, celui de la veille, celui du lendemain. — Car, après tout, monsieur, si vous voulez un joli bonnet de nuit à chiffonner tous les soirs, augmentez ma pension. Et voilà la vie telle qu'elle est. Une femme est toujours vieille et déplaisante à son mari, mais toujours pimpante, élégante et parée pour l'autre, pour le rival de tous les maris, pour le monde qui calomnie ou déchire toutes les femmes. Inspirée par un amour vrai, car l'amour a, comme les autres êtres, l'instinct de sa conservation, madame Jules agissait tout autrement, et trouvait, dans les constants bénéfices de son bonheur, la force nécessaire d'accomplir ces devoirs minutieux desquels il ne faut jamais se relâcher, parce qu'ils perpétuent l'amour. Ces soins, ces devoirs, ne procèdent-ils pas d'ailleurs d'une dignité personnelle qui sied à ravir ? N'est-ce pas des flatteries ? n'est-ce pas respecter en soi l'être aimé ? Donc madame Jules avait interdit à son mari l'entrée du cabinet où elle quittait sa toilette de bal, et d'où elle sortait vêtue pour la nuit, mystérieusement parée pour les mystérieuses fêtes de son cœur. En venant dans cette chambre, toujours élégante et gracieuse, Jules y voyait une femme coquettement enveloppée dans un élégant peignoir, les cheveux simplement tordus en grosses tresses sur sa tête ; car, n'en redoutant pas le désordre, elle n'en ravissait à l'amour ni la vue ni le toucher ; une femme toujours plus simple, plus belle alors qu'elle ne l'était pour le monde ; une femme qui s'était ranimée dans l'eau, et dont tout l'artifice consistait à être plus blanche que ses mousselines, plus fraîche que le plus frais parfum, plus séduisante que la plus habile courtisane, enfin toujours tendre, et partant toujours aimée. Cette admirable entente du métier de femme fut le grand secret de Joséphine pour plaire à Napoléon, comme il avait été jadis celui de Césonie [70] pour Caïus Caligula, de Diane de Poitiers pour Henri II. Mais s'il fut largement productif pour des femmes qui comptaient sept ou huit lustres, quelle arme entre les mains de jeunes femmes ! Un mari subit alors avec délices les bonheurs de sa fidélité.

Or, en rentrant après cette conversation, qui l'avait glacée d'effroi et qui lui donnait encore les plus vives inquiétudes, madame Jules prit un soin particulier de sa toilette de nuit. Elle voulut se faire et se fit ravissante. Elle avait serré la batiste du peignoir, entrouvert son corsage, laissé tomber ses cheveux noirs sur ses épaules rebondies ; son bain parfumé lui donnait une senteur enivrante ; ses pieds nus étaient dans des pantoufles de velours. Forte de ses avantages, elle vint à pas menus, et mit ses mains sur les yeux de Jules, qu'elle trouva pensif, en robe de chambre, le coude appuyé sur la cheminée, un pied sur la barre. Elle lui dit alors à l'oreille en l'échauffant de son haleine, et la mordant du bout des dents : — A quoi pensez-vous, monsieur ? Puis le serrant avec adresse, elle l'enveloppa de ses bras, pour l'arracher à ses mauvaises pensées. La femme qui aime a toute l'intelligence de son pouvoir ; et plus elle est vertueuse, plus agissante est sa coquetterie.

— A toi, répondit-il.

— A moi seule ?

— Oui !

— Oh ! voilà un oui bien hasardé.

Ils se couchèrent. En s'endormant madame Jules se dit : Décidément, monsieur de Maulincour sera la cause de quelque malheur. Jules est préoccupé, distrait, et garde des pensées qu'il ne me dit pas. Il était environ trois heures du matin lorsque madame Jules fut réveillée par un pressentiment qui l'avait frappée au cœur pendant son sommeil. Elle eut une perception à la fois physique et morale de l'absence de son mari. Elle ne sentait plus le bras que Jules lui passait sous la tête, ce bras dans lequel elle dormait heureuse, paisible, depuis cinq années, et qu'elle ne fatiguait jamais. Puis une voix lui avait dit : — Jules souffre, Jules pleure... Elle leva la tête, se mit sur son séant, trouva la place de son mari froide, et l'aperçut assis devant le feu, les pieds sur le garde-cendre, la tête appuyée sur le dos d'un grand fauteuil. Jules avait des larmes sur les joues. La pauvre femme se jeta vivement à bas du lit, et sauta d'un bond sur les genoux de son mari.

— Jules, qu'as-tu ? souffres-tu ? parle ! dis ! dis-moi ! Parle-moi, si tu m'aimes. En un moment elle lui jeta cent paroles qui exprimaient la tendresse la plus profonde.

Jules se mit aux pieds de sa femme, lui baisa les genoux, les mains, et lui répondit en laissant échapper de nouvelles larmes : — Ma chère Clémence, je suis bien malheureux ! Ce n'est pas aimer que de se défier de sa maîtresse, et tu es ma maîtresse. Je t'adore en te soupçonnant... Les paroles que cet homme m'a dites ce soir m'ont frappé au cœur ; elles y sont restées malgré moi pour me bouleverser. Il y a là-dessous quelque mystère. Enfin, j'en rougis, tes explications ne m'ont pas satisfait. Ma raison me jette des lueurs que mon amour me fait repousser. C'est un affreux combat. Pouvais-je rester là, tenant ta tête en y soupçonnant des pensées qui me seraient inconnues ? — Oh ! je te crois, je te crois, lui cria-t-il vivement en la voyant sourire avec tristesse, et ouvrir la bouche pour parler. Ne me dis rien, ne me reproche rien. De toi, la moindre parole me tuerait. D'ailleurs pourrais-tu me dire une seule chose que je ne me sois dite depuis trois heures ? Oui, depuis trois heures, je suis là, te regardant dormir, si belle, admirant ton front si pur et si paisible. Oh ! oui, tu m'as toujours dit toutes tes pensées, n'est-ce pas ? Je suis seul dans ton âme. En te contemplant, en plongeant mes yeux dans les tiens, j'y vois bien tout. Ta vie est toujours aussi pure que ton regard est clair. Non, il n'y a pas de secret derrière cet œil si transparent. Il se souleva, et la baisa sur les yeux. — Laisse-moi t'avouer, ma chère créature, que depuis cinq ans ce qui grandissait chaque jour mon bonheur, c'était de ne te savoir aucune de ces affections naturelles qui prennent toujours un peu sur l'amour. Tu n'avais ni sœur, ni père, ni mère, ni compagne, et je n'étais alors ni au-dessus ni au-dessous de personne dans ton cœur : j'y étais seul. Clémence, répète-moi toutes les douceurs d'âme que tu m'as si souvent dites, ne me gronde pas, console-moi, je suis malheureux. J'ai certes un soupçon odieux à me reprocher, et toi tu n'as rien dans le cœur qui te brûle. Ma bien-aimée, dis, pouvais-je rester ainsi près de toi ? Comment deux têtes qui sont si bien unies demeureraient-elles sur le même oreiller quand l'une d'elles souffre et que l'autre est tranquille... — A quoi penses-tu donc ? s'écria-t-il brusquement en voyant Clémence songeuse, interdite, et qui ne pouvait retenir des larmes.

— Je pense à ma mère, répondit-elle d'un ton grave. Tu ne saurais connaître, Jules, la douleur de ta Clémence obligée de se souvenir des adieux mortuaires de sa mère, en entendant ta voix, la plus douce des musiques ; et de songer à la solennelle pression des mains glacées d'une mourante, en sentant la caresse des tiennes en un moment où tu m'accables des témoignages de ton délicieux amour. Elle releva son mari, le prit, l'étreignit avec une force nerveuse bien supérieure à celle d'un homme, lui baisa les cheveux et le couvrit de larmes. — Ah ! je voudrais être hachée vivante pour toi ! Dis-moi bien que je te rends heureux, que je suis pour toi la plus belle des femmes, que je suis mille femmes pour toi. Mais tu es aimé comme nul homme ne le sera jamais. Je ne sais pas ce que veulent dire les mots *devoir* et *vertu*. Jules, je t'aime pour toi, je suis heureuse de t'aimer, et je t'aimerai toujours mieux jusqu'à mon dernier souffle. J'ai quelque orgueil de mon amour, je me crois destinée à n'éprouver qu'un sentiment dans ma vie. Ce que je vais te dire est affreux, peut-être : je suis contente de ne pas avoir d'enfant, et n'en souhaite point. Je me sens plus épouse que mère. Eh bien, as-tu des craintes ? Écoute-moi, mon amour, promets-moi d'oublier, non pas cette heure mêlée de tendresse et de doutes, mais les paroles de ce fou. Jules, je le veux. Promets-moi de ne le point voir, de ne point aller chez lui. J'ai la conviction que si tu fais un seul pas de plus dans ce dédale, nous roulerons dans un abîme où je périrai, mais en ayant ton nom sur les lèvres et ton cœur dans mon cœur. Pourquoi me mets-tu donc si haut en ton âme, et si bas en réalité ? Comment, toi qui fais crédit à tant de gens de leur fortune, tu ne me ferais pas l'aumône d'un soupçon ; et, pour la première occasion dans ta vie où tu peux me prouver une foi sans bornes, tu me détrônerais de ton cœur ! Entre un fou et moi, c'est le fou que tu crois, oh ! Jules. Elle s'arrêta, chassa les cheveux qui retombaient sur son front et sur son cou ; puis, d'un accent déchirant, elle ajouta : — J'en ai trop dit, un mot devait suffire. Si ton âme et ton front conservent un nuage, quelque léger qu'il puisse être, sache-le bien, j'en mourrai !

Elle ne put réprimer un frémissement, et pâlit.

— Oh ! je tuerai cet homme, se dit Jules en saisissant sa femme et la portant dans son lit.

— Dormons en paix, mon ange, reprit-il, j'ai tout oublié, je te le jure.

Clémence s'endormit sur cette douce parole, plus doucement répétée. Puis Jules, la regardant endormie, se dit en lui-même : — Elle a raison, quand l'amour est si pur, un soupçon le flétrit. Pour cette âme si fraîche, pour cette fleur si tendre, une flétrissure, oui, ce doit être la mort.

Quand, entre deux êtres pleins d'affection l'un pour l'autre, et dont la vie s'échange à tout moment, un nuage est survenu, quoique ce nuage se dissipe, il laisse dans les âmes quelques traces de son passage. Ou la tendresse devient plus vive, comme la terre est plus belle après la pluie ; ou la secousse retentit encore, comme un lointain tonnerre dans un ciel pur ; mais il est impossible de se retrouver dans sa vie antérieure, et il faut que l'amour croisse ou qu'il diminue. Au déjeuner, monsieur et madame Jules eurent l'un pour l'autre de ces soins dans lesquels il entre un peu d'affectation. C'était de ces regards pleins d'une gaieté presque forcée, et qui semblent être l'effort de gens empressés à se tromper eux-mêmes. Jules avait des doutes involontaires, et sa femme avait des craintes certaines. Néanmoins, sûrs l'un de l'autre, ils avaient dormi. Cet état de gêne était-il dû à un défaut de foi, au souvenir de leur scène nocturne ? Ils ne le savaient pas eux-mêmes. Mais ils s'étaient aimés, ils s'aimaient trop purement pour que l'impression à la fois cruelle et bienfaisante de cette nuit ne laissât pas quelques traces dans leurs âmes ; jaloux tous deux de les faire disparaître et voulant revenir tous les deux *le premier* l'un à l'autre, ils ne pouvaient s'empêcher de songer à la cause première d'un premier désaccord. Pour les âmes aimantes, ce n'est pas des chagrins, la peine est loin encore ; mais c'est une sorte de deuil difficile à peindre. S'il y a des rapports entre les couleurs et les agitations de l'âme ; si, comme l'a dit l'aveugle de Locke, l'écarlate doit produire à la vue les effets produits dans l'ouïe par une fanfare [71], il peut être permis de comparer à des teintes grises cette mélancolie de contrecoup. Mais l'amour attristé, l'amour auquel il reste un sentiment vrai de son bonheur momentanément troublé, donne des voluptés qui, tenant à la peine et à la joie, sont toutes nouvelles. Jules étudiait la voix de sa femme, il en épiait les regards avec le sentiment jeune qui l'animait dans les premiers moments de sa passion pour elle. Les souvenirs de cinq années tout heureuses, la beauté de Clémence, la naïveté de son amour, effacèrent alors promptement les derniers vestiges d'une intolérable douleur. Ce lendemain était un dimanche, jour où il n'y avait ni Bourse ni affaires ; les deux époux passèrent alors la journée ensemble, se mettant plus avant au cœur l'un de l'autre qu'ils n'y avaient jamais été, semblables à deux enfants qui, dans un moment de peur, se serrent, se pressent, et se tiennent, s'unissant par instinct. Il y a dans une vie à deux de ces journées complètement heureuses, dues au hasard, et qui ne se rattachent ni à la veille, ni au lendemain, fleurs éphémères !... Jules et Clémence en jouirent délicieusement, comme s'ils eussent pressenti que c'était la dernière journée de leur vie amoureuse. Quel nom donner à cette puissance inconnue qui fait hâter le pas des voyageurs sans que l'orage se soit encore manifesté, qui fait resplendir de vie et de beauté le mourant quelques jours avant sa mort et lui inspire les plus riants projets, qui conseille au savant de hausser sa lampe nocturne au moment où elle l'éclaire parfaitement, qui fait craindre à une mère le regard trop profond jeté sur son enfant par un homme perspicace ? Nous subissons tous cette influence dans les grandes catastrophes de notre vie, et nous ne l'avons encore ni nommée ni étudiée : c'est plus que le pressentiment, et ce n'est pas encore la vision. Tout alla bien jusqu'au lendemain. Le lundi, Jules Desmarets, obligé d'être à la Bourse à son heure accoutumée, ne sortit pas sans aller, suivant son habitude, demander à sa femme si elle voulait profiter de sa voiture.

— Non, dit-elle, il fait trop mauvais temps pour se promener.

En effet, il pleuvait à verse. Il était environ deux heures et demie quand monsieur Desmarets se rendit au Parquet et au Trésor. A quatre heures, en sortant de la Bourse, il se trouva nez à nez devant monsieur de Maulincour, qui l'attendait là avec la pertinacité[72] fiévreuse que donnent la haine et la vengeance.

— Monsieur, j'ai des renseignements importants à vous communiquer, dit l'officier en prenant l'agent de change par le bras. Écoutez, je suis un homme trop loyal pour avoir recours à des lettres anonymes qui troubleraient votre repos, j'ai préféré vous parler. Enfin croyez que s'il ne s'agissait pas de ma vie, je ne m'immiscerais, certes, en aucune manière dans les affaires d'un ménage, quand même je pourrais m'en croire le droit.

— Si ce que vous avez à me dire concerne madame Desmarets, répondit Jules, je vous prierai, monsieur, de vous taire.

— Si je me taisais, monsieur, vous pourriez voir avant peu madame Jules sur les bancs de la cour d'assises, à côté d'un forçat. Faut-il me taire maintenant ?

Jules pâlit, mais sa belle figure reprit promptement un calme faux ; puis, entraînant l'officier sous un des auvents de la Bourse provisoire[73] où ils se trouvaient alors, il lui dit d'une voix que voilait une profonde émotion intérieure : — Monsieur, je vous écouterai ; mais il y aura entre nous un duel à mort si...

— Oh ! j'y consens, s'écria monsieur de Maulincour, j'ai pour vous la plus grande estime. Vous parlez de mort, monsieur ? Vous ignorez sans doute que votre femme m'a peut-être fait empoisonner samedi soir. Oui, monsieur, depuis avant-hier, il se passe en moi quelque chose d'extraordinaire ; mes cheveux me distillent intérieurement à travers le crâne une fièvre et une langueur mortelle, et je sais parfaitement quel homme a touché mes cheveux pendant le bal[74].

Monsieur de Maulincour raconta, sans en omettre un seul fait, et son amour platonique pour madame Jules, et les détails de l'aventure qui commence cette scène. Tout le monde l'eût écoutée avec autant d'attention que l'agent de change ; mais le mari de madame Jules avait le droit d'en être plus étonné que qui que ce fût au monde. Là se déploya son caractère, il fut plus surpris qu'abattu. Devenu juge, et juge d'une femme adorée, il trouva dans son âme la droiture du juge, comme il en prit l'inflexibilité. Amant encore, il songea moins à sa vie brisée qu'à celle de cette femme ; il écouta, non sa propre douleur, mais la voix lointaine qui lui criait : — Clémence ne saurait mentir ! Pourquoi te trahirait-elle ?

— Monsieur, dit l'officier aux gardes en terminant, certain d'avoir reconnu, samedi soir, dans monsieur de Funcal, ce Ferragus que la police croit mort, j'ai mis aussitôt sur ses traces un homme intelligent. En revenant chez moi, je me suis souvenu, par un heureux hasard, du nom de madame Meynardie, cité dans la lettre de cette Ida, la maîtresse présumée de mon persécuteur. Muni de ce seul renseignement, mon émissaire me rendra promptement compte de cette épouvantable aventure, car il est plus habile à découvrir la vérité que ne l'est la police elle-même.

— Monsieur, répondit l'agent de change, je ne saurais vous remercier de cette confidence. Vous m'annoncez des preuves, des témoins, je les attendrai. Je poursuivrai courageusement la vérité dans cette affaire étrange, mais vous me permettrez de douter jusqu'à ce que l'évidence des faits me soit prouvée. En tout cas, vous aurez satisfaction, car vous devez comprendre qu'il nous en faut une.

Monsieur Jules revint chez lui.

— Qu'as-tu, Jules ? lui dit sa femme, tu es pâle à faire peur.

— Le temps est froid, dit-il en marchant d'un pas lent dans cette chambre où tout parlait de bonheur et d'amour, cette chambre si calme où se préparait une tempête meurtrière.

— Tu n'es pas sortie aujourd'hui, reprit-il machinalement en apparence.

Il fut poussé sans doute à faire cette question par la

dernière des mille pensées qui s'étaient secrètement enroulées dans une méditation lucide, quoique précipitamment activée par la jalousie.

— Non, répondit-elle avec un faux accent de candeur.

En ce moment, Jules aperçut dans le cabinet de toilette de sa femme quelques gouttes d'eau sur le chapeau de velours qu'elle mettait le matin. Monsieur Jules était un homme violent, mais aussi plein de délicatesse, et il lui répugna de placer sa femme en face d'un démenti. Dans une telle situation, tout doit être fini pour la vie entre certains êtres. Cependant ces gouttes d'eau furent comme une lueur qui lui déchira la cervelle. Il sortit de sa chambre, descendit à la loge, et dit à son concierge, après s'être assuré qu'il y était seul : - Fouquereau, cent écus de rente si tu dis vrai, chassé si tu me trompes, et rien si, m'ayant dit la vérité, tu parles de ma question et de ta réponse.

Il s'arrêta pour bien voir son concierge qu'il attira sous le jour de la fenêtre, et reprit : — Madame est-elle sortie ce matin ?

— Madame est sortie à trois heures moins un quart, et je crois l'avoir vue rentrer il y a une demi-heure.

— Cela est vrai, sur ton honneur ?

— Oui, monsieur.

— Tu auras la rente que je t'ai promise ; mais si tu parles, souviens-toi de ma promesse ! alors tu perdrais tout.

Jules revint chez sa femme.

— Clémence, lui dit-il, j'ai besoin de mettre un peu d'ordre dans mes comptes de maison, ne t'offense donc pas de ce que je vais te demander. Ne t'ai-je pas remis quarante mille francs depuis le commencement de l'année ?

— Plus, dit-elle. Quarante-sept.

— En trouverais-tu bien l'emploi ?

— Mais oui, dit-elle. D'abord, j'avais à payer plusieurs mémoires de l'année dernière...

— Je ne saurai rien ainsi, se dit Jules, je m'y prends mal.

En ce moment le valet de chambre de Jules entra, et lui remit une lettre qu'il ouvrit par contenance ; mais il la lut avec avidité lorsqu'il eut jeté les yeux sur la signature.

« Monsieur,

Dans l'intérêt de votre repos et du nôtre, j'ai pris le parti de vous écrire sans avoir l'avantage d'être connue de vous, mais ma position, mon âge et la crainte de quelque malheur me forcent à vous prier d'avoir de l'indulgence dans une conjoncture fâcheuse où se trouve notre famille désolée. Monsieur Auguste de Maulincour nous a donné depuis quelques jours des preuves d'aliénation mentale, et nous craignons qu'il ne trouble votre bonheur par des chimères dont il nous a entretenus, monsieur le commandeur de Pamiers et moi, pendant un premier accès de fièvre. Nous vous prévenons donc de sa maladie, sans doute guérissable encore, elle a des effets si graves et si importants pour l'honneur de notre famille et l'avenir de mon petit-fils, que je compte sur votre entière discrétion. Si monsieur le commandeur ou moi, monsieur, avions pu nous transporter chez vous, nous nous serions dispensés de vous écrire ; mais je ne doute pas que vous n'ayez égard à la prière qui vous est faite ici par une mère de brûler cette lettre.

Agréez l'assurance de ma parfaite considération.

Baronne DE MAULINCOUR, née DE RIEUX. »

— Combien de tortures ! s'écria Jules.

— Mais que se passe-t-il donc en toi ? lui dit sa femme en témoignant une vive anxiété.

— J'en suis arrivé, répondit Jules, à me demander si c'est toi qui me fais parvenir cet avis pour dissiper mes soupçons, reprit-il en lui jetant la lettre. Ainsi juge de mes souffrances ?

— Le malheureux, dit madame Jules en laissant

tomber le papier, je le plains, quoiqu'il me fasse bien du mal.

— Tu sais qu'il m'a parlé ?

— Ah ! tu es allé le voir malgré ta parole, dit-elle frappée de terreur.

— Clémence, notre amour est en danger de périr, et nous sommes en dehors de toutes les lois ordinaires de la vie, laissons donc les petites considérations au milieu des grands périls. Écoute, dis-moi pourquoi tu es sortie ce matin. Les femmes se croient le droit de nous faire quelquefois de petits mensonges. Ne se plaisent-elles pas souvent à nous cacher des plaisirs qu'elles nous préparent ? Tout à l'heure, tu m'as dit un mot pour un autre sans doute, un non pour un oui.

Il entra dans le cabinet de toilette, et en rapporta le chapeau.

— Tiens, vois ? sans vouloir faire ici le Bartholo[75], ton chapeau t'a trahie. Ces taches ne sont-elles pas des gouttes de pluie ? Donc tu es sortie en fiacre, et tu as reçu ces gouttes d'eau, soit en allant chercher une voiture, soit en entrant dans la maison où tu es allée, soit en la quittant. Mais une femme peut sortir de chez elle fort innocemment, même après avoir dit à son mari qu'elle ne sortirait pas. Il y a tant de raisons pour changer d'avis ! Avoir des caprices, n'est-ce pas un de vos droits ? Vous n'êtes pas obligées d'être conséquentes avec vous-mêmes. Tu auras oublié quelque chose, un service à rendre, une visite, ou quelque bonne action à faire. Mais rien n'empêche une femme de dire à son mari ce qu'elle a fait. Rougit-on jamais dans le sein d'un ami ? Eh bien ? ce n'est pas le mari jaloux qui te parle, ma Clémence, c'est l'amant, c'est l'ami, le frère. Il se jeta passionnément à ses pieds. — Parle, non pour te justifier, mais pour calmer d'horribles souffrances. Je sais bien que tu es sortie. Eh bien, qu'as-tu fait ? où es-tu allée ?

— Oui, je suis sortie, Jules, répondit-elle d'une voix altérée quoique son visage fût calme. Mais ne me demande rien de plus. Attends avec confiance, sans quoi tu te créeras des remords éternels. Jules, mon

Jules, la confiance est la vertu de l'amour. Je te l'avoue, en ce moment, je suis trop troublée pour te répondre ; mais je ne suis point une femme artificieuse, et je t'aime, tu le sais.

— Au milieu de tout ce qui peut ébranler la foi d'un homme, en éveiller la jalousie, car je ne suis donc pas le premier dans ton cœur, je ne suis donc pas toi-même... Eh bien, Clémence, j'aime encore mieux te croire, croire en ta voix, croire en tes yeux ! Si tu me trompes, tu mériterais...

— Oh ! mille morts, dit-elle en l'interrompant.

— Moi, je ne te cache aucune de mes pensées, et toi, tu...

— Chut, dit-elle, notre bonheur dépend de notre mutuel silence.

— Ah ! je veux tout savoir, s'écria-t-il dans un violent accès de rage.

En ce moment, des cris de femme se firent entendre, et les glapissements d'une petite voix aigre arrivèrent de l'antichambre jusqu'aux deux époux.

— J'entrerai, je vous dis ! criait-on. Oui, j'entrerai, je veux la voir, je la verrai.

Jules et Clémence se précipitèrent dans le salon et ils virent bientôt les portes s'ouvrir avec violence. Une jeune femme se montra tout à coup, suivie de deux domestiques qui dirent à leur maître : — Monsieur, cette femme veut entrer ici malgré nous. Nous lui avons déjà dit que madame n'y était pas. Elle nous a répondu qu'elle savait bien que madame était sortie, mais qu'elle venait de la voir rentrer. Elle nous menace de rester à la porte de l'hôtel jusqu'à ce qu'elle ait parlé à madame.

— Retirez-vous, dit monsieur Desmarets à ses gens.

— Que voulez-vous, mademoiselle, ajouta-t-il en se tournant vers l'inconnue.

Cette *demoiselle* était le type d'une femme qui ne se rencontre qu'à Paris[76]. Elle se fait à Paris, comme la boue, comme le pavé de Paris, comme l'eau de la Seine se fabrique à Paris, dans de grands réservoirs à travers lesquels l'industrie la filtre dix fois avant de la livrer aux carafes à facettes où elle scintille et claire et pure, de fangeuse qu'elle était. Aussi est-ce une créature véritablement originale. Vingt fois saisie par le crayon du peintre, par le pinceau du caricaturiste, par la plombagine du dessinateur[77], elle échappe à toutes les analyses, parce qu'elle est insaisissable dans tous ses modes, comme l'est la nature, comme l'est ce fantasque Paris. En effet, elle ne tient au vice que par un rayon, et s'en éloigne par les mille autres points de la circonférence sociale. D'ailleurs, elle ne laisse deviner qu'un trait de son caractère, le seul qui la rende blâmable : ses belles vertus sont cachées ; son naïf dévergondage, elle en fait gloire. Incomplètement traduite dans les drames et les livres où elle a été mise en scène avec toutes ses poésies[78], elle ne sera jamais vraie que dans son grenier, parce qu'elle sera toujours, autre part, ou calomniée ou flattée. Riche, elle se vicie ; pauvre, elle est incomprise. Et cela ne saurait être autrement ! Elle a trop de vices et trop de bonnes qualités ; elle est trop près d'une asphyxie sublime ou d'un rire flétrissant ; elle est trop belle et trop hideuse ; elle personnifie trop bien Paris, auquel elle fournit des portières édentées, des laveuses de linge, des balayeuses, des mendiantes, parfois des comtesses impertinentes, des actrices admirées, des cantatrices applaudies ; elle a même donné jadis deux quasi-reines à la monarchie[79]. Qui pourrait saisir un tel Protée ? Elle est toute la femme, moins que la femme, plus que la femme. De ce vaste portrait, un peintre de mœurs ne peut rendre que certains détails, l'ensemble est l'infini. C'était une grisette de Paris, mais la grisette dans toute sa splendeur ; la grisette en fiacre, heureuse, jeune, belle, fraîche, mais grisette, et grisette à griffes, à ciseaux, hardie comme une Espagnole, hargneuse comme une prude anglaise réclamant ses droits conjugaux, coquette comme une grande dame, plus franche et prête à tout ; une véritable lionne sortie du petit appartement dont elle avait tant de fois rêvé les rideaux de calicot rouge, le meuble en velours d'Utrecht, la table à thé, le cabaret de porcelaine à sujets peints, la causeuse, le petit tapis de moquette, la pendule d'albâtre et les flambeaux sous verre, la chambre jaune, le mol édredon ; bref, toutes les joies de la vie des grisettes : la femme de ménage, ancienne grisette elle-même, mais grisette à moustaches et à chevrons, les parties de spectacle, les marrons à discrétion, les robes de soie et les chapeaux à gâcher ; enfin toutes les félicités calculées au comptoir des modistes, moins l'équipage, qui n'apparaît dans les imaginations du comptoir que comme un bâton de maréchal dans les songes du soldat. Oui, cette grisette avait tout cela pour une affection vraie ou malgré l'affection vraie, comme quelques autres l'obtiennent souvent pour une heure par jour, espèce d'impôt insouciamment acquitté sous les griffes d'un vieillard. La jeune femme qui se trouvait en présence de monsieur et madame Jules avait le pied si découvert dans sa chaussure qu'à peine voyait-on une légère ligne noire entre le tapis et son bas blanc. Cette chaussure, dont la caricature parisienne[80] rend si bien le trait, est une grâce particulière à la grisette parisienne ; mais elle se trahit encore mieux aux yeux de l'observateur par le soin avec lequel ses vêtements adhèrent à ses formes, qu'ils dessinent nettement. Aussi l'inconnue était-elle, pour ne pas perdre l'expression pittoresque créée par le soldat français, ficelée dans une robe verte, à guimpe, qui laissait deviner la beauté de son corsage, alors parfaitement visible ; car son châle de cachemire Ternaux[81], tombant à terre, n'était plus retenu que par les deux bouts qu'elle gardait entortillés à demi dans ses poignets. Elle avait une figure fine, des joues roses, un teint blanc, des yeux gris étincelants, un front bombé, très proéminent, des cheveux soigneusement lissés qui s'échappaient de son petit chapeau, en grosses boucles, sur son cou.

— Je me nomme Ida, monsieur. Et si c'est là madame Jules, à laquelle j'ai l'avantage de parler, je venais pour lui dire tout ce que j'ai sur le cœur, *conte* elle. C'est très mal, quand on a son affaire faite, et qu'on est dans ses meubles comme vous êtes ici, de vouloir enlever à une pauvre fille un homme avec lequel j'ai contracté un mariage moral, et qui parle de réparer ses torts en m'épousant à la *mucipalité*. Il y a bien assez de jolis jeunes gens dans le monde, pas vrai, monsieur ? pour se passer ses fantaisies, sans venir me prendre un homme d'âge, qui fait mon bonheur. Quien, je n'ai pas une belle hôtel, moi, j'ai mon amour ! Je *haïs* les *bel hommes* et l'argent, je suis tout cœur, et...

Madame Jules se tourna vers son mari : — Vous me permettrez, monsieur, de ne pas en entendre davantage, dit-elle en rentrant dans sa chambre.

— Si cette dame est avec vous, j'ai fait des *brioches*[82], à ce que je vois ; mais tant pire, reprit Ida. Pourquoi vient-elle voir monsieur Ferragus tous les jours ?

— Vous vous trompez, mademoiselle, dit Jules stupéfait. Ma femme est incapable...

— Ah ! vous êtes donc mariés vous *deusse !* dit la grisette en manifestant quelque surprise. C'est alors bien plus mal, monsieur, pas vrai, à une femme qui a le bonheur d'être mariée en légitime mariage, d'avoir des rapports avec un homme comme Henri...

— Mais quoi, Henri, dit monsieur Jules en prenant Ida et l'entraînant dans une pièce voisine pour que sa femme n'entendît plus rien.

— Eh bien, monsieur Ferragus...

— Mais il est mort, dit Jules.

— C'te farce ! Je suis allée à Franconi[83] avec lui hier au soir, et il m'a ramenée, comme cela se doit. D'ailleurs votre dame peut vous en donner des nouvelles. N'est-elle pas allée le voir à trois heures ? Je le sais bien : je l'ai attendue dans la rue, rapport à ce qu'un aimable homme, monsieur Justin, que vous connaissez peut-être, un petit vieux qui a des breloques, et qui porte un corset, m'avait prévenue que j'avais une madame Jules pour rivale. Ce nom-là, monsieur, est bien connu parmi les noms de guerre.

Excusez, puisque c'est le vôtre, mais quand madame Jules serait une duchesse de la cour, Henri est si riche qu'il peut satisfaire toutes ses fantaisies. Mon affaire est de défendre mon bien, et j'en ai le droit ; car, moi, je l'aime, Henri ! C'est ma *promière* inclination, et il y va de mon amour et de mon sort à venir. Je ne crains rien, monsieur ; je suis honnête, et je n'ai jamais menti, ni volé le bien de qui que ce soit. Ce serait une impératrice qui serait ma rivale, que j'irais à elle tout droit ; et si elle m'enlevait mon mari futur, je me sens capable de la tuer, tout impératrice qu'elle serait, parce que toutes les belles femmes sont égales, monsieur...

— Assez ! assez ! dit Jules. Où demeurez-vous ?

— Rue de la Corderie-du-Temple [84], n° 14, monsieur. Ida Gruget, couturière en corsets, pour vous servir, car nous en faisons beaucoup pour les messieurs.

— Et où demeure l'homme que vous nommez Ferragus ?

— Mais, monsieur, dit-elle en se pinçant les lèvres, ce n'est d'abord pas un homme. C'est un monsieur plus riche que vous ne l'êtes peut-être. Mais pourquoi est-ce que vous me demandez son adresse quand votre femme la sait ? Il m'a dit de ne point la donner. Est-ce que je suis obligée de vous répondre ?... Je ne suis, Dieu merci, ni au confessionnal ni à la police, et je ne dépends que de moi.

— Et si je vous offrais vingt, trente, quarante mille francs pour me dire où demeure monsieur Ferragus ?

— Ah ! n, i, ni, mon petit ami, c'est fini ! dit-elle en joignant à cette singulière réponse un geste populaire. Il n'y a pas de somme qui me fasse dire cela. J'ai bien l'honneur de vous saluer. Par où s'en va-t-on donc d'ici ?

Jules, atterré, laissa partir Ida, sans songer à elle. Le monde entier semblait s'écrouler sous lui ; et, au-dessus de lui, le ciel tombait en éclats.

— Monsieur est servi, lui dit son valet de chambre.

Le valet de chambre et le valet d'office attendirent

dans la salle à manger pendant environ un quart d'heure sans voir arriver leurs maîtres.

— Madame ne dînera pas, vint dire la femme de chambre.

— Qu'y a-t-il donc, Joséphine ? demanda le valet.

— Je ne sais pas, répondit-elle. Madame pleure et va se mettre au lit. Monsieur avait sans doute une inclination en ville, et cela s'est découvert dans un bien mauvais moment, entendez-vous [85] ? Je ne répondrais pas de la vie de madame. Tous les hommes sont si gauches ! Ils vous font toujours des scènes sans aucune précaution.

— Pas du tout, reprit le valet de chambre à voix basse, c'est, au contraire, madame qui... enfin vous comprenez. Quel temps aurait donc monsieur pour aller en ville, lui qui depuis cinq ans n'a pas couché une seule fois hors de la chambre de madame ; qui descend à son cabinet à dix heures, et n'en sort qu'à midi pour déjeuner ! Enfin sa vie est connue, elle est régulière, au lieu que madame file presque tous les jours, à trois heures, on ne sait où.

— Et monsieur aussi, dit la femme de chambre en prenant le parti de sa maîtresse.

— Mais il va à la Bourse, monsieur. Voilà pourtant trois fois que je l'avertis qu'il est servi, reprit le valet de chambre après une pause, et c'est comme si l'on parlait à un *terne* [86].

Monsieur Jules entra.

— Où est madame ? demanda-t-il.

— Madame va se coucher, elle a la migraine, répondit la femme de chambre en prenant un air important.

Monsieur Jules dit alors avec beaucoup de sang-froid en s'adressant à ses gens : — Vous pouvez desservir, je vais tenir compagnie à madame.

Et il rentra chez sa femme qu'il trouva pleurant, mais étouffant ses sanglots dans son mouchoir.

— Pourquoi pleurez-vous ? lui dit Jules. Vous n'avez à attendre de moi ni violences ni reproches. Pourquoi me vengerais-je ? Si vous n'avez pas été fidèle à mon amour, c'est que vous n'en étiez pas digne...

— Pas digne ! Ces mots répétés s'entendirent à travers les sanglots, et l'accent avec lequel ils furent prononcés eût attendri tout autre homme que Jules.

— Pour vous tuer, il faudrait aimer plus que je n'aime peut-être, dit-il en continuant ; mais je n'en aurais pas le courage, je me tuerais plutôt, moi, vous laissant à votre... bonheur, et à... à qui ?

Il n'acheva pas.

— Se tuer, cria Clémence en se jetant aux pieds de Jules et les tenant embrassés.

Mais, lui, voulut se débarrasser de cette étreinte et secoua sa femme en se traînant jusqu'à son lit.

— Laissez-moi, dit-il.

— Non, non, Jules ! criait-elle. Si tu ne m'aimes plus, je mourrai. Veux-tu tout savoir ?

— Oui.

Il la prit, la serra violemment, s'assit sur le bord du lit, la retint entre ses jambes ; puis, regardant d'un œil sec cette belle tête devenue couleur de feu, mais sillonnée de larmes : — Allons, dis, répéta-t-il.

Les sanglots de Clémence recommencèrent.

— Non, c'est un secret de vie et de mort. Si je le disais, je... Non, je ne puis pas. Grâce, Jules !

— Tu me trompes toujours...

— Ah ! tu ne me dis plus *vous !* s'écria-t-elle. Oui, Jules, tu peux croire que je te trompe, mais bientôt tu sauras tout.

— Mais ce Ferragus, ce forçat que tu vas voir, cet homme enrichi par des crimes, s'il n'est pas à toi, si tu ne lui appartiens pas...

— Oh ! Jules ?...

— Eh ! bien, est-ce ton bienfaiteur inconnu ; l'homme auquel nous devrions notre fortune, comme on l'a déjà dit ?

— Qui a dit cela ?

— Un homme que j'ai tué en duel.

— Oh ! Dieu ! déjà un mort.

— Si ce n'est pas ton protecteur, s'il ne te donne

pas de l'or, si c'est toi qui lui en portes, voyons, est-ce ton frère ?

— Eh bien, dit-elle, si cela était ?

Monsieur Desmarets se croisa les bras.

— Pourquoi me l'aurait-on caché ? reprit-il. Vous m'auriez donc trompé, ta mère et toi ? D'ailleurs, va-t-on chez son frère tous les jours, ou presque tous les jours, hein ?

Sa femme était évanouie à ses pieds.

— Morte, dit-il. Et si j'avais tort ?

Il sauta sur les cordons de sonnette, appela Joséphine et mit Clémence sur le lit.

— J'en mourrai, dit madame Jules en revenant à elle.

— Joséphine, cria monsieur Desmarets, allez chercher monsieur Desplein[87]. Puis vous irez après chez mon frère, en le priant de venir le plus tôt possible.

— Pourquoi votre frère ? dit Clémence.

Jules était déjà sorti.

Pour la première fois depuis cinq ans, madame Jules se coucha seule dans son lit, et fut contrainte de laisser entrer un médecin dans sa chambre sacrée. Ce fut deux peines bien vives. Desplein trouva madame Jules fort mal, jamais émotion violente n'avait été plus intempestive. Il ne voulut rien préjuger, et remit au lendemain à donner son avis, après avoir ordonné quelques prescriptions qui ne furent point exécutées, les intérêts du cœur ayant fait oublier tous les soins physiques. Vers le matin, Clémence n'avait pas encore dormi. Elle était préoccupée par le sourd murmure d'une conversation qui durait depuis plusieurs heures entre les deux frères ; mais l'épaisseur des murs ne laissait arriver à son oreille aucun mot qui pût lui trahir l'objet de cette longue conférence. Monsieur Desmarets, le notaire, s'en alla bientôt. Le calme de la nuit, puis la singulière activité de sens que donne la passion, permirent alors à Clémence d'entendre le cri d'une plume et les mouvements involontaires d'un homme occupé à écrire. Ceux qui passent habituellement les nuits, et qui ont observé les différents effets de l'acoustique par un profond silence, savent que souvent un léger retentissement est facile à percevoir dans les mêmes lieux où des murmures égaux et continus n'avaient rien de distinctible [88]. À quatre heures le bruit cessa. Clémence se leva inquiète et tremblante. Puis, pieds nus, sans peignoir, ne pensant ni à sa moiteur, ni à l'état dans lequel elle se trouvait, la pauvre femme ouvrit heureusement la porte de communication sans la faire crier. Elle vit son mari, une plume à la main, tout endormi dans son fauteuil. Les bougies brûlaient dans les bobèches. Elle s'avança lentement, et lut sur une enveloppe déjà cachetée : CECI EST MON TESTAMENT.

Elle s'agenouilla comme devant une tombe, et baisa la main de son mari qui s'éveilla soudain.

— Jules, mon ami, l'on accorde quelques jours aux criminels condamnés à mort, dit-elle en le regardant avec des yeux allumés par la fièvre et par l'amour. Ta femme innocente ne t'en demande que deux. Laisse-moi libre pendant deux jours, et... attends ! Après, je mourrai heureuse, du moins tu me regretteras.

— Clémence, je te les accorde.

Et, comme elle baisait les mains de son mari dans une touchante effusion de cœur, Jules, fasciné par ce cri de l'innocence, la prit et la baisa au front, tout honteux de subir encore le pouvoir de cette noble beauté [89].

Le lendemain, après avoir pris quelques heures de repos, Jules entra dans la chambre de sa femme, obéissant machinalement à sa coutume de ne point sortir sans l'avoir vue. Clémence dormait. Un rayon de lumière passant par les fentes les plus élevées des fenêtres tombait sur le visage de cette femme accablée. Déjà les douleurs avaient altéré son front et la fraîche rougeur de ses lèvres. L'œil d'un amant ne pouvait pas se tromper à l'aspect de quelques marbrures foncées et de la pâleur maladive qui remplaçait et le ton égal des joues et la blancheur mate du teint, deux fonds purs sur lesquels se jouaient si naïvement les sentiments de cette belle âme.

— Elle souffre, se dit Jules. Pauvre Clémence, que Dieu nous protège !

Il la baisa bien doucement sur le front. Elle s'éveilla, vit son mari et comprit tout ; mais, ne pouvant parler, elle lui prit la main, et ses yeux se mouillèrent de larmes.

— Je suis innocente, dit-elle en achevant son rêve.

— Tu ne sortiras pas, lui demanda Jules.

— Non, je me sens trop faible pour quitter mon lit.

— Si tu changes d'avis, attends mon retour, dit Jules.

Et il descendit à la loge.

— Fouquereau, vous surveillerez exactement votre porte, je veux connaître les gens qui entreront dans l'hôtel, et ceux qui en sortiront.

Puis monsieur Jules se jeta dans un fiacre, se fit conduire à l'hôtel de Maulincour, et y demanda le baron.

— Monsieur est malade, lui dit-on.

Jules insista pour entrer, donna son nom ; et, à défaut de monsieur de Maulincour, il voulut voir le vidame ou la douairière. Il attendit pendant quelque temps dans le salon de la vieille baronne qui vint le trouver, et lui dit que son petit-fils était beaucoup trop indisposé pour le recevoir.

— Je connais, madame, répondit Jules, la nature de sa maladie par la lettre que vous m'avez fait l'honneur de m'écrire, et je vous prie de croire..

— Une lettre à vous, monsieur ! de moi ! s'écria la douairière en l'interrompant, mais je n'ai point écrit de lettre. Et que m'y fait-on dire, monsieur, dans cette lettre ?

— Madame, reprit Jules, ayant l'intention de venir chez monsieur de Maulincour aujourd'hui même, et de vous rendre cette lettre, j'ai cru pouvoir la conserver malgré l'injonction qui la termine. La voici.

La douairière sonna pour avoir ses doubles besicles, et, lorsqu'elle eut jeté les yeux sur le papier, elle manifesta la plus grande surprise.

— Monsieur, dit-elle, mon écriture est si parfaitement imitée, que s'il ne s'agissait pas d'une affaire récente je m'y tromperais moi-même. Mon petit-fils est malade, il est vrai, monsieur; mais sa raison n'a jamais été *le moindrement du monde* altérée. Nous sommes le jouet de quelques mauvaises gens; cependant, je ne devine pas dans quel but a été faite cette impertinence... Vous allez voir mon petit-fils, monsieur, et vous reconnaîtrez qu'il est parfaitement sain d'esprit.

Et elle sonna de nouveau pour faire demander au baron s'il pouvait recevoir monsieur Desmarets. Le valet revint avec une réponse affirmative. Jules monta chez Auguste de Maulincour, qu'il trouva dans un fauteuil, assis au coin de la cheminée, et qui, trop faible pour se lever, le salua par un geste mélancolique, le vidame de Pamiers lui tenait compagnie.

— Monsieur le baron, dit Jules, j'ai quelque chose à vous dire d'assez particulier pour désirer que nous soyons seuls.

— Monsieur, répondit Auguste, monsieur le commandeur sait toute cette affaire, et vous pouvez parler devant lui sans crainte.

— Monsieur le baron, reprit Jules d'une voix grave, vous avez troublé, presque détruit mon bonheur, sans en avoir le droit. Jusqu'au moment où nous verrons qui de nous peut demander ou doit accorder une réparation à l'autre, vous êtes tenu de m'aider à marcher dans la voie ténébreuse où vous m'avez jeté. Je viens donc pour apprendre de vous la demeure actuelle de l'être mystérieux qui exerce sur nos destinées une si fatale influence, et qui semble avoir à ses ordres une puissance surnaturelle. Hier, au moment où je rentrais, après avoir entendu vos aveux, voici la lettre que j'ai reçue.

Et Jules lui présenta la fausse lettre.

— Ce Ferragus, ce Bourignard, ou ce monsieur de Funcal est un démon, s'écria Maulincour après l'avoir lue. Dans quel affreux dédale ai-je mis le pied? Où vais-je? — J'ai eu tort, monsieur, dit-il en regardant Jules; mais la mort est, certes, la plus grande des expiations, et ma mort approche. Vous pouvez donc me demander tout ce que vous désirez, je suis à vos ordres.

— Monsieur, vous devez savoir où demeure l'inconnu, je veux absolument, dût-il m'en coûter toute ma fortune actuelle, pénétrer ce mystère ; et, en présence d'un ennemi si cruellement intelligent, les moments sont précieux.

— Justin va vous dire tout, répondit le baron.

A ces mots, le commandeur s'agita sur sa chaise.

Auguste sonna.

— Justin n'est pas à l'hôtel, s'écria le vidame avec une précipitation qui disait beaucoup de choses.

— Eh bien, dit vivement Auguste, nos gens savent où il est, un homme montera vite à cheval pour le chercher. Votre valet est dans Paris, n'est-ce pas ? On l'y trouvera.

Le commandeur parut visiblement troublé.

— Justin ne viendra pas, mon ami, dit le vieillard. Il est mort. Je voulais te cacher cet accident, mais...

— Mort, s'écria monsieur de Maulincour, mort ? Et quand ? et comment ?

— Hier, dans la nuit. Il est allé souper avec d'anciens amis, et s'est enivré sans doute ; ses amis, pris de vin comme lui, l'auront laissé se coucher dans la rue, et une grosse voiture lui a passé sur le corps...

— Le forçat ne l'a pas manqué. Du premier coup il l'a tué, dit Auguste. Il n'a pas été si heureux avec moi, il a été obligé de s'y prendre à quatre fois.

Jules devint sombre et pensif.

— Je ne saurai donc rien, s'écria l'agent de change après une longue pause. Votre valet a peut-être été justement puni ! N'a-t-il pas outrepassé vos ordres en calomniant madame Desmarets dans l'esprit d'une *Ida,* dont il a réveillé la jalousie afin de la déchaîner sur nous.

— Ah ! monsieur, dans ma colère, je lui avais abandonné madame Jules.

— Monsieur ! s'écria le mari vivement irrité.

— Oh ! maintenant, monsieur, répondit l'officier

en réclamant le silence par un geste de main, je suis prêt à tout. Vous ne ferez pas mieux que ce qui est fait, et vous ne me direz rien que ma conscience ne m'ait déjà dit. J'attends ce matin le plus célèbre professeur de toxicologie pour connaître mon sort. Si je suis destiné à de trop grandes souffrances, ma résolution est prise, je me brûlerai la cervelle.

— Vous parlez comme un enfant, s'écria le commandeur épouvanté par le sang-froid avec lequel le baron avait dit ces mots. Votre grand-mère mourrait de chagrin.

— Ainsi, monsieur, dit Jules, il n'existe aucun moyen de connaître en quel endroit de Paris demeure cet homme extraordinaire ?

— Je crois, monsieur, répondit le vieillard, avoir entendu dire à ce pauvre Justin que monsieur de Funcal logeait à l'ambassade de Portugal ou à celle du Brésil. Monsieur de Funcal est un gentilhomme qui appartient aux deux pays. Quant au forçat, il est mort et enterré. Votre persécuteur, quel qu'il soit, me paraît assez puissant pour que vous l'acceptiez sous sa nouvelle forme jusqu'au moment où vous aurez les moyens de le confondre et de l'écraser ; mais agissez avec prudence, mon cher monsieur. Si monsieur de Maulincour avait suivi mes conseils, rien de tout ceci ne serait arrivé.

Jules se retira froidement, mais avec politesse, et ne sut quel parti prendre pour arriver à Ferragus. Au moment où il rentra, son concierge lui dit que madame était sortie pour aller jeter une lettre dans la boîte de la petite poste, qui se trouvait en face de la rue de Ménars. Jules se sentit humilié de reconnaître la prodigieuse intelligence avec laquelle son concierge épousait sa cause, et l'adresse avec laquelle il devinait les moyens de le servir. L'empressement des inférieurs et leur habileté particulière à compromettre les maîtres qui se compromettent lui étaient connus ; le danger de les avoir pour complices en quoi que ce soit, il l'avait apprécié ; mais il ne put songer à sa dignité personnelle qu'au moment où il se trouva si subitement ravalé. Quel triomphe pour l'esclave incapable de s'élever jusqu'à son maître, de faire tomber le maître jusqu'à lui ! Jules fut brusque et dur. Autre faute. Mais il souffrait tant ! Sa vie, jusque-là si droite, si pure, devenait tortueuse ; et il lui fallait maintenant ruser, mentir. Et Clémence aussi mentait et rusait. Ce moment fut un moment de dégoût. Perdu dans un abîme de pensées amères, Jules resta machinalement immobile à la porte de son hôtel. Tantôt, s'abandonnant à des idées de désespoir, il voulait fuir, quitter la France, en emportant sur son amour toutes les illusions de l'incertitude. Tantôt, ne mettant pas en doute que la lettre jetée à la poste par Clémence ne s'adressât à Ferragus, il cherchait les moyens de surprendre la réponse qu'allait y faire cet être mystérieux. Tantôt il analysait les singuliers hasards de sa vie depuis son mariage, et se demandait si la calomnie dont il avait tiré vengeance n'était pas une vérité. Enfin, revenant à la réponse de Ferragus, il se disait : — Mais cet homme si profondément habile, si logique dans ses moindres actes, qui voit, qui pressent, qui calcule et devine même nos pensées, Ferragus répondra-t-il ? Ne doit-il pas employer des moyens en harmonie avec sa puissance ? N'enverra-t-il pas sa réponse par quelque habile coquin, ou, peut-être, dans un écrin apporté par un honnête homme qui ne saura pas ce qu'il apporte, ou dans l'enveloppe des souliers qu'une ouvrière viendra livrer fort innocemment à ma femme ? Si Clémence et lui s'entendent ? Et il se défiait de tout, et il parcourait les champs immenses, la mer sans rivage des suppositions ; puis, après avoir flotté pendant quelque temps entre mille partis contraires, il se trouva plus fort chez lui que partout ailleurs, et résolut de veiller dans sa maison, comme un formicaleo [90] au fond de sa volute sablonneuse.

— Fouquereau, dit-il à son concierge, je suis sorti pour tous ceux qui viendront me voir. Si quelqu'un veut parler à madame ou lui apporte quelque chose, tu tinteras deux coups. Puis tu me montreras toutes les lettres qui seraient adressées ici, n'importe à qui !

— Ainsi, pensa-t-il en remontant dans son cabinet qui se trouvait à l'entresol, je vais au-devant des finesses de maître Ferragus. S'il envoie quelque émissaire assez rusé pour me demander afin de savoir si madame est seule, au moins je ne serai pas joué comme un sot !

Il se colla aux vitres qui, dans son cabinet, donnaient sur la rue, et, par une dernière ruse que lui inspira la jalousie, il résolut de faire monter son premier commis dans sa voiture, et de l'envoyer à la Bourse en son lieu et place, avec une lettre pour un agent de change de ses amis, auquel il expliqua ses achats et ses ventes, en le priant de le remplacer. Il remit ses transactions les plus délicates au lendemain, se moquant de la hausse et de la baisse, et de toutes les dettes européennes. Beau privilège de l'amour ! il écrase tout, fait tout pâlir : l'autel, le trône et les grands-livres. A trois heures et demie, au moment où la Bourse est dans tout le feu des reports, des fins courant, des primes, des fermes, etc., monsieur Jules vit entrer dans son cabinet Fouquereau tout radieux.

— Monsieur, il vient de venir une vieille femme, mais *soignée*, je dis, une fine mouche. Elle a demandé monsieur, a paru contrariée de ne point le trouver, et m'a donné pour madame une lettre que voici.

En proie à une angoisse fiévreuse, Jules décacheta la lettre ; mais il tomba bientôt dans son fauteuil tout épuisé. La lettre était un non-sens continuel, et il fallait en avoir la clef pour la lire. Elle avait été écrite en chiffres.

— Va-t'en, Fouquereau. Le concierge sortit. — C'est un mystère plus profond que ne l'est la mer à l'endroit où la sonde s'y perd. Ah ! c'est de l'amour ! L'amour seul est aussi sagace, aussi ingénieux que l'est ce correspondant. Mon Dieu ! je tuerai Clémence.

En ce moment une idée heureuse jaillit dans sa cervelle avec tant de force, qu'il en fut presque physiquement éclairé. Aux jours de sa laborieuse misère, avant son mariage, Jules s'était fait un ami véritable, un demi *Pméja*[91]. L'excessive délicatesse avec laquelle il avait manié les susceptibilités d'un ami pauvre et modeste, le respect dont il l'avait entouré, l'ingénieuse adresse avec laquelle il l'avait noblement forcé de participer à son opulence sans le faire rougir, accrurent leur amitié. Jacquet resta fidèle à Desmarets, malgré sa fortune.

Jacquet [92], homme de probité, travailleur, austère en ses mœurs, avait fait lentement son chemin dans le ministère qui consomme à la fois le plus de friponnerie et le plus de probité. Employé au ministère des Affaires étrangères, il y avait en charge la partie la plus délicate des archives. Jacquet était dans le ministère une espèce de ver luisant qui jetait la lumière à ses heures sur les correspondances secrètes, en déchiffrant et classant les dépêches. Placé plus haut que le simple bourgeois, il se trouvait aux Affaires étrangères tout ce qu'il y avait de plus élevé dans les rangs subalternes, et vivait obscurément, heureux d'une obscurité qui le mettait à l'abri des revers, satisfait de payer en oboles sa dette à la patrie. Adjoint né de sa mairie, il obtenait, en style de journal, toute la considération qui lui était due. Grâce à Jules, sa position s'était améliorée par un bon mariage. Patriote inconnu, ministériel en fait, il se contentait de gémir, au coin du feu, sur la marche du gouvernement. Du reste, Jacquet était dans son ménage un roi débonnaire, un homme à parapluie, qui payait à sa femme une remise dont il ne profitait jamais. Enfin, pour achever la peinture de ce *philosophe sans le savoir* [93], il n'avait pas encore soupçonné, ne devait même jamais soupçonner tout le parti qu'il pouvait tirer de sa position, en ayant pour ami intime un agent de change, et connaissant tous les matins le secret de l'État. Cet homme sublime à la manière du soldat ignoré qui meurt en sauvant Napoléon par un *qui vive*, demeurait au ministère.

En dix minutes, Jules se trouva dans le bureau de l'archiviste, Jacquet lui avança une chaise, posa méthodiquement sur sa table son garde-vue en taffetas vert [94], se frotta les mains, prit sa tabatière, se leva en faisant craquer ses omoplates, se rehaussa le thorax, et dit : — Par quel hasard ici, *mosieur Desmarets ?* Que me veux-tu ?

— Jacquet, j'ai besoin de toi pour deviner un secret, un secret de vie et de mort.

— Cela ne concerne pas la politique ?

— Ce n'est pas à toi que je le demanderais si je voulais le savoir, dit Jules. Non, c'est une affaire de ménage sur laquelle je réclame de toi le silence le plus profond.

— Claude-Joseph Jacquet, muet par état. Tu ne me connais donc pas ? dit-il en riant. C'est ma partie, la discrétion.

Jules lui montra la lettre en lui disant : — Il faut me lire ce billet adressé à ma femme...

— Diable ! diable ! mauvaise affaire, dit Jacquet en examinant la lettre de la même manière qu'un usurier examine un effet négociable. Ah ! c'est une lettre à grille. Attends.

Il laissa Jules seul dans le cabinet, et revint assez promptement.

— Niaiserie, mon ami ! c'est écrit avec une vieille grille dont se servait l'ambassadeur de Portugal, sous monsieur de Choiseul, lors du renvoi des Jésuites. Tiens, voici.

Jacquet superposa un papier à jour, régulièrement découpé comme une de ces dentelles que les confiseurs mettent sur leurs dragées, et Jules put alors facilement lire les phrases qui restèrent à découvert.

« N'aie plus d'inquiétudes, ma chère Clémence, notre bonheur ne sera plus troublé par personne, et ton mari déposera ses soupçons. Je ne puis t'aller voir. Quelque malade que tu sois, il faut avoir le courage de venir ; cherche, trouve des forces ; tu en puiseras dans ton amour. Mon affection pour toi m'a contraint de subir la plus cruelle des opérations, et il m'est impossible de bouger de mon lit. Quelques moxas[95] m'ont été appliqués hier au soir à la nuque du cou, d'une épaule à l'autre, et il a fallu les laisser brûler assez longtemps. Tu me comprends ? Mais je pensais à toi, je n'ai pas trop souffert. Pour dérouter toutes les perquisitions de Maulincour, qui ne nous persécutera plus longtemps, j'ai quitté le toit protecteur de l'ambassade, et suis à l'abri de toutes recherches, rue des Enfants-Rouges[96], n° 12, chez une vieille femme nommée madame Étienne Gruget, la mère de cette Ida, qui va payer cher sa sotte incartade. Viens-y demain, à neuf heures du matin. Je suis dans une chambre à laquelle on ne parvient que par un escalier intérieur. Demande monsieur Camuset. A demain. Je te baise le front, ma chérie. »

Jacquet regarda Jules avec une sorte de terreur honnête, qui comportait une compassion vraie, et dit son mot favori : — Diable ! diable ! sur deux tons différents.

— Cela te semble clair, n'est-ce pas ? dit Jules. Eh bien, il y a dans le fond de mon cœur une voix qui plaide pour ma femme, et qui se fait entendre plus haut que toutes les douleurs de la jalousie. Je subirai jusqu'à demain le plus horrible des supplices ; mais enfin, demain, de neuf à dix heures, je saurai tout, et je serai malheureux ou heureux pour la vie. Pense à moi, Jacquet.

— Je serai chez toi demain à onze heures. Nous irons là ensemble, et je t'attendrai, si tu le veux, dans la rue. Tu peux courir des dangers, il faut près de toi quelqu'un de dévoué qui te comprenne à demi-mot et que tu puisses employer sûrement. Compte sur moi.

— Même pour m'aider à tuer quelqu'un ?

— Diable ! diable ! dit Jacquet vivement en répétant pour ainsi dire la même note musicale, j'ai deux enfants et une femme...

Jules serra la main de Claude Jacquet et sortit. Mais il revint précipitamment.

— J'oublie la lettre, dit-il. Puis ce n'est pas tout, il faut la recacheter.

— Diable ! diable ! tu l'as ouverte sans en prendre l'empreinte ; mais le cachet s'est heureusement assez bien fendu. Va, laisse-la-moi, je te la rapporterai *secundum scripturam*[97].

— À quelle heure ?

— À cinq heures et demie...

— Si je n'étais pas encore rentré, remets-la tout bonnement au concierge, en lui disant de la monter à madame.

— Me veux-tu demain ?

— Non. Adieu.

Jules arriva promptement à la place de la Rotonde-du-Temple[98], il y laissa son cabriolet, et vint à pied rue des Enfants-Rouges où il examina la maison de madame Étienne Gruget. Là, devait s'éclaircir le mystère d'où dépendait le sort de tant de personnes ; là était Ferragus, et à Ferragus aboutissaient tous les fils de cette intrigue. La réunion de madame Jules, de son mari, de cet homme, n'était-elle pas le nœud gordien de ce drame déjà sanglant, et auquel ne devait pas manquer le glaive qui dénoue les liens les plus fortement serrés ?

Cette maison était une de celles qui appartiennent au genre dit *cabajoutis*[99]. Ce nom très significatif est donné par le peuple de Paris à ces maisons composées, pour ainsi dire, de pièces de rapport. C'est presque toujours ou des habitations primitivement séparées, mais réunies par les fantaisies des différents propriétaires qui les ont successivement agrandies, ou des maisons commencées, laissées, reprises, achevées ; maisons malheureuses qui ont passé, comme certains peuples, sous plusieurs dynasties de maîtres capricieux. Ni les étages ni les fenêtres *ne sont ensemble,* pour emprunter à la peinture un de ses termes les plus pittoresques ; tout y jure, même les ornements extérieurs. Le cabajoutis est à l'architecture parisienne ce que le *capharnaüm* est à l'appartement, un vrai fouillis où l'on a jeté pêle-mêle les choses les plus discordantes.

— Madame Étienne, demanda Jules à la portière.

Cette portière était logée sous la grande porte, dans une de ces espèces de cages à poulets, petite maison de bois montée sur des roulettes, et assez semblable à ces cabinets que la police a construits sur toutes les places de fiacres.

— Hein ? fit la portière en quittant le bas qu'elle tricotait.

À Paris, les différents sujets qui concourent à la physionomie d'une portion quelconque de cette monstrueuse cité, s'harmonient admirablement avec le caractère de l'ensemble. Ainsi portier, concierge ou suisse, quel que soit le nom donné à ce muscle essentiel du monstre parisien, il est toujours conforme au quartier dont il fait partie, et souvent il le résume[100]. Brodé sur toutes les coutures, oisif, le concierge joue sur les rentes dans le faubourg Saint-Germain, le portier a ses aises dans la Chaussée-d'Antin, il lit les journaux dans le quartier de la Bourse, il a un état dans le faubourg Montmartre. La portière est une ancienne prostituée dans le quartier de la prostitution ; au Marais, elle a des mœurs, elle est revêche, elle a ses lubies.

En voyant monsieur Jules, cette portière prit un couteau pour remuer la motte presque éteinte de sa chaufferette ; puis elle lui dit : — Vous demandez madame Étienne, est-ce madame Étienne Gruget ?

— Oui, dit Jules Desmarets en prenant un air presque fâché.

— Qui travaille en passementerie ?

— Oui.

— Eh bien, monsieur, dit-elle en sortant de sa cage, mettant la main sur le bras de monsieur Jules et le conduisant au bout d'un long boyau voûté comme une cave, vous monterez le second escalier au fond de la cour. Voyez-vous les fenêtres où il y a des *géroflées*[101] ? c'est là que reste madame Étienne.

— Merci, madame. Croyez-vous qu'elle soit seule ?

— Mais pourquoi donc qu'elle ne serait pas seule, cette femme, elle est veuve ?

Jules monta lestement un escalier fort obscur, dont les marches avaient des callosités formées par la boue durcie qu'y laissaient les allants et les venants. Au second étage, il vit trois portes, mais point de *géroflées*.

Heureusement, sur l'une de ces portes, la plus huileuse et la plus brune des trois, il lut ces mots écrits à la craie : *Ida viendra ce soir à neuf heures.* — C'est là, se dit Jules. Il tira un vieux cordon de sonnette tout noir, à pied de biche, entendit le bruit étouffé d'une sonnette fêlée et les jappements d'un petit chien asthmatique. La manière dont les sons retentissaient dans l'intérieur lui annonça un appartement encombré de choses qui n'y laissaient pas subsister le moindre écho, trait caractéristique des logements occupés par des ouvriers, par de petits ménages, auxquels la place et l'air manquent. Jules cherchait machinalement les *géroflées*, et finit par les trouver sur l'appui extérieur d'une croisée à coulisse, entre deux plombs empestés. Là, des fleurs ; là, un jardin long de deux pieds, large de six pouces ; là, un grain de blé ; là, toute la vie résumée ; mais là aussi toutes les misères de la vie. En face de ces fleurs chétives et des superbes tuyaux de blé, un rayon de lumière, tombant là du ciel comme par grâce, faisait ressortir la poussière, la graisse, et je ne sais quelle couleur particulière aux taudis parisiens, mille saletés qui encadraient, vieillissaient et tachaient les murs humides, les balustres vermoulus de l'escalier, les châssis disjoints des fenêtres, et les portes primitivement rouges. Bientôt une toux de vieille et le pas lourd d'une femme qui traînait péniblement des chaussons de lisière[102] annoncèrent la mère d'Ida Gruget. Cette vieille ouvrit la porte, sortit sur le palier, leva la tête, et dit : Ah ! c'est monsieur Bocquillon. Mais non. Par exemple, comme vous ressemblez à monsieur Bocquillon. Vous êtes son frère, peut-être. Qu'y a-t-il pour votre service ? Entrez donc, monsieur.

Jules suivit cette femme dans une première pièce où il vit, mais en masse, des cages, des ustensiles de ménage, des fourneaux, des meubles, de petits plats de terre pleins de pâtée ou d'eau pour le chien et les chats, une horloge de bois, des couvertures, des gravures d'Eisen[103], de vieux fers entassés, mêlés, confondus de manière à produire un tableau véritablement grotesque, le vrai capharnaüm parisien, auquel ne manquaient même pas quelques numéros du *Constitutionnel*[104].

Jules, dominé par une pensée de prudence, n'écouta pas la veuve Gruget, qui lui disait : — Entrez donc ici, monsieur, vous vous chaufferez.

Craignant d'être entendu par Ferragus, Jules se demandait s'il ne valait pas mieux conclure dans cette première pièce le marché qu'il venait proposer à la vieille. Une poule qui sortit en caquetant d'une soupente le tira de sa méditation secrète. Jules avait pris sa résolution. Il suivit alors la mère d'Ida dans la pièce à feu, où ils furent accompagnés par le petit carlin[105] poussif, personnage muet, qui grimpa sur un vieux tabouret. Madame Gruget avait eu toute la fatuité d'une demi-misère en parlant de chauffer son hôte. Son pot-au-feu cachait complètement deux tisons notablement disjoints. L'écumoire gisait à terre, la queue dans les cendres. Le chambranle de la cheminée, orné d'un Jésus de cire mis sous une cage carrée en verre bordé de papier bleuâtre, était encombré de laines, de bobines et d'outils nécessaires à la passementerie. Jules examina tous les meubles de l'appartement avec une curiosité pleine d'intérêt, et manifesta malgré lui sa secrète satisfaction.

— Eh bien, dites donc, monsieur, est-ce que vous voulez vous arranger de *mes meubes ?* lui dit la veuve en s'asseyant sur un fauteuil de canne jaune qui semblait être son quartier général. Elle y gardait à la fois son mouchoir, sa tabatière, son tricot, des légumes épluchés à moitié, des lunettes, un calendrier, des galons de livrée commencés, un jeu de cartes grasses, et deux volumes de romans, tout cela frappé en creux. Ce meuble, sur lequel cette vieille *descendait le fleuve de la vie,* ressemblait au sac encyclopédique que porte une femme en voyage, et où se trouve son ménage en abrégé, depuis le portrait du mari jusqu'à de l'eau de mélisse pour les défaillances, des dragées pour les enfants, et du taffetas anglais pour les coupures.

Jules étudia tout. Il regarda fort attentivement le

visage jaune de madame Gruget, ses yeux gris, sans sourcils, dénués de cils, sa bouche démeublée, ses rides pleines de tons noirs, son bonnet de tulle roux, à ruches plus rousses encore, et ses jupons d'indienne troués, ses pantoufles usées, sa chaufferette brûlée, sa table chargée de plats et de soieries, d'ouvrages en coton, en laine, au milieu desquels s'élevait une bouteille de vin. Puis il se dit en lui-même : — Cette femme a quelque passion, quelques vices cachés, elle est à moi.

— Madame, dit-il à haute voix et en lui faisant un signe d'intelligence, je viens pour vous commander des galons... Puis il baissa la voix. — Je sais, reprit-il, que vous avez chez vous un inconnu qui prend le nom de Camuset. La vieille le regarda soudain, sans donner la moindre marque d'étonnement. — Dites, peut-il nous entendre ? Songez qu'il s'agit de votre fortune.

— Monsieur, répondit-elle, parlez sans crainte, je n'ai personne ici. Mais j'aurais quelqu'un là-haut qu'il lui serait bien impossible de vous écouter.

— Ah ! la vieille rusée, elle sait répondre en normand, se dit Jules. Nous pourrons nous accorder. — Évitez-vous la peine de mentir, madame, reprit-il. Et d'abord, sachez bien que je ne vous veux point de mal, ni à votre locataire malade de ses moxas, ni à votre fille Ida, couturière en corsets, amie de Ferragus. Vous le voyez, je suis au courant de tout. Rassurez-vous, je ne suis point de la police, et ne désire rien qui puisse offenser votre conscience. Une jeune dame viendra demain ici, de neuf à dix heures, pour causer avec l'ami de votre fille. Je veux être à portée de tout voir, de tout entendre, sans être ni vu ni entendu par eux. Vous m'en fournirez les moyens, et je reconnaîtrai ce service par une somme de deux mille francs une fois payée, et par six cents francs de rente viagère. Mon notaire préparera devant vous, ce soir, l'acte ; je lui remettrai votre argent, il vous le délivrera demain, après la conférence où je veux assister, et pendant laquelle j'acquerrai des preuves de votre bonne foi.

— Ça pourra-t-il nuire à ma fille, mon cher monsieur, dit-elle en lui jetant des regards de chatte inquiète.

— En rien, madame. Mais, d'ailleurs, il paraît que votre fille se conduit bien mal envers vous. Aimée par un homme aussi riche, aussi puissant que l'est Ferragus, il devrait lui être facile de vous rendre plus heureuse que vous ne semblez l'être.

— Ah ! mon cher monsieur, pas seulement un pauvre billet de spectacle pour l'Ambigu ou la Gaîté où elle va comme elle veut. C'est une indignité ! Une fille pour qui j'ai vendu mes couverts d'argent, que je mange maintenant, à mon âge, dedans du métal allemand [106], pour lui payer son apprentissage, et lui donner un état où elle ferait de l'or, si elle voulait. Car, pour ça, elle tient de moi, elle est adroite comme une fée, c'est une justice à lui rendre. Enfin, elle pourrait bien me repasser ses vieilles robes de soie, moi qu'aime tant à porter de la soie. Non, monsieur, elle va au Cadran-Bleu [107], dîner à cinquante francs par tête, roule en voiture comme une princesse, et se moque de sa mère comme de Colin-Tampon [108]. Dieu de Dieu ! qué jeunesse incohérente que celle que nous avons faite, c'est pas notre plus bel éloge. Une mère, monsieur, qu'est bonne mère, car j'ai caché ses inconséquences, et je l'ai toujours eue dans mon giron à m'ôter le pain de la bouche, et lui fourrer tout. Eh bien, non. Ça vient, ça vous câline, ça vous dit : — Bonjour, ma mère. Et voilà leux devoirs remplis envers l'auteur de ses jours. Va comme je te pousse. Mais elle aura des enfants, un jour ou l'autre, et elle verra ce que c'est que cette mauvaise marchandise-là, qu'on aime tout de même.

— Comment ! elle ne fait rien pour vous ?

— Ah ! rien, non, monsieur, je ne dis pas cela, si elle ne faisait rien, ce serait par trop peu de chose. Elle me paye mon loyer, elle me donne du bois, et trente-six francs par mois... Mais, monsieur, est-ce qu'à mon âge, cinquante-deux ans, avec des yeux qui me tirent le soir, je devrais encore travailler ? D'ailleurs, *porquoi* ne veut-elle pas de moi ? Je lui fais-t-y honte ? qu'elle le dise tout de suite. En vérité, faudrait s'enterrer pour ces chiens d'enfants qui vous ont oublié rien que le temps de fermer la porte. Elle tira son mouchoir de sa poche, et amena un billet de loterie qui tomba par terre ; mais elle le ramassa promptement en disant : — Quien ! c'est ma quittance de mes impositions.

Jules devina soudain la cause de la sage parcimonie dont se plaignait la mère, et il n'en fut que plus certain de l'acquiescement de la veuve Gruget au marché proposé.

— Eh bien, madame, dit-il, acceptez alors ce que je vous offre.

— Vous disiez donc, monsieur, deux mille francs de comptant, et six cents francs de viager ?

— Madame, j'ai changé d'avis, et vous promets seulement trois cents francs de rente viagère. L'affaire, ainsi faite, me paraît plus convenable à mes intérêts. Mais je vous donnerai cinq mille francs d'argent comptant. N'aimez-vous pas mieux cela ?

— Dame, oui, monsieur.

— Vous aurez plus d'aisance, et vous irez à l'Ambigu-Comique, chez Franconi, partout, à votre aise, en fiacre.

— Ah ! je n'aime point Franconi, rapport à ce qu'on n'y parle pas. Mais, monsieur, si j'accepte, c'est que ça sera bien avantageux à mon enfant. Enfin, je ne serai plus à ses crochets. Pauvre petite, après tout, je ne lui en veux point de ce qu'elle a du plaisir. Monsieur, faut que jeunesse s'amuse ! et donc ! Si vous m'assureriez que je ne ferai de tort à personne...

— À personne, répéta Jules. Mais voyons, comment allez-vous vous y prendre ?

— Eh bien, monsieur, en donnant ce soir à monsieur Ferragus une petite infusion de têtes de pavots, il dormira bien, le cher homme ! Et il en a bon besoin, rapport à ses souffrances, car il souffre, que c'est une pitié. Mais aussi, demandez-moi ce que c'est que cette invention à un homme sain de se brûler le dos pour s'ôter un tic douloureux [109] qui ne le tourmente que tous les deux ans. Pour en revenir à notre affaire, j'ai la clef de ma voisine, dont le logement est au-dessus du mien, et qui a une pièce mur mitoyen avec celle où couche monsieur Ferragus. Elle est à la campagne pour dix jours. Et donc, en faisant faire un trou, pendant la nuit, au mur de séparation, vous les entendrez et les verrez à votre aise. Je suis intime avec un serrurier, un bien aimable homme, qui raconte comme un ange, et fera cela pour moi, ni vu, ni connu.

— Voilà cent francs pour lui, soyez ce soir chez monsieur Desmarets, un notaire dont voici l'adresse. À neuf heures l'acte sera prêt, mais... *motus*.

— Suffit, monsieur, comme vous dites, *momus !* Au revoir, monsieur.

Jules revint chez lui, presque calmé par la certitude où il était de tout savoir le lendemain. En arrivant, il trouva chez son portier la lettre parfaitement bien recachetée.

— Comment te portes-tu ? dit-il à sa femme malgré l'espèce de froid qui les séparait.

Les habitudes de cœur sont si difficiles à quitter !

— Assez bien. Jules, reprit-elle d'une voix coquette, veux-tu dîner près de moi ?

— Oui, répondit-il en apportant la lettre, tiens, voici ce que Fouquereau m'a remis pour toi.

Clémence, qui était pâle, rougit extrêmement en apercevant la lettre, et cette rougeur subite causa la plus vive douleur à son mari.

— Est-ce de la joie, dit-il en riant, est-ce un effet de l'attente ?

— Oh ! il y a bien des choses, dit-elle en regardant le cachet.

— Je vous laisse, madame.

Et il descendit dans son cabinet, où il écrivit à son frère ses intentions relatives à la constitution de la rente viagère destinée à la veuve Gruget. Quand il revint, il trouva son dîner préparé sur une petite table, près du lit de Clémence, et Joséphine prête à servir.

— Si j'étais debout, avec quel plaisir je te servirais !

dit-elle quand Joséphine les eut laissés seuls. Oh ! même à genoux, reprit-elle en passant ses mains pâles dans la chevelure de Jules. Cher noble cœur, tu as été bien gracieux et bien bon pour moi tout à l'heure. Tu m'as fait là plus de bien, par ta confiance, que tous les médecins de la terre ne pourraient m'en faire par leur ordonnance. Ta délicatesse de femme, car tu sais aimer comme une femme, toi... eh bien, elle a répandu dans mon âme je ne sais quel baume qui m'a presque guérie. Il y a trêve, Jules, avance ta tête, que je la baise.

Jules ne put se refuser au plaisir d'embrasser Clémence. Mais ce ne fut pas sans une sorte de remords au cœur, il se trouvait petit devant cette femme qu'il était toujours tenté de croire innocente. Elle avait une sorte de joie triste. Une chaste espérance brillait sur son visage à travers l'expression de ses chagrins. Ils semblaient également malheureux d'être obligés de se tromper l'un l'autre, et encore une caresse, ils allaient tout s'avouer, ne résistant pas à leurs douleurs [110].

— Demain soir, Clémence.

— Non, monsieur, demain à midi, vous saurez tout, et vous vous agenouillerez devant votre femme. Oh ! non, tu ne t'humilieras pas, non, tu es tout pardonné ; non, tu n'as pas de torts. Écoute : hier, tu m'as bien rudement brisée ; mais ma vie n'aurait peut-être pas été complète sans cette angoisse, ce sera une ombre qui fera valoir des jours célestes.

— Tu m'ensorcelles, s'écria Jules, et tu me donnerais des remords.

— Pauvre ami, la destinée est plus haute que nous, et je ne suis pas complice de ma destinée. Je sortirai demain.

— À quelle heure, demanda Jules.

— À neuf heures et demie.

— Clémence, répondit monsieur Desmarets, prends bien des précautions, consulte le docteur Desplein et le vieil Haudry [111].

— Je ne consulterai que mon cœur et mon courage.

— Je te laisse libre, et ne viendrai te voir qu'à midi.
— Tu ne me tiendras pas un peu compagnie ce soir, je ne suis plus souffrante ?...

Après avoir terminé ses affaires, Jules revint près de sa femme, ramené par une attraction invincible. Sa passion était plus forte que toutes ses douleurs.

IV

OÙ ALLER MOURIR ?

Le lendemain, vers neuf heures, Jules s'échappa de chez lui, courut à la rue des Enfants-Rouges, monta, et sonna chez la veuve Gruget.

— Ah ! vous êtes de parole, exact comme l'aurore. Entrez donc, monsieur, lui dit la vieille passementière en le reconnaissant. Je vous ai apprêté une tasse de café à la crème, au cas où... reprit-elle quand la porte fut fermée. Ah ! de la vraie crème, un petit pot que j'ai vu traire moi-même à la vacherie que nous avons dans le marché des Enfants-Rouges.

— Merci, madame, non, rien. Menez-moi...

— Bien, bien, mon cher monsieur. Venez par ici.

La veuve conduisit Jules dans une chambre située au-dessus de la sienne, et où elle lui montra, triomphalement, une ouverture grande comme une pièce de quarante sous, pratiquée pendant la nuit à une place correspondant aux rosaces les plus hautes et les plus obscures du papier tendu dans la chambre de Ferragus. Cette ouverture se trouvait, dans l'une et l'autre pièce, au-dessus d'une armoire. Les légers dégâts faits par le serrurier n'avaient donc laissé de traces d'aucun côté du mur, et il était fort difficile d'apercevoir dans l'ombre cette espèce de meurtrière. Aussi Jules fut-il obligé, pour se maintenir là, et pour y bien voir, de rester dans une position assez fatigante, en se perchant sur un marchepied que la veuve Gruget avait eu soin d'apporter.

— Il est avec un monsieur, dit la vieille en se retirant.

Jules aperçut en effet un homme occupé à panser un cordon de plaies, produites par une certaine quantité de brûlures pratiquées sur les épaules de Ferragus, dont il reconnut la tête, d'après la description que lui en avait faite monsieur de Maulincour.

— Quand crois-tu que je serai guéri, demandait-il.

— Je ne sais, répondit l'inconnu ; mais, au dire des médecins, il faudra bien encore sept ou huit pansements.

— Eh bien, à ce soir, dit Ferragus en tendant la main à celui qui venait de poser la dernière bande de l'appareil.

— A ce soir, répondit l'inconnu en serrant cordialement la main de Ferragus. Je voudrais te voir quitte de tes souffrances.

— Enfin, les papiers de monsieur de Funcal nous seront remis demain et Henri Bourignard est bien mort, reprit Ferragus. Les deux fatales lettres qui nous ont coûté si cher n'existent plus. Je redeviendrai donc quelque chose de social, un homme parmi les hommes, et je vaux bien le marin qu'ont mangé les poissons. Dieu sait si c'est pour moi que je me fais comte !

— Pauvre Gratien, toi, notre plus forte tête, notre frère chéri, tu es le benjamin de la bande ; tu le sais.

— Adieu ! surveillez bien mon Maulincour.

— Sois en paix sur ce point.

— Hé, marquis ? cria le vieux forçat.

— Quoi ?

— Ida est capable de tout, après la scène d'hier au soir. Si elle s'est jetée à l'eau, je ne la repêcherai certes pas, elle gardera bien mieux le secret de mon nom, le seul qu'elle possède ; mais surveille-la ; car après tout, c'est une bonne fille.

— Bien.

L'inconnu se retira. Dix minutes après, monsieur Jules n'entendit pas sans avoir un frisson de fièvre le bruissement particulier aux robes de soie, et reconnut presque le bruit des pas de sa femme.

— Eh bien, mon père, dit Clémence. Pauvre père, comment allez-vous ? Quel courage !

— Viens, mon enfant, répondit Ferragus en lui tendant la main.

Et Clémence lui présenta son front, qu'il embrassa.

— Voyons, qu'as-tu, pauvre petite ? Quels chagrins nouveaux...

— Des chagrins, mon père, mais c'est la mort de votre fille que vous aimez tant. Comme je vous l'écrivais hier, il faut absolument que dans votre tête, si fertile en idées, vous trouviez le moyen de voir mon pauvre Jules, aujourd'hui même. Si vous saviez comme il a été bon pour moi, malgré des soupçons, en apparence, si légitimes ! Mon père, mon amour c'est ma vie. Voulez-vous me voir mourir ? Ah ! j'ai déjà bien souffert ! et, je le sens, ma vie est en danger.

— Te perdre, ma fille, dit Ferragus, te perdre par la curiosité d'un misérable Parisien ! Je brûlerais Paris. Ah ! tu sais ce qu'est un amant, mais tu ne sais pas ce qu'est un père.

— Mon père, vous m'effrayez quand vous me regardez ainsi. Ne mettez pas en balance deux sentiments si différents. J'avais un époux avant de savoir que mon père était vivant...

— Si ton mari a mis, le premier, des baisers sur ton front, répondit Ferragus, moi, le premier, j'ai mis des larmes... Rassure-toi, Clémence, parle à cœur ouvert. Je t'aime assez pour être heureux de savoir que tu es heureuse, quoique ton père ne soit presque rien dans ton cœur, tandis que tu remplis le sien.

— Mon Dieu, de semblables paroles me font trop de bien ! Vous vous faites aimer davantage, et il me semble que c'est voler quelque chose à Jules. Mais, mon bon père, songez donc qu'il est au désespoir. Que lui dire dans deux heures ?

— Enfant, ai-je donc attendu ta lettre pour te sauver du malheur qui te menace ? Et que deviennent ceux qui s'avisent de toucher à ton bonheur, ou de se mettre entre nous ? N'as-tu donc jamais reconnu la seconde providence qui veille sur toi ? Tu ne sais pas que douze hommes pleins de force et d'intelligence forment un cortège autour de ton amour et de ta vie, prêts à tout pour votre conservation ? Est-ce un père qui risquait la mort en allant te voir aux promenades, ou en venant t'admirer dans ton petit lit chez ta mère, pendant la nuit ? est-ce le père auquel un souvenir de tes caresses d'enfant a seul donné la force de vivre, au moment où un homme d'honneur devait se tuer pour échapper à l'infamie ? Est-ce MOI enfin, moi qui ne respire que par ta bouche, moi qui ne vois que par tes yeux, moi qui ne sens que par ton cœur, est-ce moi qui ne saurais pas défendre avec des ongles de lion, avec l'âme d'un père, mon seul bien, ma vie, ma fille ?... Mais, depuis la mort de cet ange qui fut ta mère, je n'ai rêvé qu'à une seule chose, au bonheur de t'avouer pour ma fille, de te serrer dans mes bras à la face du ciel et de la terre, à tuer le *forçat*... Il y eut là une légère pause... A te donner un père, reprit-il, à pouvoir presser sans honte la main de ton mari, à vivre sans crainte dans vos cœurs, à dire à tout le monde en te voyant : — « Voilà mon enfant ! » enfin à être père à mon aise !

— Ô mon père, mon père[112] !

— Après bien des peines, après avoir fouillé le globe, dit Ferragus en continuant, mes amis m'ont trouvé une peau d'homme à endosser. Je vais être d'ici à quelques jours monsieur de Funcal, un comte portugais. Va, ma chère fille, il y a peu d'hommes qui puissent à mon âge avoir la patience d'apprendre le portugais et l'anglais, que ce diable de marin savait parfaitement.

— Mon cher père !

— Tout a été prévu, et d'ici à quelques jours Sa Majesté Jean VI, roi de Portugal, sera mon complice. Il ne te faut donc qu'un peu de patience là où ton père en a eu beaucoup. Mais moi, c'était tout simple. Que ne ferais-je pas pour récompenser ton dévouement pendant ces trois années ! Venir si religieusement consoler ton vieux père, risquer ton bonheur !

— Mon père ! Et Clémence prit les mains de Ferragus, et les baisa.

— Allons, encore un peu de courage, ma Clémence, gardons le fatal secret jusqu'au bout. Ce n'est pas un homme ordinaire que Jules ; mais cependant savons-nous si son grand caractère et son extrême amour ne détermineraient pas une sorte de mésestime pour la fille d'un...

— Oh ! s'écria Clémence, vous avez lu dans le cœur de votre enfant, je n'ai pas d'autre peur, ajouta-t-elle d'un ton déchirant. C'est une pensée qui me glace. Mais, mon père, songez que je lui ai promis la vérité dans deux heures.

— Eh bien, ma fille, dis-lui qu'il aille à l'ambassade de Portugal, voir le comte de Funcal, ton père, j'y serai.

— Et monsieur de Maulincour qui lui a parlé de Ferragus ? Mon Dieu, mon père, tromper, tromper, quel supplice !

— A qui le dis-tu ? Mais encore quelques jours, et il n'existera pas un homme qui puisse me démentir. D'ailleurs, monsieur de Maulincour doit être hors d'état de se souvenir... Voyons, folle, sèche tes larmes, et songe...

En ce moment, un cri terrible retentit dans la chambre où était monsieur Jules Desmarets.

— Ma fille, ma pauvre fille !

Cette clameur passa par la légère ouverture pratiquée au-dessus de l'armoire, et frappa de terreur Ferragus et madame Jules.

— Va voir ce que c'est, Clémence.

Clémence descendit avec rapidité le petit escalier, trouva toute grande ouverte la porte de l'appartement de madame Gruget, entendit les cris qui retentissaient dans l'étage supérieur, monta l'escalier, vint, attirée par le bruit des sanglots, jusque dans la chambre fatale, où, avant d'entrer, ces mots parvinrent à son oreille : — C'est vous, monsieur, avec vos imaginations, qui êtes cause de sa mort.

— Taisez-vous, misérable, disait Jules en mettant son mouchoir sur la bouche de la veuve Gruget, qui cria : — À l'assassin ! au secours !

En ce moment, Clémence entra, vit son mari, poussa un cri et s'enfuit.

— Qui sauvera ma fille, demanda la veuve Gruget après une longue pause. Vous l'avez assassinée.

— Et comment ? demanda machinalement monsieur Jules stupéfait d'avoir été reconnu par sa femme.

— Lisez, monsieur, cria la vieille en fondant en larmes. Y a-t-il des rentes qui puissent consoler de cela ?

« Adieu, ma mère ! je te lege tout ce que j'é. Je te demande pardon de mes fotes et du dernié chagrin que je te donne en mettant fain à mes jours. Henry, que j'aime plus que moi-même, m'a dit que je faisai son malheure, et puisqu'il m'a repoussé de lui, et que j'ai perdu toutes mes espairence d'établiceman, je vai me noyer. J'irai au-dessous de Neuilly pour n'être point mise à la morgue. Si Henry ne me hait plus après que je m'ai puni par la mor, prie le de faire enterrer une povre fille dont le cœur n'a battu que pour lui, et qu'il me pardonne, car j'ai eu tort de me mélair de ce qui ne me regardai pas. Panse-lui bien ses moqça. Comme il a souffert ce povre cha. Mais j'orai pour me détruir le couraje qu'il a eu pour se faire brulai. Fais porter les corsets finis chez mes pratiques. Et prie Dieu pour votre fille.

IDA. »

— Portez cette lettre à monsieur de Funcal, celui qui est là. S'il en est encore temps, lui seul peut sauver votre fille[113].

Et Jules disparut en se sauvant comme un homme qui aurait commis un crime. Ses jambes tremblaient. Son cœur élargi recevait des flots de sang plus chauds, plus copieux qu'en aucun moment de sa vie, et les renvoyait avec une force inaccoutumée. Les idées les plus contradictoires se combattaient dans son esprit, et cependant une pensée les dominait toutes. Il n'avait pas été loyal avec la personne qu'il aimait le plus, et il lui était impossible de transiger avec sa conscience dont la voix, grossissant en raison du forfait, correspondait aux cris intimes de sa passion, pendant les plus cruelles heures de doute qui l'avaient agité précédemment. Il resta durant une grande partie de la journée errant dans Paris et n'osant pas rentrer chez lui. Cet homme probe tremblait de rencontrer le front irréprochable de cette femme méconnue. Les crimes sont en raison de la pureté des consciences, et le fait qui, pour tel cœur, est à peine une faute dans la vie, prend les proportions d'un crime pour certaines âmes candides. Le mot de candeur n'a-t-il pas en effet une céleste portée ? Et la plus légère souillure empreinte au blanc vêtement d'une vierge n'en fait-elle pas quelque chose d'ignoble, autant que le sont les haillons d'un mendiant ? Entre ces deux choses, la seule différence n'est que celle du malheur à la faute. Dieu ne mesure jamais le repentir, il ne le scinde pas, et il en faut autant pour effacer une tache que pour lui faire oublier toute une vie. Ces réflexions pesaient de tout leur poids sur Jules, car les passions ne pardonnent pas plus que les lois humaines, et elles raisonnent plus juste : ne s'appuient-elles pas sur une conscience à elles, infaillible comme l'est un instinct ? Désespéré, Jules rentra chez lui, pâle, écrasé sous le sentiment de ses torts, mais exprimant, malgré lui, la joie que lui causait l'innocence de sa femme. Il entra chez elle tout palpitant, il la vit couchée, elle avait la fièvre, il vint s'asseoir près du lit, lui prit la main, la baisa, la couvrit de ses larmes.

— Cher ange, lui dit-il quand ils furent seuls, c'est du repentir.

— Et de quoi ? reprit-elle.

En disant cette parole, elle inclina la tête sur son oreiller, ferma les yeux et resta immobile, gardant le secret de ses souffrances pour ne pas effrayer son mari : délicatesse de mère, délicatesse d'ange. C'était toute la femme dans un mot. Le silence dura longtemps. Jules, croyant Clémence endormie, alla questionner Joséphine sur l'état de sa maîtresse.

— Madame est rentrée à demi morte, monsieur. Nous sommes allés chercher monsieur Haudry.

— Est-il venu ? qu'a-t-il dit ?

— Rien, monsieur. Il n'a pas paru content, a ordonné de ne laisser personne auprès de madame, excepté la garde, et il a dit qu'il reviendrait pendant la soirée.

Monsieur Jules rentra doucement chez sa femme, se mit dans un fauteuil, et resta devant le lit, immobile, les yeux attachés sur les yeux de Clémence ; quand elle soulevait ses paupières, elle le voyait aussitôt, et il s'échappait d'entre ses cils douloureux un regard tendre, plein de passion, exempt de reproche et d'amertume, un regard qui tombait comme un trait de feu sur le cœur de ce mari noblement absous et toujours aimé par cette créature qu'il tuait. La mort était entre eux un presentiment qui les frappait également. Leurs regards s'unissaient dans une même angoisse, comme leurs cœurs s'unissaient jadis dans un même amour, également senti, également partagé. Point de questions, mais d'horribles certitudes. Chez la femme, générosité parfaite ; chez le mari, remords affreux ; puis, dans les deux âmes, une même vision du dénouement, un même sentiment de la fatalité.

Il y eut un moment où, croyant sa femme endormie, Jules la baisa doucement au front, et dit après l'avoir longtemps contemplée : — Mon Dieu, laisse-moi cet ange encore assez de temps pour que je m'absolve moi-même de mes torts par une longue adoration... Fille, elle est sublime ; femme, quel mot pourrait la qualifier ?

Clémence leva les yeux, ils étaient pleins de larmes.

— Tu me fais mal, dit-elle d'un son de voix faible.

La soirée était avancée, le docteur Haudry vint, et pria le mari de se retirer pendant sa visite. Quand il sortit, Jules ne lui fit pas une seule question, il n'eut besoin que d'un geste.

— Appelez en consultation ceux de mes confrères

en qui vous aurez le plus de confiance, je puis avoir tort.

— Mais, docteur, dites-moi la vérité. Je suis homme, je saurai l'entendre ; et j'ai d'ailleurs le plus grand intérêt à la connaître pour régler certains comptes...

— Madame Jules est frappée à mort, répondit le médecin. Il y a une maladie morale qui a fait des progrès et qui complique sa situation physique, déjà si dangereuse, mais rendue plus grave encore par des imprudences : se lever pieds nus la nuit ; sortir quand je l'avais défendu ; sortir hier à pied, aujourd'hui en voiture. Elle a voulu se tuer. Cependant mon arrêt n'est pas irrévocable, il y a de la jeunesse, une force nerveuse étonnante... Il faudrait risquer le tout pour le tout par quelque réactif violent ; mais je ne prendrai jamais sur moi de l'ordonner, je ne le conseillerais même pas ; et, en consultation, je m'opposerais à son emploi.

Jules rentra. Pendant onze jours et onze nuits, il resta près du lit de sa femme, ne prenant de sommeil que pendant le jour, la tête appuyée sur le pied de ce lit. Jamais aucun homme ne poussa plus loin que Jules la jalousie des soins et l'ambition du dévouement. Il ne souffrait pas que l'on rendît le plus léger service à sa femme ; il lui tenait toujours la main, et semblait ainsi vouloir lui communiquer de la vie. Il y eut des incertitudes, de fausses joies, de bonnes journées, un mieux, des crises, enfin les horribles nutations [114] de la Mort qui hésite, qui balance, mais qui frappe. Madame Jules trouvait toujours la force de sourire à son mari ; elle le plaignait, sachant que bientôt il serait seul. C'était une double agonie, celle de la vie, celle de l'amour ; mais la vie s'en allait faible et l'amour allait grandissant. Il y eut une nuit affreuse, celle où Clémence éprouva ce délire qui précède toujours la mort chez les créatures jeunes. Elle parla de son amour heureux, elle parla de son père, elle raconta les révélations de sa mère au lit de mort, et les obligations qu'elle lui avait imposées. Elle se débattait, non pas avec la vie, mais avec sa passion, qu'elle ne voulait pas quitter.

— Faites, mon Dieu, dit-elle, qu'il ne sache pas que je voudrais le voir mourir avec moi.

Jules, ne pouvant soutenir ce spectacle, était en ce moment dans le salon voisin, et n'entendit pas des vœux auxquels il eût obéi.

Quand la crise fut passée, madame Jules retrouva des forces. Le lendemain, elle redevint belle, tranquille ; elle causa, elle avait de l'espoir, elle se para comme se parent les malades. Puis elle voulut être seule pendant toute la journée, et renvoya son mari par une de ces prières faites avec tant d'instances, qu'elles sont exaucées comme on exauce les prières des enfants. D'ailleurs, monsieur Jules avait besoin de cette journée. Il alla chez monsieur de Maulincour, afin de réclamer de lui le duel à mort convenu naguère entre eux. Il ne parvint pas sans de grandes difficultés jusqu'à l'auteur de cette infortune ; mais, en apprenant qu'il s'agissait d'une affaire d'honneur, le vidame obéit aux préjugés qui avaient toujours gouverné sa vie, et introduisit Jules auprès du baron. Monsieur Desmarets chercha le baron de Maulincour.

— Oh ! c'est bien lui, dit le commandeur en montrant un homme assis dans un fauteuil au coin du feu.

— Qui, Jules ? dit le mourant d'une voix cassée.

Auguste avait perdu la seule qualité qui nous fasse vivre, la mémoire. A cet aspect, monsieur Desmarets recula d'horreur. Il ne pouvait reconnaître l'élégant jeune homme dans une chose sans nom en aucun langage, suivant le mot de Bossuet [115]. C'était en effet un cadavre à cheveux blancs ; des os à peine couverts par une peau ridée, flétrie, desséchée ; des yeux blancs et sans mouvement ; une bouche hideusement entrouverte, comme le sont celles des fous ou celles des débauchés tués par leurs excès. Aucune trace d'intelligence n'existait plus ni sur le front, ni dans aucun trait ; de même qu'il n'y avait plus, dans sa carnation molle, ni rougeur, ni apparence de circulation sanguine. Enfin, c'était un homme rapetissé, dissous, arrivé à l'état dans lequel sont ces monstres conservés au Muséum, dans les bocaux où ils flottent au milieu de l'alcool. Jules crut voir au-dessus de ce visage la terrible tête de Ferragus, et cette complète Vengeance épouvanta la Haine. Le mari se trouva de la pitié dans le cœur pour le douteux débris de ce qui avait été naguère un jeune homme.

— Le duel a eu lieu, dit le commandeur.

— Monsieur a tué bien du monde, s'écria douloureusement Jules.

— Et des personnes bien chères, ajouta le vieillard. Sa grand-mère meurt de chagrin, et je la suivrai peut-être dans la tombe.

Le lendemain de cette visite, madame Jules empira d'heure en heure. Elle profita d'un moment de force pour prendre une lettre sous son chevet, la présenta vivement à Jules, et lui fit un signe facile à comprendre. Elle voulait lui donner dans un baiser son dernier souffle de vie, il le prit, et elle mourut. Jules tomba demi-mort, et fut emporté chez son frère. Là, comme il déplorait, au milieu de ses larmes et de son délire, l'absence qu'il avait faite la veille, son frère lui apprit que cette séparation était vivement désirée par Clémence, qui n'avait pas voulu le rendre témoin de l'appareil religieux, si terrible aux imaginations tendres, et que l'Église déploie en conférant aux moribonds les derniers sacrements.

— Tu n'y aurais pas résisté, lui dit son frère. Je n'ai pu moi-même soutenir ce spectacle et tous tes gens fondaient en larmes. Clémence était comme une sainte. Elle avait pris de la force pour nous faire ses adieux, et cette voix, entendue pour la dernière fois, déchirait le cœur. Quand elle a demandé pardon des chagrins involontaires qu'elle pouvait avoir donnés à ceux qui l'avaient servie, il y a eu un cri mêlé de sanglots, un cri...

— Assez, dit Jules, assez.

Il voulut être seul pour lire les dernières pensées de

cette femme que le monde avait admirée, et qui avait passé comme une fleur.

« Mon bien aimé, ceci est mon testament. Pourquoi ne ferait-on pas des testaments pour les trésors du cœur, comme pour les autres biens ? Mon amour, n'était-ce pas tout mon bien ? je veux ici ne m'occuper que de mon amour : il fut toute la fortune de ta Clémence, et tout ce qu'elle peut te laisser en mourant. Jules, je suis encore aimée, je meurs heureuse. Les médecins expliquent ma mort à leur manière, moi seule en connais la véritable cause. Je te la dirai, quelque peine qu'elle puisse te faire. Je ne voudrais pas emporter dans un cœur tout à toi quelque secret qui ne te fût pas dit, alors que je meurs victime d'une discrétion nécessaire.

« Jules, j'ai été nourrie, élevée dans la plus profonde solitude, loin des vices et des mensonges du monde, par l'aimable femme que tu as connue. La société rendait justice à ses qualités de convention, par lesquelles une femme plaît à la société ; mais moi, j'ai secrètement joui d'une âme céleste, et j'ai pu chérir la mère qui faisait de mon enfance une joie sans amertume, en sachant bien pourquoi je la chérissais. N'était-ce pas aimer doublement ? Oui, je l'aimais, je la craignais, je la respectais, et rien ne me pesait au cœur, ni le respect, ni la crainte. J'étais tout pour elle, elle était tout pour moi. Pendant dix-neuf années, pleinement heureuses, insouciantes, mon âme, solitaire au milieu du monde qui grondait autour de moi, n'a réfléchi que la plus pure image, celle de ma mère, et mon cœur n'a battu que par elle ou pour elle. J'étais scrupuleusement pieuse, et me plaisais à demeurer pure devant Dieu. Ma mère cultivait en moi tous les sentiments nobles et fiers. Ah ! j'ai plaisir à te l'avouer, Jules, je sais maintenant que j'ai été jeune fille, que je suis venue à toi vierge de cœur. Quand je suis sortie de cette profonde solitude ; quand, pour la première fois, j'ai lissé mes cheveux en les ornant d'une couronne de fleurs d'amandier ; quand j'ai complaisamment ajouté quelques nœuds de satin à ma robe blanche, en songeant au monde que j'allais voir, et que j'étais curieuse de voir ; eh bien, Jules, cette innocente et modeste coquetterie a été faite pour toi, car, à mon entrée dans le monde, je t'ai vu, toi, le premier. Ta figure, je l'ai remarquée, elle tranchait sur toutes les autres ; ta personne m'a plu ; ta voix et tes manières m'ont inspiré de favorables pressentiments ; et, quand tu es venu, que tu m'as parlé, la rougeur sur le front, que ta voix a tremblé, ce moment m'a donné des souvenirs dont je palpite encore en t'écrivant aujourd'hui, que j'y songe pour la dernière fois. Notre amour a été d'abord la plus vive des sympathies, mais il fut bientôt mutuellement deviné ; puis, aussitôt partagé, comme depuis nous en avons également ressenti les innombrables plaisirs. Dès lors, ma mère ne fut plus qu'en second dans mon cœur. Je le lui disais, et elle souriait, l'adorable femme ! Puis, j'ai été à toi, toute à toi. Voilà ma vie, toute ma vie, mon cher époux. Et voici ce qui me reste à te dire. Un soir, quelques jours avant sa mort, ma mère m'a révélé le secret de sa vie, non sans verser des larmes brûlantes. Je t'ai bien mieux aimé, quand j'appris, avant le prêtre chargé d'absoudre ma mère, qu'il existait des passions condamnées par le monde et par l'Église. Mais, certes, Dieu ne doit pas être sévère quand elles sont le péché d'âmes aussi tendres que l'était celle de ma mère ; seulement, cet ange ne pouvait se résoudre au repentir. Elle aimait bien, Jules, elle était tout amour. Aussi ai-je prié tous les jours pour elle, sans la juger. Alors je connus la cause de sa vive tendresse maternelle ; alors je sus qu'il y avait dans Paris un homme de qui j'étais toute la vie, tout l'amour ; que ta fortune était son ouvrage et qu'il t'aimait ; qu'il était exilé de la société, qu'il portait un nom flétri, qu'il en était plus malheureux pour moi, pour nous, que pour lui-même. Ma mère était toute sa consolation, et ma mère mourait, je promis de la remplacer. Dans toute l'ardeur d'une âme dont rien n'avait faussé les sentiments, je ne vis que le bonheur d'adoucir l'amertume qui chagrinait les derniers moments de ma mère, et je m'engageai donc à continuer cette œuvre de charité secrète, la charité du cœur. La première fois que j'aperçus mon père, ce fut auprès du lit où ma mère venait d'expirer ; quand il releva ses yeux pleins de larmes, ce fut pour retrouver en moi toutes ses espérances mortes. J'avais juré, non pas de mentir, mais de garder le silence, et ce silence, quelle femme l'aurait rompu ? Là est ma faute, Jules, une faute expiée par la mort. J'ai douté de toi. Mais la crainte est si naturelle à la femme, et surtout à la femme qui sait tout ce qu'elle peut perdre. J'ai tremblé pour mon amour. Le secret de mon père me parut être la mort de mon bonheur, et plus j'aimais, plus j'avais peur. Je n'osais avouer ce sentiment à mon père ; c'eût été le blesser, et dans sa situation, toute blessure était vive. Mais lui, sans me le dire, il partageait mes craintes. Ce cœur tout paternel tremblait pour mon bonheur autant que je tremblais moi-même, et n'osait parler, obéissant à la même délicatesse qui me rendait muette. Oui, Jules, j'ai cru que tu pourrais un jour ne plus aimer la fille de Gratien, autant que tu aimais ta Clémence. Sans cette profonde terreur, t'aurais-je caché quelque chose, à toi qui étais même tout entier dans ce repli de mon cœur ? Le jour où cet odieux, ce malheureux officier t'a parlé, j'ai été forcée de mentir. Ce jour j'ai pour la seconde fois de ma vie connu la douleur, et cette douleur a été croissante jusqu'en ce moment où je t'entretiens pour la dernière fois. Qu'importe maintenant la situation de mon père ? Tu sais tout. J'aurais, à l'aide de mon amour, vaincu la maladie, supporté toutes les souffrances, mais je ne saurais étouffer la voix du doute. N'est-il pas possible que mon origine altère la pureté de ton amour, l'affaiblisse, le diminue ? Cette crainte, rien ne peut la détruire en moi. Telle est, Jules, la cause de ma mort. Je ne saurais vivre en redoutant un mot, un regard ; un mot que tu ne diras peut-être jamais, un regard qui ne t'échappera point ; mais que veux-tu ? je les crains. Je meurs aimée, voilà ma consolation. J'ai su que, depuis quatre ans, mon père et ses amis ont presque remué le monde, pour mentir au monde. Afin de me donner un état, ils ont acheté un mort, une réputation, une fortune, tout cela pour faire revivre un vivant, tout cela pour toi, pour nous. Nous ne devions rien en savoir. Eh bien, ma mort épargnera sans doute ce mensonge à mon père, il mourra de ma mort. Adieu donc, Jules, mon cœur est ici tout entier. T'exprimer mon amour dans l'innocence de sa terreur, n'est-ce pas te laisser toute mon âme ? Je n'aurais pas eu la force de te parler, j'ai eu celle de t'écrire. Je viens de confesser à Dieu les fautes de ma vie ; j'ai bien promis de ne plus m'occuper que du roi des cieux ; mais je n'ai pu résister au plaisir de me confesser aussi à celui qui, pour moi, est tout sur la terre. Hélas ! qui ne me le pardonnerait, ce dernier soupir, entre la vie qui fut et la vie qui va être ? Adieu donc, mon Jules aimé ; je vais à Dieu, près de qui l'amour est toujours sans nuages, près de qui tu viendras un jour. Là, sous son trône, réunis à jamais, nous pourrons nous aimer pendant des siècles. Cet espoir peut seul me consoler. Si je suis digne d'être là par avance, de là, je te suivrai dans ta vie, mon âme t'accompagnera, t'enveloppera, car tu resteras encore ici-bas, toi. Mène donc une vie sainte pour venir sûrement près de moi. Tu peux faire tant de bien sur cette terre ! N'est-ce pas une mission angélique pour un être souffrant que de répandre la joie autour de lui, de donner ce qu'il n'a pas ? Je te laisse aux malheureux. Il n'y a que leurs sourires et leurs larmes dont je ne serai point jalouse. Nous trouverons un grand charme à ces douces bienfaisances. Ne pourrons-nous pas vivre encore ensemble, si tu veux mêler mon nom, ta Clémence, à ces belles œuvres ? Après avoir aimé comme nous aimions, il n'y a plus que Dieu, Jules[116]. Dieu ne ment pas, Dieu ne trompe pas. N'adore plus que lui, je le veux. Cultive-le bien dans tous ceux qui souffrent, soulage les membres endoloris de son Église. Adieu, chère âme que j'ai remplie, je te connais : tu n'aimeras pas deux fois. Je vais donc expirer heureuse par la pensée qui rend toutes les femmes heureuses. Oui, ma tombe sera ton cœur. Après cette enfance que je t'ai contée, ma vie ne s'est-elle pas écoulée dans ton cœur ? Morte, tu ne m'en chasseras jamais. Je suis fière de cette vie unique ! Tu ne m'auras connue que dans la fleur de la jeunesse, je te laisse des regrets sans désenchantement. Jules, c'est une mort bien heureuse.

« Toi qui m'as si bien comprise, permets-moi de te recommander, chose superflue, sans doute, l'accomplissement d'une fantaisie de femme, le vœu d'une jalousie dont nous sommes l'objet. Je te prie de brûler tout ce qui nous aura appartenu, de détruire notre chambre, d'anéantir tout ce qui peut être un souvenir de notre amour.

« Encore une fois, adieu, le dernier adieu, plein d'amour, comme le sera ma dernière pensée et mon dernier souffle[117]. »

Quand Jules eut achevé cette lettre, il lui vint au cœur une de ces frénésies dont il est impossible de rendre les effroyables crises. Toutes les douleurs sont individuelles, leurs effets ne sont soumis à aucune règle fixe : certains hommes se bouchent les oreilles pour ne plus rien entendre ; quelques femmes ferment les yeux pour ne plus rien voir ; puis, il se rencontre de grandes et magnifiques âmes qui se jettent dans la douleur comme dans un abîme. En fait de désespoir, tout est vrai. Jules s'échappa de chez son frère, revint chez lui, voulant passer la nuit près de sa femme, et voir jusqu'au dernier moment cette créature céleste. Tout en marchant avec l'insouciance de la vie que connaissent les gens arrivés au dernier degré de malheur, il concevait comment, dans l'Asie, les lois ordonnaient aux époux de ne point se survivre[118]. Il voulait mourir. Il n'était pas encore accablé, il était dans la fièvre de la douleur. Il arriva sans obstacles, monta dans cette chambre sacrée ; il y vit sa Clémence sur le lit de mort, belle comme une sainte, les cheveux en bandeau, les mains jointes, ensevelie dans son linceul. Des cierges éclairaient un prêtre en prières, Joséphine pleurant dans un coin, agenouillée, puis, près du lit, deux hommes. L'un était Ferragus. Il se tenait debout, immobile, et contemplait sa fille d'un œil sec ; sa tête, vous l'eussiez prise pour du bronze : il ne vit pas Jules. L'autre était Jacquet, Jacquet pour lequel madame Jules avait été constamment bonne. Jacquet avait pour elle une de ces respectueuses amitiés qui réjouissent le cœur sans troubles, qui sont une passion douce, l'amour moins ses désirs et ses orages ; et il était venu religieusement payer sa dette de larmes, dire de longs adieux à la femme de son ami, baiser pour la première fois le front glacé d'une créature dont il avait tacitement fait sa sœur. Là tout était silencieux. Ce n'était ni la Mort terrible comme elle l'est dans l'Église, ni la pompeuse Mort qui traverse les rues ; non, c'était la mort se glissant sous le toit domestique, la mort touchante ; c'était les pompes du cœur, les pleurs dérobés à tous les yeux. Jules s'assit près de Jacquet dont il pressa la main, et, sans se dire un mot, tous les personnages de cette scène restèrent ainsi jusqu'au matin. Quand le jour fit pâlir les cierges, Jacquet, prévoyant les scènes douloureuses qui allaient se succéder, emmena Jules dans la chambre voisine. En ce moment le mari regarda le père, et Ferragus regarda Jules. Ces deux douleurs s'interrogèrent, se sondèrent, s'entendirent par ce regard. Un éclair de fureur brilla passagèrement dans les yeux de Ferragus.

— C'est toi qui l'as tuée, pensait-il.

— Pourquoi s'être défié de moi ? paraissait répondre l'époux.

Cette scène fut semblable à celle qui se passerait entre deux tigres reconnaissant l'inutilité d'une lutte, après s'être examinés pendant un moment d'hésitation, sans même rugir.

— Jacquet, dit Jules, tu as veillé à tout ?

— À tout, répondit le chef de bureau, mais partout me prévenait un homme qui partout ordonnait et payait.

— Il m'arrache sa fille, s'écria le mari dans un violent accès de désespoir.

Il s'élança dans la chambre de sa femme ; mais le père n'y était plus. Clémence avait été mise dans un cercueil de plomb, et des ouvriers s'apprêtaient à en souder le couvercle. Jules rentra tout épouvanté de ce spectacle, et le bruit du marteau dont se servaient ces hommes le fit machinalement fondre en larmes.

— Jacquet, dit-il, il m'est resté de cette nuit terrible une idée, une seule, mais une idée que je veux réaliser à tout prix. Je ne veux pas que Clémence demeure dans un cimetière de Paris. Je veux la brûler, recueillir ses cendres et la garder. Ne me dis pas un mot sur cette affaire, mais arrange-toi pour qu'elle réussisse. Je vais me renfermer dans *sa* chambre, et j'y resterai jusqu'au moment de mon départ. Toi seul entreras ici pour me rendre compte de tes démarches... Va, n'épargne rien.

Pendant cette matinée, madame Jules, après avoir été exposée dans une chapelle ardente, à la porte de son hôtel, fut amenée à Saint-Roch. L'église était entièrement tendue de noir. L'espèce de luxe déployé pour ce service avait attiré du monde ; car, à Paris, tout fait spectacle, même la douleur la plus vraie. Il y a des gens qui se mettent aux fenêtres pour voir comment pleure un fils en suivant le corps de sa mère, comme il y en a qui veulent être commodément placés pour voir comment tombe une tête. Aucun peuple du monde n'a eu des yeux plus voraces. Mais les curieux furent particulièrement surpris en apercevant les six chapelles latérales de Saint-Roch également tendues de noir. Deux hommes en deuil assistaient à une messe mortuaire dans chacune de ces chapelles. On ne vit au chœur, pour toute assistance, que monsieur Desmarets le notaire, et Jacquet ; puis, en dehors de l'enceinte, les domestiques. Il y avait, pour les flâneurs ecclésiastiques, quelque chose d'inexplicable dans une telle pompe et si peu de parenté. Jules n'avait voulu d'aucun indifférent à cette cérémonie. La grand-messe fut célébrée avec la sombre magnificence des messes funèbres. Outre les desservants ordinaires de Saint-Roch, il s'y trouvait treize prêtres venus de diverses paroisses. Aussi jamais peut-être le *Dies irae* ne produisit-il sur des chrétiens de hasard, fortuitement rassemblés par la curiosité, mais avides d'émotions, un effet plus profond, plus nerveusement glacial que le fut l'impression produite par cette hymne, au moment où huit voix de chantres accompagnées par celles des prêtres et les voix des enfants de chœur l'entonnèrent alternativement. Des six chapelles latérales, douze autres voix d'enfants s'élevèrent aigres de douleur, et s'y mêlèrent lamentablement. De toutes les parties de l'église, l'effroi sourdait ; partout, les cris d'angoisse répondaient aux cris de terreur. Cette effrayante musique accusait des douleurs inconnues au monde, et des amitiés secrètes qui pleuraient la morte. Jamais, en aucune religion humaine, les frayeurs de l'âme, violemment arrachée du corps et tempêtueusement agitée en présence de la foudroyante majesté de Dieu, n'ont été rendues avec autant de vigueur. Devant cette clameur des clameurs, doivent s'humilier les artistes et leurs compositions les plus passionnées. Non, rien ne peut lutter avec ce chant qui résume les passions humaines et leur donne une vie galvanique au-delà du cercueil, en les amenant palpitantes encore devant le Dieu vivant et vengeur. Ces cris de l'enfance, unis aux sons de voix graves, et qui comprennent alors, dans ce cantique de la mort, la vie humaine avec tous ses développements, en rappelant les souffrances du berceau, en se grossissant de toutes les peines des autres âges avec les larges accents des hommes, avec les chevrotements des vieillards et des prêtres ; toute cette stridente harmonie pleine de foudres et d'éclairs ne parle-t-elle pas aux imaginations les plus intrépides, aux cœurs les plus glacés, et même aux philosophes ! En l'entendant, il semble que Dieu tonne. Les voûtes d'aucune église ne sont froides ; elles tremblent, elles parlent, elles versent la peur par toute la puissance de leurs échos. Vous croyez voir d'innombrables morts se levant et tendant les mains. Ce n'est plus ni un père, ni une femme, ni un enfant qui sont sous le drap noir, c'est l'humanité sortant de sa poudre. Il est impossible de juger la religion catholique, apostolique et romaine, tant que l'on n'a pas éprouvé la plus profonde des douleurs, en pleurant la personne adorée qui gît sous le cénotaphe[119] ; tant que l'on n'a pas senti toutes les émotions qui vous emplissent alors le cœur, traduites par cette hymne du désespoir, par ces cris qui écrasent les âmes, par cet effroi religieux qui grandit de strophe en strophe, qui tournoie vers le ciel, et qui épouvante, qui rapetisse, qui élève l'âme et vous laisse un sentiment de l'éternité dans la conscience, au moment où le dernier vers s'achève. Vous avez été aux prises avec la grande idée de l'infini, et alors tout se tait dans l'église. Il ne s'y dit pas une parole ; les incrédules eux-mêmes *ne savent pas ce qu'ils ont*[120]. Le génie espagnol a pu seul inventer ces majestés inouïes pour la plus inouïe des douleurs. Quand la suprême cérémonie fut achevée, douze hommes en deuil sortirent des six chapelles, et vinrent écouter autour du cercueil le chant d'espérance que l'Église fait entendre à l'âme chrétienne avant d'aller ensevelir la forme humaine[121]. Puis chacun de ces hommes monta dans une voiture drapée : Jacquet et monsieur Desmarets prirent la treizième ; les serviteurs suivirent à pied. Une heure après, les douze inconnus étaient au sommet du cimetière nommé populairement le Père-Lachaise, tous en cercle autour d'une fosse où le cercueil avait été descendu, devant une foule curieuse accourue de tous les points de ce jardin public. Puis après de courtes prières, le prêtre jeta quelques grains de terre sur la dépouille de cette femme ; et les fossoyeurs, ayant demandé leur pourboire, s'empressèrent de combler la fosse pour aller à une autre.

Ici semble finir le récit de cette histoire ; mais peut-être serait-elle incomplète si, après avoir donné un léger croquis de la vie parisienne, si, après en avoir suivi les capricieuses ondulations, les effets de la mort y étaient oubliés. La mort, dans Paris, ne ressemble à la mort dans aucune capitale, et peu de personnes connaissent les débats d'une douleur vraie aux prises avec la civilisation, avec l'administration parisienne. D'ailleurs, peut-être monsieur Jules et Ferragus XXIII intéressent-ils assez pour que le dénouement de leur vie soit dénué de froideur. Enfin beaucoup de gens aiment à se rendre compte de tout, et voudraient, ainsi que l'a dit le plus ingénieux de nos critiques[122], savoir par quel procédé chimique l'huile brûle dans la lampe d'Aladin. Jacquet, homme administratif, s'adressa naturellement à l'autorité pour en obtenir la permission d'exhumer le corps de madame Jules et de le brûler. Il alla parler au préfet de police, sous la protection de qui dorment les morts. Ce fonctionnaire voulut une pétition. Il fallut acheter une feuille de papier timbré, donner à la douleur une forme administrativc ; il fallut sc scrvir dc l'argot burcaucratiquc pour exprimer les vœux d'un homme accablé, auquel les paroles manquaient ; il fallut traduire froidement et mettre en marge l'objet de la demande :

Le pétitionnaire
sollicite l'incinération
de sa femme.

Voyant cela, le chef chargé de faire un rapport au conseiller d'État, préfet de police, dit, en lisant cette apostille, où *l'objet* de la demande était, comme il l'avait recommandé, clairement exprimé : — Mais, c'est une question grave ! mon rapport ne peut être prêt que dans huit jours.

Jules, auquel Jacquet fut forcé de parler de ce délai, comprit ce qu'il avait entendu dire à Ferragus : brûler Paris. Rien ne lui semblait plus naturel que d'anéantir ce réceptable de monstruosités.

— Mais, dit-il à Jacquet, il faut aller au ministre de l'Intérieur, et lui faire parler par ton ministre.

Jacquet se rendit au ministère de l'Intérieur, y demanda une audience qu'il obtint, mais à quinze jours de date. Jacquet était un homme persistant. Il chemina donc de bureau en bureau, et parvint au secrétaire particulier du ministre auquel il fit parler par le secrétaire particulier du ministre des Affaires étrangères. Ces hautes protections aidant, il eut, pour le lendemain, une audience furtive, pour laquelle s'étant précautionné d'un mot de l'autocrate des Affaires étrangères, écrit au pacha de l'Intérieur, Jacquet espéra enlever l'affaire d'assaut. Il prépara des raisonnements, des réponses péremptoires, des *en cas ;* mais tout échoua.

— Cela ne me regarde pas, dit le ministre. La chose concerne le préfet de police. D'ailleurs il n'y a pas de loi qui donne aux maris la propriété des corps de leurs femmes, ni aux pères celle de leurs enfants. C'est grave ! Puis il y a des considérations d'utilité publique qui veulent que ceci soit examiné. Les intérêts de la ville de Paris peuvent en souffrir. Enfin, si l'affaire dépendait immédiatement de moi, je ne pourrais pas me décider *hic et nunc* [123], il me faudrait un rapport.

Le *Rapport* est dans l'administration actuelle ce que sont les limbes dans le christianisme. Jacquet connaissait la manie du rapport, et il n'avait pas attendu cette occasion pour gémir sur ce ridicule bureaucratique. Il savait que, depuis l'envahissement des affaires par le rapport, révolution administrative consommée en 1804 [124], il ne s'était pas rencontré de ministre qui eût pris sur lui d'avoir une opinion, de décider la moindre chose, sans que cette opinion, cette chose eût été vannée, criblée, épluchée par les gâte-papier, les porte-grattoir et les sublimes intelligences de ses bureaux. Jacquet (il était un de ces hommes dignes d'avoir Plutarque pour biographe) reconnut qu'il s'était trompé dans la marche de cette affaire, et l'avait rendue impossible en voulant procéder légalement. Il fallait simplement transporter madame Jules à l'une des terres de Desmarets ; et, là, sous la complaisante autorité d'un maire de village, satisfaire la douleur de son ami. La légalité constitutionnelle et administrative n'enfante rien ; c'est un monstre infécond pour les peuples, pour les rois et pour les intérêts privés ; mais les peuples ne savent épeler que les principes écrits avec du sang ; or, les malheurs de la légalité seront toujours pacifiques ; elle aplatit une nation, voilà tout. Jacquet, homme de liberté, revint alors en songeant aux bienfaits de l'arbitraire, car l'homme ne juge les lois qu'à la lueur de ses passions. Puis, quand Jacquet se vit en présence de Jules, force lui fut de le tromper [125], et le malheureux, saisi par une fièvre violente, resta pendant deux jours au lit. Le ministre parla, le soir même, dans un dîner ministériel, de la fantaisie qu'avait un Parisien de faire brûler sa femme à la manière des Romains. Les cercles de Paris s'occupèrent alors pour un moment des funérailles antiques. Les choses anciennes devenant à la mode, quelques personnes trouvèrent qu'il serait beau de rétablir, pour les grands personnages, le bûcher funéraire. Cette opinion eut ses détracteurs et ses défenseurs. Les uns disaient qu'il y avait trop de grands hommes, et que cette coutume ferait renchérir le bois de chauffage, que chez un peuple aussi ambulatoire dans ses volontés que l'était le Français, il serait ridicule de voir à chaque terme un Longchamp [126] d'ancêtres promenés dans leurs urnes ; puis, que, si les urnes avaient de la valeur, il y avait chance de les trouver à l'encan, saisies, pleines de respectables cendres, par les créanciers, gens habitués à ne rien respecter. Les autres répondaient qu'il y aurait plus de sécurité qu'au Père-Lachaise pour les aïeux à être ainsi casés, car, dans un temps donné, la ville de Paris serait contrainte d'ordonner une Saint-Barthélemy contre ses morts qui envahissaient la campagne et menaçaient d'entreprendre un jour sur les terres de la Brie. Ce fut enfin une de ces futiles et spirituelles discussions de Paris, qui trop souvent creusent des plaies bien profondes. Heureusement pour Jules, il ignora les conversations, les bons mots, les pointes que sa douleur fournissait à Paris. Le préfet de police fut choqué de ce que monsieur Jacquet avait employé le ministre pour éviter les lenteurs, la sagesse de la haute voirie. L'exhumation de madame Jules était une question de voirie. Donc le bureau de police travaillait à répondre vertement à la pétition, car il suffit d'une demande pour que l'Administration soit saisie; or, une fois saisie, les choses vont loin, avec elle. L'Administration peut mener toutes questions jusqu'au Conseil d'État, autre machine difficile à remuer. Le second jour, Jacquet fit comprendre à son ami qu'il fallait renoncer à son projet; que, dans une ville où le nombre des larmes brodées sur les draps noirs était tarifé, où les lois admettaient sept classes d'enterrements, où l'on vendait au poids de l'argent la terre des morts, où la douleur était exploitée, tenue en partie double, où les prières de l'Église se payaient cher, où la Fabrique[127] intervenait pour réclamer le prix de quelques filets de voix ajoutées au *Dies irae*, tout ce qui sortait de l'ornière administrativement tracée à la douleur était impossible.

— C'eût été, dit Jules, un bonheur dans ma misère, j'avais formé le projet de mourir loin d'ici, et désirais tenir Clémence entre mes bras dans la tombe! Je ne savais pas que la bureaucratie pût allonger ses ongles jusque dans nos cercueils.

Puis il voulut aller voir s'il y avait près de sa femme un peu de place pour lui. Les deux amis se rendirent donc au cimetière. Arrivés là, ils trouvèrent, comme à la porte des spectacles ou à l'entrée des musées, comme dans la cour des diligences, des *ciceroni* qui s'offrirent à les guider dans le dédale du Père-Lachaise. Il leur était impossible, à l'un comme à l'autre, de savoir où gisait Clémence. Affreuse angoisse! Ils allèrent consulter le portier du cimetière. Les morts ont un concierge, et il y a des heures auxquelles les morts ne sont pas visibles. Il faudrait remuer tous les règlements de haute et basse police pour obtenir le droit de venir pleurer à la nuit, dans le silence et la solitude, sur la tombe où gît un être aimé. Il y a consigne pour l'hiver, consigne pour l'été. Certes, de tous les portiers de Paris, celui du Père-Lachaise est le plus heureux. D'abord, il n'a point de cordon à tirer; puis, au lieu d'une loge, il a une maison, un établissement qui n'est pas tout à fait un ministère, quoiqu'il y ait un très grand nombre d'administrés et plusieurs employés, que ce gouverneur des morts ait un traitement et dispose d'un pouvoir immense dont personne ne peut se plaindre : il fait de l'arbitraire à son aise. Sa loge n'est pas non plus une maison de commerce, quoiqu'il ait des bureaux, une comptabilité, des recettes, des dépenses et des profits. Cet homme n'est ni un suisse, ni un concierge, ni un portier ; la porte qui reçoit les morts est toujours béante ; puis, quoiqu'il ait des monuments à conserver, ce n'est pas un conservateur ; enfin c'est une indéfinissable anomalie, autorité qui participe de tout et qui n'est rien, autorité placée, comme la mort dont elle vit, en dehors de tout. Néanmoins cet homme exceptionnel relève de la ville de Paris, être chimérique comme le vaisseau qui lui sert d'emblème, créature de raison mue par mille pattes rarement unanimes dans leurs mouvements, en sorte que ses employés sont presque inamovibles. Ce gardien du cimetière est donc le concierge arrivé à l'état de fonctionnaire, non soluble par la dissolution. Sa place n'est d'ailleurs pas une sinécure ; il ne laisse inhumer personne sans un permis, il doit compte de ses morts, il indique dans ce vaste champ les six pieds carrés où vous mettrez quelque jour tout ce que vous aimez, tout ce que vous haïssez, une maîtresse, un cousin. Oui, sachez-le bien, tous les sentiments de Paris viennent aboutir à cette loge, et s'y administrationalisent. Cet homme a des registres pour coucher ses morts, ils sont dans leur tombe et dans ses cartons. Il a sous lui des gardiens, des jardiniers, des fossoyeurs, des aides. Il est un personnage. Les gens en pleurs ne lui parlent pas tout d'abord. Il ne comparaît que dans les cas graves : un mort pris pour un autre, un mort assassiné, une exhumation, un mort qui renaît. Le buste du roi régnant est dans sa salle, et il garde peut-être les anciens bustes royaux, impériaux, quasi royaux dans quelque armoire, espèce de petit Père-Lachaise pour les révolutions. Enfin, c'est un homme public, un excellent homme, bon père et bon époux, épitaphe à part. Mais tant de sentiments divers ont passé devant lui sous forme de corbillard ; mais il a tant vu de larmes, les vraies, les fausses ; mais il a vu la douleur sous tant de faces, et sur tant de faces, il a vu six millions de douleurs éternelles ! Pour lui, la douleur n'est plus qu'une pierre de onze lignes d'épaisseur et de quatre pieds de haut sur vingt-deux pouces de large. Quant aux *regrets*, ce sont les ennuis de sa charge, il ne déjeune ni ne dîne jamais sans essuyer la pluie d'une inconsolable affliction. Il est bon et tendre pour toutes les autres affections ; il pleurera sur quelque héros de drame, sur monsieur Germeuil de *L'Auberge des Adrets*[128], l'homme à la culotte beurre frais, assassiné par Macaire ; mais son cœur s'est ossifié à l'endroit des véritables morts. Les morts sont des chiffres pour lui ; son état est d'organiser la mort. Puis enfin, il se rencontre, trois fois par siècle, une situation où son rôle devient sublime, et alors il est sublime à toute heure... en temps de peste.

Quand Jacquet l'aborda, ce monarque absolu rentrait assez en colère.

— J'avais dit, s'écria-t-il, d'arroser les fleurs depuis la rue Masséna jusqu'à la place Regnault de Saint-Jean-d'Angély ! Vous vous êtes moqués de cela, vous autres. Sac à papier ! si les parents s'avisent de venir aujourd'hui qu'il fait beau, ils s'en prendront à moi : ils crieront comme des brûlés, ils diront des horreurs de nous et nous calomnieront...

— Monsieur, lui dit Jacquet, nous désirerions savoir où a été inhumée madame Jules.

— Madame Jules, *qui ?* demanda-t-il. Depuis huit jours, nous avons eu trois madame Jules...

— Ah ! dit-il en s'interrompant et regardant à la porte, voici le convoi du colonel de Maulincour, allez chercher le permis... Un beau convoi, ma foi ! reprit-il. Il a suivi de près sa grand-mère. Il y a des familles où ils dégringolent comme par gageure. Ça vous a un si mauvais sang, ces Parisiens.

— Monsieur, lui dit Jacquet en lui frappant sur le

bras, la personne dont je vous parle est madame Jules Desmarets, la femme de l'agent de change.

— Ah ! je sais, répondit-il en regardant Jacquet. N'était-ce pas un convoi où il y avait treize voitures de deuil, et un seul parent dans chacune des douze premières ? C'était si drôle que ça nous a frappés...

— Monsieur, prenez garde. Monsieur Jules est avec moi, il peut vous entendre, et ce que vous dites n'est pas convenable.

— Pardon, monsieur, vous avez raison. Excusez, je vous prenais pour des héritiers.

— Monsieur, reprit-il en consultant un plan du cimetière, madame Jules est rue du maréchal Lefebvre, allée n° 4, entre mademoiselle Raucourt[129], de la Comédie-Française, et monsieur Moreau-Malvin, un fort boucher, pour lequel il y a un tombeau de marbre blanc de commandé, qui sera vraiment un des plus beaux de notre cimetière.

— Monsieur, dit Jacquet en interrompant le concierge, nous ne sommes pas plus avancés...

— C'est vrai, répondit-il en regardant tout autour de lui.

— Jean, cria-t-il à un homme qu'il aperçut, conduisez ces messieurs à la fosse de madame Jules, la femme d'un agent de change ! Vous savez, près de mademoiselle Raucourt, la tombe où il y a un buste.

Et les deux amis marchèrent sous la conduite de l'un des gardiens ; mais ils ne parvinrent pas à la route escarpée qui menait à l'allée supérieure du cimetière sans avoir essuyé plus de vingt propositions que des entrepreneurs de marbrerie, de serrurerie et de sculpture vinrent leur faire avec une grâce mielleuse.

— Si monsieur voulait faire construire *quelque chose*, nous pourrions l'arranger à bien bon marché...

Jacquet fut assez heureux pour éviter à son ami ces paroles épouvantables pour des cœurs saignants, et ils arrivèrent au lieu de repos. En voyant cette terre fraîchement remuée, et où des maçons avaient enfoncé des fiches afin de marquer la place des dés de pierre nécessaires au serrurier pour poser sa grille, Jules s'appuya sur l'épaule de Jacquet, en se soulevant par intervalles, pour jeter de longs regards sur ce coin d'argile où il lui fallait laisser les dépouilles de l'être par lequel il vivait encore.

— Comme elle est mal là ! dit-il.

— Mais elle n'est pas là, lui répondit Jacquet, elle est dans ta mémoire. Allons, viens, quitte cet odieux cimetière, où les morts sont parés comme des femmes au bal.

— Si nous l'ôtions de là ?

— Est-ce possible ?

— Tout est possible, s'écria Jules.

— Je viendrai donc là, dit-il après une pause. Il y a de la place.

Jacquet réussit à l'emmener de cette enceinte divisée comme un damier par des grilles en bronze, par d'élégants compartiments où étaient enfermés des tombeaux tous enrichis de palmes, d'inscriptions, de larmes aussi froides que les pierres dont s'étaient servis des gens désolés pour faire sculpter leurs regrets et leurs larmes. Il y a là de bons mots gravés en noir, des épigrammes contre les curieux, des *concetti* [130], des adieux spirituels, des rendez-vous pris où il ne se trouve jamais qu'une personne, des biographies prétentieuses, du clinquant, des guenilles, des paillettes. Ici des thyrses ; là, des fers de lance ; plus loin, des urnes égyptiennes ; çà et là, quelques canons ; partout, les emblèmes de mille professions ; enfin tous les styles : du mauresque, du grec, du gothique, des frises, des oves, des peintures, des urnes, des génies, des temples, beaucoup d'immortelles fanées et de rosiers morts. C'est une infâme comédie ! c'est encore tout Paris avec ses rues, ses enseignes, ses industries, ses hôtels ; mais vu par le verre dégrossissant de la lorgnette, un Paris microscopique réduit aux petites dimensions des ombres, des larves, des morts, un genre humain qui n'a plus rien de grand que sa vanité. Puis Jules aperçut à ses pieds, dans la longue vallée de la Seine, entre les coteaux de Vaugirard, de Meudon, entre ceux de Belleville et de Montmartre, le véritable

Paris, enveloppé d'un voile bleuâtre, produit par ses fumées, et que la lumière du soleil rendait alors diaphane. Il embrassa d'un coup d'œil furtif ces quarante mille maisons, et dit, en montrant l'espace compris entre la colonne de la place Vendôme et la coupole d'or des Invalides : — Elle m'a été enlevée là, par la funeste curiosité de ce monde qui s'agite et se presse, pour se presser et s'agiter.

A quatre lieues de là, sur les bords de la Seine, dans un modeste village assis au penchant de l'une des collines qui dépendent de cette longue enceinte montueuse au milieu de laquelle le grand Paris se remue, comme un enfant dans son berceau, il se passait une scène de mort et de deuil, mais dégagée de toutes les pompes parisiennes, sans accompagnements de torches ni de cierges, ni de voitures drapées, sans prières catholiques, la mort toute simple. Voici le fait. Le corps d'une jeune fille était venu matinalement échouer sur la berge, dans la vase et les joncs de la Seine[131]. Des tireurs de sable, qui allaient à l'ouvrage, l'aperçurent en montant dans leur frêle bateau.

— Tiens ! cinquante francs de gagnés, dit l'un d'eux[132]. — C'est vrai, dit l'autre. Et ils abordèrent auprès de la morte. — C'est une bien belle fille. — Allons faire notre déclaration. Et les deux tireurs de sable, après avoir couvert le corps de leurs vestes, allèrent chez le maire du village, qui fut assez embarrassé d'avoir à faire le procès-verbal nécessité par cette trouvaille.

Le bruit de cet événement se répandit avec la promptitude télégraphique particulière aux pays où les communications sociales n'ont aucune interruption, et où les médisances, les bavardages, les calomnies, le conte social dont se repaît le monde ne laisse point de lacune d'une borne à une autre. Aussitôt des gens qui vinrent à la mairie tirèrent le maire de tout embarras. Ils convertirent le procès-verbal en un simple acte de décès. Par leurs soins, le corps de la fille fut reconnu pour être celui de la demoiselle Ida Gruget, couturière en corsets, demeurant rue de la

Corderie-du-Temple, n° 14. La police judiciaire intervint, la veuve Gruget, mère de la défunte, arriva, munie de la dernière lettre de sa fille. Au milieu des gémissements de la mère, un médecin constata l'asphyxie par l'invasion du sang noir dans le système pulmonaire, et tout fut dit. Les enquêtes faites, les renseignements donnés, le soir, à six heures, l'autorité permit d'inhumer la grisette. Le curé du lieu refusa de la recevoir à l'église et de prier pour elle. Ida Gruget fut alors ensevelie dans un linceul par une vieille paysanne, et mise dans cette bière vulgaire, faite en planches de sapin, puis portée au cimetière par quatre hommes, et suivie de quelques paysannes curieuses, qui se racontaient cette mort en la commentant avec une surprise mêlée de commisération. La veuve Gruget fut charitablement retenue par une vieille dame, qui l'empêcha de se joindre au triste convoi de sa fille. Un homme à triples fonctions, sonneur, bedeau, fossoyeur de la paroisse, avait fait une fosse dans le cimetière du village, cimetière d'un demi-arpent, situé derrière l'église ; une église bien connue, église classique, ornée d'une tour carrée à toit pointu couvert en ardoise, soutenue à l'extérieur par des contreforts anguleux. Derrière le rond décrit par le chœur, se trouvait le cimetière, entouré de murs en ruines, champ plein de monticules ; ni marbres, ni visiteurs, mais certes sur chaque sillon des pleurs et des regrets véritables qui manquèrent à Ida Gruget. Elle fut jetée dans un coin parmi des ronces et de hautes herbes. Quand la bière fut descendue dans ce champ si poétique par sa simplicité, le fossoyeur se trouva bientôt seul, à la nuit tombante. En comblant cette fosse, il s'arrêtait par intervalles pour regarder dans le chemin, par-dessus le mur ; il y eut un moment où, la main appuyée sur sa pioche, il examina la Seine, qui lui avait amené ce corps.

— Pauvre fille ! s'écria un homme survenu là tout à coup.

— Vous m'avez fait peur, monsieur ! dit le fossoyeur.

— Y a-t-il eu un service pour celle que vous enterrez ?

— Non, monsieur. Monsieur le curé n'a pas voulu. Voilà la première personne enterrée ici sans être de la paroisse. Ici, tout le monde se connaît. Est-ce que monsieur ?... Tiens, il est parti !

Quelques jours s'étaient écoulés, lorsqu'un homme vêtu de noir se présenta chez monsieur Jules et, sans vouloir lui parler, remit dans la chambre de sa femme une grande urne de porphyre, sur laquelle il lut ces mots :

INVITA LEGE,
CONJUGI MOERENTI
FILIOLAE CINERES
RESTITUIT,
AMICIS XII JUVANTIBUS
MORIBUNDUS PATER [133].

— Quel homme ! dit Jules en fondant en larmes.

Huit jours suffirent à l'agent de change pour obéir à tous les désirs de sa femme, et pour mettre ordre à ses affaires ; il vendit sa charge au frère de Martin Falleix [134], et partit de Paris au moment où l'Administration discutait encore s'il était licite à un citoyen de disposer du corps de sa femme.

CONCLUSION

Qui n'a pas rencontré sur les boulevards de Paris, au détour d'une rue ou sous les arcades du Palais-Royal, enfin en quelque lieu du monde où le hasard veuille le présenter, un être, un homme ou femme, à l'aspect duquel mille pensées confuses naissent en l'esprit ! À son aspect, nous sommes subitement intéressés ou par des traits dont la conformation bizarre annonce une vie agitée, ou par l'ensemble curieux que présentent les gestes, l'air, la démarche et les vêtements, ou par quelque regard profond, ou par d'autres *je ne sais quoi* qui saisissent fortement et tout à coup, sans que nous nous expliquions bien précisément la cause de notre émotion. Puis, le lendemain, d'autres pensées, d'autres images parisiennes emportent ce rêve passager. Mais si nous rencontrons encore le même personnage, soit passant à heure fixe, comme un employé de mairie qui appartient au mariage pendant huit heures, soit errant dans les promenades, comme ces gens qui semblent être un mobilier acquis aux rues de Paris, et que l'on retrouve dans les lieux publics, aux premières représentations ou chez les restaurateurs, dont ils sont le plus bel ornement, alors cette créature s'inféode à votre souvenir, et y reste comme un premier volume de roman dont la fin nous échappe. Nous sommes tentés d'interroger cet inconnu, et de lui dire : — Qui êtes-vous ? Pourquoi flânez-vous ? De quel droit avez-vous un col plissé, une canne à pomme d'ivoire, un gilet passé ? Pourquoi ces lunettes bleues à doubles verres, ou pourquoi conservez-vous la cravate des *muscadins ?* Parmi ces créations errantes, les unes appartiennent à l'espèce des dieux Termes [135] ; elles ne disent rien à l'âme ; *elles sont là,* voilà tout : pourquoi, personne ne le sait ; c'est de ces figures semblables à celles qui servent de type aux sculpteurs pour les quatre Saisons, pour le Commerce et l'Abondance. Quelques autres, anciens avoués, vieux négociants, antiques généraux, s'en vont, marchent et paraissent toujours arrêtées. Semblables à des arbres qui se trouvent à moitié déracinés au bord d'un fleuve, elles ne semblent jamais faire partie du torrent de Paris, ni de sa foule jeune et active. Il est impossible de savoir si l'on a oublié de les enterrer, ou si elles se sont échappées du cercueil ; elles sont arrivées à un état quasi fossile. Un de ces *Melmoth* [136] parisiens était venu se mêler depuis quelques jours parmi la population sage et recueillie qui, lorsque le ciel est beau, meuble infailliblement l'espace enfermé entre la grille sud du Luxembourg et la grille nord de l'Observatoire, espace sans genre, espace neutre dans Paris. En effet, là, Paris n'est plus ; et là, Paris est encore. Ce lieu tient à la fois de la place, de la rue, du boulevard, de la fortification, du jardin, de l'avenue, de la route, de la province, de la capitale ; certes, il y a tout cela ; mais ce n'est rien de tout cela : c'est un désert. Autour de ce lieu sans nom, s'élèvent les Enfants-Trouvés [137], la Bourbe, l'hôpital Cochin, les Capucins, l'hospice La Rochefoucauld [138], les Sourds-Muets, l'hôpital du Val-de-Grâce ; enfin, tous les vices et tous les malheurs de Paris ont là leur asile ; et, pour que rien ne manquât à cette enceinte philanthropique, la Science y étudie les marées et les longitudes [139] ; monsieur de Chateaubriand y a mis l'infirmerie Marie-Thérèse [140], et les Carmélites y ont fondé un couvent [141]. Les grandes situations de la vie sont représentées par les cloches qui sonnent incessamment dans ce désert, et pour la mère qui accouche, et pour l'enfant qui naît, et pour le vice qui succombe, et pour l'ouvrier qui meurt, et pour la vierge qui prie, et pour le vieillard qui a froid, et pour le génie qui se trompe. Puis, à deux pas, est le cimetière du Mont-Parnasse, qui attire d'heure en heure les chétifs convois du faubourg Saint-Marceau. Cette esplanade, d'où l'on domine Paris, a été conquise par les joueurs de boules, vieilles figures grises, pleines de bonhomie, braves gens qui continuent nos ancêtres, et dont les physionomies ne peuvent être comparées qu'à celles de leur public, à la galerie mouvante qui les suit. L'homme devenu depuis quelques jours l'habitant de ce quartier désert assistait assidûment aux parties de boules, et pouvait, certes, passer pour la créature la plus saillante de ces groupes, qui, s'il était permis d'assimiler les Parisiens aux différentes classes de la zoologie, appartiendraient au genre des mollusques. Ce nouveau venu marchait sympathiquement avcc le *cochonnet*, petite boule qui sert de point de mire, et constitue l'intérêt de la partie ; il s'appuyait contre un arbre quand le cochonnet s'arrêtait ; puis, avec la même attention qu'un chien en prête aux gestes de son maître, il regardait les boules volant dans l'air ou roulant à terre. Vous l'eussiez pris pour le génie fantastique du cochonnet. Il ne disait rien, et les joueurs de boules, les hommes les plus fanatiques qui se soient rencontrés parmi les sectaires de quelque religion que ce soit, ne lui avaient jamais demandé compte de ce silence obstiné ; seulement, quelques esprits forts le croyaient sourd et muet. Dans les occasions où il fallait déterminer les différentes distances qui se trouvaient entre les boules et le cochonnet, la canne de l'inconnu devenait la mesure infaillible, les joueurs venaient alors la prendre dans les mains glacées de ce vieillard, sans la lui emprunter par un mot, sans même lui faire un signe d'amitié. Le prêt de sa canne était comme une servitude à laquelle il avait négativement consenti. Quand il survenait une averse, il restait près du cochonnet, esclave des boules, gardien de la partie commencée. La pluie ne le surprenait pas plus que le beau temps, et il était comme les joueurs, une espèce intermédiaire entre le Parisien qui a le moins d'intelligence, et l'animal qui en a le plus. D'ailleurs, pâle et flétri, sans soins de lui-même, distrait, il venait souvent nu-tête, montrant ses cheveux blanchis et son crâne carré, jaune, dégarni, semblable au genou qui perce le pantalon d'un pauvre. Il était béant, sans idées dans le regard, sans appui précis dans la démarche ; il ne souriait jamais, ne levait jamais les yeux au ciel, et les tenait habituellement baissés vers la terre, et semblait toujours y chercher quelque chose. À quatre heures, une vieille femme venait le prendre pour le ramener on ne sait où, en le traînant à la remorque par le bras, comme une jeune fille tire une chèvre capricieuse qui veut brouter encore quand il faut venir à l'étable. Ce vieillard était quelque chose d'horrible à voir.

Dans l'après-midi, Jules, seul dans une calèche de voyage lestement menée par la rue de l'Est [142], déboucha sur l'esplanade de l'Observatoire au moment où ce vieillard, appuyé sur un arbre, se laissait prendre sa canne au milieu des vociférations de quelques joueurs pacifiquement irrités. Jules, croyant reconnaître cette figure, voulut s'arrêter, et sa voiture s'arrêta précisément. En effet, le postillon, serré par des charrettes, ne demanda point passage aux joueurs de boules insurgés, il avait trop de respect pour les émeutes, le postillon.

— C'est lui, dit Jules en découvrant enfin dans ce débris humain Ferragus XXIII, chef des Dévorants. Comme il l'aimait [143] ! ajouta-t-il après une pause. Marchez donc, postillon ! cria-t-il [144].

Paris, février 1833.

TROISIÈME ET DERNIER ÉPISODE

LA FILLE AUX YEUX D'OR

À Eugène Delacroix, peintre[1].

I

PHYSIONOMIES PARISIENNES[2]

Un des spectacles où se rencontre le plus d'épouvantement est certes l'aspect général de la population parisienne, peuple horrible à voir, hâve, jaune, tanné. Paris n'est-il pas un vaste champ incessamment remué par une tempête d'intérêts sous laquelle tourbillonne une moisson d'hommes que la mort fauche plus souvent qu'ailleurs et qui renaissent toujours aussi serrés, dont les visages contournés, tordus, rendent par tous les pores l'esprit, les désirs, les poisons dont sont engrossés leurs cerveaux ; non pas des visages, mais bien des masques : masques de faiblesse, masques de force, masques de misère, masques de joie, masques d'hypocrisie ; tous exténués, tous empreints des signes ineffaçables d'une haletante avidité ? Que veulent-ils ? De l'or, ou du plaisir ?

Quelques observations sur l'âme de Paris peuvent expliquer les causes de sa physionomie cadavéreuse qui n'a que deux âges, ou la jeunesse ou la caducité : jeunesse blafarde et sans couleur, caducité fardée qui veut paraître jeune. En voyant ce peuple exhumé, les étrangers, qui ne sont pas tenus de réfléchir, éprouvent tout d'abord un mouvement de dégoût pour cette capitale, vaste atelier de jouissances, d'où bientôt eux-mêmes ils ne peuvent sortir, et restent à s'y déformer volontiers. Peu de mots suffiront pour justifier physiologiquement la teinte presque infernale des figures parisiennes, car ce n'est pas seulement par plaisanterie que Paris a été nommé un enfer. Tenez ce mot pour vrai. Là, tout fume, tout brûle, tout brille, tout bouillonne, tout flambe, s'évapore, s'éteint, se rallume, étincelle, pétille et se consume. Jamais vie en aucun pays ne fut plus ardente, ni plus cuisante. Cette nature sociale toujours en fusion semble se dire après chaque œuvre finie : — À une autre ! comme se le dit la nature elle-même. Comme la nature, cette nature sociale s'occupe d'insectes, de fleurs d'un jour, de bagatelles, d'éphémères, et jette aussi feu et flamme par son éternel cratère. Peut-être avant d'analyser les causes qui font une physionomie spéciale à chaque tribu de cette nation intelligente et mouvante, doit-on signaler la cause générale qui en décolore, blêmit, bleuit et brunit plus ou moins les individus.

A force de s'intéresser à tout, le Parisien finit par ne s'intéresser à rien. Aucun sentiment ne dominant sur sa face usée par le frottement, elle devient grise comme le plâtre des maisons qui a reçu toute espèce de poussière et de fumée. En effet, indifférent la veille à ce dont il s'enivrera le lendemain, le Parisien vit en enfant quel que soit son âge. Il murmure de tout, se console de tout, se moque de tout, oublie tout, veut tout, goûte à tout, prend tout avec passion, quitte tout avec insouciance ; ses rois, ses conquêtes, sa gloire, son idole, qu'elle soit de bronze ou de verre ; comme il jette ses bas, ses chapeaux et sa fortune. À Paris, aucun sentiment ne résiste au jet des choses, et leur courant oblige à une lutte qui détend les passions : l'amour y est un désir, et la haine une velléité ; il n'y a là de vrai parent que le billet de mille francs, d'autre ami que le Mont-de-Piété. Ce laisser-aller général porte ses fruits ; et, dans le salon, comme dans la rue, personne n'y est de trop, personne n'y est absolument utile, ni absolument nuisible : les sots et les fripons, comme les gens d'esprit ou de probité. Tout y est toléré, le gouvernement et la guillotine, la religion et le choléra. Vous convenez toujours à ce monde, vous n'y manquez jamais. Qui donc domine en ce pays sans mœurs, sans croyance, sans aucun sentiment ; mais d'où partent et où aboutissent tous les sentiments, toutes les croyances et toutes les mœurs ? L'or et le plaisir. Prenez ces deux mots comme une lumière et parcourez cette grande cage de plâtre, cette ruche à ruisseaux noirs, et suivez-y les serpenteaux de cette pensée qui l'agite, la soulève, la travaille. Voyez. Examinez d'abord le monde qui n'a rien.

L'ouvrier, le prolétaire, l'homme qui remue ses pieds, ses mains, sa langue, son dos, son seul bras, ses cinq doigts pour vivre ; eh bien, celui-là qui, le premier, devrait économiser le principe de sa vie, il outrepasse ses forces, attelle sa femme à quelque machine, use son enfant et le cloue à un rouage. Le fabricant, le je ne sais quel fil secondaire dont le branle agite ce peuple qui, de ses mains sales, tourne et dore les porcelaines, coud les habits et les robes, amincit le fer, amenuise le bois, tisse l'acier, solidifie le chanvre et le fil, satine les bronzes, festonne le cristal, imite les fleurs, brode la laine, dresse les chevaux, tresse les harnais et les galons, découpe le cuivre, peint les voitures, arrondit les vieux ormeaux[3], vaporise le coton[4], souffle les tulles[5], corrode le diamant, polit les métaux, transforme en feuilles le marbre, lèche les cailloux, toilette la pensée, colore, blanchit et noircit tout ; eh bien, ce sous-chef est venu promettre à ce monde de sueur et de volonté, d'étude et de patience, un salaire excessif, soit au nom des caprices de la ville, soit à la voix du monstre nommé Spéculation. Alors ces quadrumanes se sont mis à veiller, pâtir, travailler, jurer, jeûner, marcher ; tous se sont excédés[6] pour gagner cet or qui les fascine. Puis, insouciants de l'avenir, avides de jouissances, comptant sur leurs bras comme le peintre sur sa palette, ils jettent, grands seigneurs d'un jour, leur argent le lundi dans les cabarets, qui font une enceinte de boue à la ville ; ceinture de la plus impudique des Vénus, incessamment pliée et dépliée, où se perd comme au jeu la fortune périodique de ce peuple, aussi féroce au plaisir qu'il est tranquille au travail. Pendant cinq jours donc, aucun repos pour cette partie agissante de

Paris ! Elle se livre à des mouvements qui la font se gauchir, se grossir, maigrir, pâlir, jaillir en mille jets de volonté créatrice. Puis son plaisir, son repos est une lassante débauche, brune de peau, noire de tapes, blême d'ivresse, ou jaune d'indigestion, qui ne dure que deux jours, mais qui vole le pain de l'avenir, la soupe de la semaine, les robes de la femme, les langes de l'enfant tous en haillons. Ces hommes, nés sans doute pour être beaux, car toute créature a sa beauté relative, se sont enrégimentés, dès l'enfance, sous le commandement de la force, sous le règne du marteau, des cisailles, de la filature, et se sont promptement vulcanisés. Vulcain, avec sa laideur et sa force, n'est-il pas l'emblème de cette laide et forte nation, sublime d'intelligence mécanique, patiente à ses heures, terrible un jour par siècle, inflammable comme la poudre, et préparée à l'incendie révolutionnaire par l'eau-de-vie, enfin assez spirituelle pour prendre feu sur un mot captieux qui signifie toujours pour elle : or et plaisir ! En comprenant tous ceux qui tendent la main pour une aumône, pour de légitimes salaires ou pour les cinq francs accordés à tous les genres de prostitution parisienne, enfin pour tout argent bien ou mal gagné, ce peuple compte trois cent mille individus. Sans les cabarets, le gouvernement ne serait-il pas renversé tous les mardis ? Heureusement, le mardi, ce peuple est engourdi, cuve son plaisir, n'a plus le sou, et retourne au travail, au pain sec, stimulé par un besoin de procréation matérielle qui, pour lui, devient une habitude. Néanmoins ce peuple a ses phénomènes de vertu, ses hommes complets, ses Napoléons inconnus, qui sont le type de ses forces portées à leur plus haute expression, et résument sa portée sociale dans une existence où la pensée et le mouvement se combinent moins pour y jeter de la joie que pour y régulariser l'action de la douleur.

Le hasard a fait un ouvrier économe, le hasard l'a gratifié d'une pensée, il a pu jeter les yeux sur l'avenir, il a rencontré une femme, il s'est trouvé père, et après quelques années de privations dures il entreprend un petit commerce de mercerie, loue une boutique. Si ni la maladie ni le vice ne l'arrêtent en sa voie, s'il a prospéré, voici le croquis de cette vie normale.

Et, d'abord, saluez ce roi du mouvement parisien [7], qui s'est soumis le temps et l'espace. Oui, saluez cette créature composée de salpêtre et de gaz [8] qui donne des enfants à la France pendant ses nuits laborieuses, et remultiplie pendant le jour son individu pour le service, la gloire et le plaisir de ses concitoyens. Cet homme résout le problème de suffire, à la fois, à une femme aimable, à son ménage, au *Constitutionnel* [9], à son bureau, à la Garde nationale [10], à l'Opéra, à Dieu ; mais pour transformer en écus *Le Constitutionnel*, le bureau, l'Opéra, la Garde nationale, la femme et Dieu. Enfin, saluez un irréprochable cumulard [11]. Levé tous les jours à cinq heures, il a franchi comme un oiseau l'espace qui sépare son domicile de la rue Montmartre. Qu'il vente ou tonne, pleuve ou neige, il est au *Constitutionnel* et y attend la charge de journaux dont il a soumissionné la distribution. Il reçoit ce pain politique avec avidité, le prend et le porte. À neuf heures, il est au sein de son ménage, débite un calembour à sa femme, lui dérobe un gros baiser, déguste une tasse de café ou gronde ses enfants. À dix heures moins un quart, il apparaît à la mairie. Là, posé sur un fauteuil, comme un perroquet sur son bâton, chauffé par la ville de Paris, il inscrit jusqu'à quatre heures, sans leur donner une larme ou un sourire, les décès et les naissances de tout un arrondissement. Le bonheur, le malheur du quartier passe par le bec de sa plume, comme l'esprit du *Constitutionnel* voyageait naguère sur ses épaules. Rien ne lui pèse ! Il va toujours droit devant lui, prend son patriotisme tout fait dans le journal, ne contredit personne, crie ou applaudit avec tout le monde, et vit en hirondelle. À deux pas de sa paroisse, il peut, en cas d'une cérémonie importante, laisser sa place à un surnuméraire, et aller chanter un *requiem* au lutrin de l'église, dont il est, le dimanche et les jours de fête, le plus bel ornement, la voix la plus imposante, où il tord avec énergie sa large bouche en faisant tonner un joyeux *Amen*. Il est chantre. Libéré à quatre heures de son service officiel, il apparaît pour répandre la joie et la gaieté au sein de la boutique la plus célèbre qui soit en la Cité. Heureuse est sa femme, il n'a pas le temps d'être jaloux ; il est plutôt homme d'action que de sentiment. Aussi, dès qu'il arrive, agace-t-il les demoiselles de comptoir, dont les yeux vifs attirent force chalands ; se gaudit [12] au sein des parures, des fichus, de la mousseline façonnée par ces habiles ouvrières ; ou, plus souvent encore, avant de dîner, il sert une pratique, copie une page du journal ou porte chez l'huissier quelque effet en retard. À six heures, tous les deux jours, il est fidèle à son poste. Inamovible basse-taille des chœurs, il se trouve à l'Opéra, prêt à y devenir soldat, Arabe, prisonnier, sauvage, paysan, ombre, patte de chameau, lion, diable, génie, esclave, eunuque noir ou blanc, toujours expert à produire de la joie, de la douleur, de la pitié, de l'étonnement, à pousser d'invariables cris, à se taire, à chasser, à se battre, à représenter Rome ou l'Égypte ; mais toujours *in petto*, mercier. À minuit, il redevient bon mari, homme, tendre père, il se glisse dans le lit conjugal, l'imagination encore tendue par les formes décevantes des nymphes de l'Opéra, et fait ainsi tourner, au profit de l'amour conjugal, les dépravations du monde et les voluptueux ronds de jambe de la Taglioni [13]. Enfin, s'il dort, il dort vite, et dépêche son sommeil comme il a dépêché sa vie. N'est-ce pas le mouvement fait homme, l'espace incarné, le protée de la civilisation ? Cet homme résume tout : histoire, littérature, politique, gouvernement, religion, art militaire. N'est-ce pas une encyclopédie vivante, un atlas grotesque, sans cesse en marche comme Paris et qui jamais ne repose ? En lui tout est jambes. Aucune physionomie ne saurait se conserver pure en de tels travaux. Peut-être l'ouvrier qui meurt vieux à trente ans, l'estomac tanné par les doses progressives de son eau-de-vie, sera-t-il trouvé, au dire de quelques philosophes bien rentés, plus heureux que ne l'est le mercier. L'un périt d'un seul coup et l'autre en détail. De ses huit industries, de ses épaules, de son gosier, de ses mains, de sa femme et de son commerce, celui-ci retire, comme d'autant de fermes, des enfants, quelque mille francs et le plus laborieux bonheur qui ait jamais récréé cœur d'homme. Cette fortune et ces enfants, ou les enfants qui résument tout pour lui, deviennent la proie du monde supérieur, auquel il porte ses écus et sa fille, ou son fils élevé au collège, qui, plus instruit que ne l'est son père, jette plus haut ses regards ambitieux. Souvent le cadet d'un petit détaillant veut être quelque chose dans l'État.

Cette ambition introduit la pensée dans la seconde des sphères parisiennes. Montez donc un étage et allez à l'entresol ; ou descendez du grenier et restez au quatrième ; enfin pénétrez dans le monde qui a quelque chose : là, même résultat. Les commerçants en gros et leurs garçons, les employés, les gens de la petite banque et de grande probité, les fripons, les âmes damnées, les premiers et les derniers commis, les clercs de l'huissier, de l'avoué, du notaire, enfin les membres agissants, pensants, spéculants de cette petite bourgeoisie qui triture les intérêts de Paris et veille à son grain, accapare les denrées, emmagasine les produits fabriqués par les prolétaires, encaque[14] les fruits du Midi, les poissons de l'Océan, les vins de toute côte aimée du soleil ; qui étend les mains sur l'Orient, y prend les châles dédaignés par les Turcs et les Russes ; va récolter jusque dans les Indes, se couche pour attendre la vente, aspire après le bénéfice, escompte les effets, roule et encaisse toutes les valeurs ; emballe en détail Paris tout entier, le voiture, guette les fantaisies de l'enfance, épie les caprices et les vices de l'âge mûr, en pressure les maladies ; eh bien, sans boire de l'eau-de-vie comme l'ouvrier, ni sans aller se vautrer dans la fange des barrières, tous excèdent aussi leurs forces ; tendent outre mesure leur corps et leur moral, l'un par l'autre ; se dessèchent de désirs, s'abîment de courses précipitées. Chez eux, la torsion physique s'accomplit sous le fouet des intérêts, sous le fléau des ambitions qui tourmentent les mondes élevés de cette monstrueuse cité, comme celle des prolétaires s'est accomplie sous le cruel balancier[15] des élaborations matérielles incessamment désirées par le despotisme du *je le veux* aristocrate. Là donc aussi, pour obéir à ce maître universel, le plaisir ou l'or, il faut dévorer le temps, presser le temps, trouver plus de vingt-quatre heures dans le jour et la nuit, s'énerver, se tuer, vendre trente ans de vieillesse pour deux ans d'un repos maladif. Seulement l'ouvrier meurt à l'hôpital, quand son dernier terme de rabougrissement s'est opéré, tandis que le petit-bourgeois persiste à vivre et vit, mais crétinisé : vous le rencontrez la face usée, plate, vieille, sans lueur aux yeux, sans fermeté dans la jambe, se traînant d'un air hébété sur le boulevard, la ceinture de sa Vénus, de sa ville chérie. Que voulait le bourgeois ? le briquet[16] du garde national, un immuable pot-au-feu, une place décente au Père-Lachaise, et pour sa vieillesse un peu d'or légitimement gagné. Son lundi, à lui, est le dimanche ; son repos est la promenade en voiture de remise, la partie de campagne, pendant laquelle femme et enfants avalent joyeusement de la poussière ou se rôtissent au soleil ; sa barrière est le restaurateur dont le vénéneux dîner a du renom, ou quelque bal de famille où l'on étouffe jusqu'à minuit. Certains niais s'étonnent de la Saint-Guy dont sont atteintes les monades que le microscope fait apercevoir dans une goutte d'eau, mais que dirait le Gargantua de Rabelais, figure d'une sublime audace incomprise, que dirait ce géant, tombé des sphères célestes[17], s'il s'amusait à contempler le mouvement de cette seconde vie parisienne, dont voici l'une des formules ? Avez-vous vu ces petites baraques, froides en été, sans autre foyer qu'une chaufferette en hiver, placées sous la vaste calotte de cuivre qui coiffe la halle au blé ? Madame est là dès le matin, elle est factrice aux halles[18] et gagne à ce métier douze mille francs par an, dit-on. Monsieur, quand madame se lève, passe dans un sombre cabinet, où il prête à la petite semaine, aux commerçants de son quartier. À neuf heures, il se trouve au bureau des passeports, dont il est un des sous-chefs. Le soir, il est à la caisse du Théâtre Italien, ou de tout autre théâtre qu'il vous plaira choisir. Les enfants sont mis en nourrice, et en reviennent pour aller au collège ou dans un pensionnat. Monsieur et madame demeurent à un troisième étage, n'ont qu'une cuisinière, donnent des bals dans un salon de douze pieds sur huit, et éclairé par des quinquets ; mais ils donnent cent cinquante mille francs à leur fille, et se reposent à cinquante ans, âge auquel ils commencent à paraître aux troisièmes loges à l'Opéra, dans un fiacre à Longchamp, ou en toilette fanée, tous les jours de soleil, sur les boulevards, l'espalier de ces fructifications. Estimé dans le quartier, aimé du gouvernement, allié à la haute bourgeoisie, Monsieur obtient à soixante-cinq ans la croix de la Légion d'honneur, et le père de son gendre, maire d'un arrondissement, l'invite à ses soirées. Ces travaux de toute une vie profitent donc à des enfants que cette petite bourgeoisie tend fatalement à élever jusqu'à la haute. Chaque sphère jette ainsi tout son frai dans sa sphère supérieure. Le fils du riche épicier se fait notaire, le fils du marchand de bois devient magistrat. Pas une dent ne manque à mordre sa rainure, et tout stimule le mouvement ascensionnel de l'argent.

Nous voici donc amenés au troisième cercle de cet enfer, qui peut-être, un jour, aura son DANTE. Dans ce troisième cercle social, espèce de ventre parisien, où se digèrent les intérêts de la ville et où ils se condensent sous la forme dite *affaires*, se remue et s'agite par un âcre et fielleux mouvement intestinal la foule des avoués, médecins, notaires, avocats, gens d'affaires, banquiers, gros commerçants, spéculateurs, magistrats. Là, se rencontrent encore plus de causes pour la destruction physique et morale que partout ailleurs. Ces gens vivent, presque tous, en d'infectes études, en des salles d'audiences empestées, dans de petits cabinets grillés, passent le jour courbés sous le poids des affaires, se lèvent dès l'aurore pour être en mesure [19], pour ne pas se laisser dévaliser, pour tout gagner ou pour ne rien perdre, pour saisir un homme ou son argent, pour emmancher ou démancher une affaire, pour tirer parti d'une circonstance fugitive, pour faire pendre ou acquitter un homme. Ils réagissent sur les chevaux, ils les crèvent, les surmènent, leur vieillissent, aussi à eux, les jambes avant le temps. Le temps est leur tyran, il leur manque, il leur échappe ; ils ne peuvent ni l'étendre, ni le resserrer. Quelle âme peut rester grande, pure, morale, généreuse, et conséquemment quelle figure demeure belle dans le dépravant exercice d'un métier qui force à supporter le poids des misères publiques, à les analyser, les peser, les estimer, les mettre en coupe réglée ? Ces gens-là déposent leur cœur, où ?... je ne sais ; mais ils le laissent quelque part, quand ils en ont un, avant de descendre tous les matins au fond des peines qui poignent les familles. Pour eux, point de mystères, ils voient l'envers de la société dont ils sont les confesseurs, et la méprisent. Or, quoi qu'ils fassent, à force de se mesurer avec la corruption, ils en ont horreur et s'attristent ; ou par lassitude, par transaction secrète, ils l'épousent ; enfin, nécessairement, ils se blasent sur tous les sentiments, eux que les lois, les hommes, les institutions font voler comme des choucas sur les cadavres encore chauds. À toute heure, l'homme d'argent pèse les vivants, l'homme des contrats pèse les morts, l'homme de loi pèse la conscience. Obligés de parler sans cesse, tous remplacent l'idée par la parole, le sentiment par la phrase, et leur âme devient un larynx. Ils s'usent et se démoralisent. Ni le grand négociant, ni le juge, ni l'avocat ne conservent leur sens droit : ils ne sentent plus, ils appliquent les règles que faussent les espèces. Emportés par leur existence torrentueuse, ils ne sont ni époux, ni pères, ni amants ; ils glissent à la ramasse [20] sur les choses de la vie, et vivent à toute heure, poussés par les affaires de la grande cité. Quand ils rentrent chez eux, ils sont requis d'aller au bal, à l'Opéra, dans les fêtes où ils vont se faire des clients, des connaissances, des protecteurs. Tous mangent démesurément, jouent, veillent, et leurs figures s'arrondissent, s'aplatissent, se rougissent. À de si terribles dépenses de forces intellectuelles, à des contractions morales si multipliées, ils opposent non pas le plaisir, il est trop pâle et ne produit aucun contraste, mais la débauche, débauche secrète, effrayante, car ils peuvent disposer de tout, et font la morale de la société. Leur stupidité réelle se cache sous une science spéciale. Ils savent leur métier, mais ils ignorent tout ce qui n'en est pas. Alors, pour sauver leur amour-propre, ils mettent tout en question, critiquent à tort et à travers ; paraissent douteurs et sont gobe-mouches en réalité, noient leur esprit dans leurs interminables discussions. Presque tous adoptent commodément les préjugés sociaux, littéraires ou politiques pour se dispenser d'avoir une opinion ; de même qu'ils mettent leurs consciences à l'abri du code, ou du tribunal de commerce. Partis de bonne heure pour être des hommes remarquables, ils deviennent médiocres, et rampent sur les sommités du monde. Aussi leurs figures offrent-elles cette pâleur aigre, ces colorations fausses, ces yeux ternis, cernés, ces bouches bavardes et sensuelles où l'observateur reconnaît les symptômes de l'abâtardissement de la pensée et sa rotation dans le cirque d'une spécialité qui tue les facultés génératives du cerveau, le don de voir en grand, de généraliser et de déduire. Ils se ratatinent presque tous dans la fournaise des affaires. Aussi jamais un homme qui s'est laissé prendre dans les concassations ou dans l'engrenage de ces immenses machines, ne peut-il devenir grand. S'il est médecin, ou il a peu fait la médecine, ou il est une exception, un Bichat qui meurt jeune [21]. Si, grand négociant, il reste quelque chose, il est presque Jacques Cœur [22]. Robespierre exerça-t-il [23] ? Danton était un paresseux qui attendait. Mais qui d'ailleurs a jamais envié les figures de Danton et de Robespierre, quelque superbes qu'elles puissent être ? Ces affairés par excellence attirent à eux l'argent et l'entassent pour s'allier aux familles aristocratiques. Si l'ambition de l'ouvrier est celle du petit-bourgeois, ici, mêmes passions encore. À Paris, la vanité résume toutes les passions. Le type de cette classe serait soit le bourgeois ambitieux, qui, après une vie d'angoisses et de manœuvres continuelles, passe au Conseil d'État comme une fourmi passe par une fente ; soit quelque rédacteur de journal, roué d'intrigues, que le Roi fait pair de France, peut-être pour se venger de la noblesse ; soit quelque notaire devenu maire de son arrondissement, tous gens laminés par les affaires et qui, s'ils arrivent à leur but, y arrivent *tués*. En France, l'usage est d'introniser la perruque. Napoléon, Louis XIV, les grands rois seuls ont toujours voulu des jeunes gens pour mener leurs desseins.

Au-dessus de cette sphère, vit le monde artiste. Mais là encore, les visages, marqués du sceau de l'originalité, sont noblement brisés, mais brisés, fatigués, sinueux. Excédés par un besoin de produire, dépassés par leurs coûteuses fantaisies, lassés par un génie dévoreur, affamés de plaisir, les artistes de Paris veulent tous regagner par d'excessifs travaux les lacunes laissées par la paresse, et cherchent vainement à concilier le monde et la gloire, l'argent et l'art. En commençant, l'artiste est sans cesse haletant sous le créancier ; ses besoins enfantent les dettes, et ses dettes lui demandent ses nuits. Après le travail, le plaisir. Le comédien joue jusqu'à minuit, étudie le matin, répète à midi ; le sculpteur plie sous sa statue ; le journaliste est une pensée en marche comme le soldat en guerre ; le peintre en vogue est accablé d'ouvrage, le peintre sans occupation se ronge les entrailles s'il se sent homme de génie. La concurrence, les rivalités, les calomnies assassinent ces talents. Les uns, désespérés, roulent dans les abîmes du vice, les autres meurent jeunes et ignorés pour s'être escompté trop tôt leur avenir. Peu de ces figures, primitivement sublimes, restent belles. D'ailleurs la beauté flamboyante de leurs têtes demeure incomprise. Un visage d'artiste est toujours exorbitant, il se trouve toujours en dessus ou en dessous des lignes convenues pour ce que les imbéciles nomment le beau idéal. Quelle puissance les détruit ? La passion. Toute passion à Paris se résout par deux termes : or et plaisir.

Maintenant, ne respirez-vous pas ? Ne sentez-vous pas l'air et l'espace purifiés ? Ici, ni travaux ni peines. La tournoyante volute de l'or a gagné les sommités. Du fond des soupiraux où commencent ses rigoles, du fond des boutiques où l'arrêtent de chétifs batardeaux [24], du sein des comptoirs et des grandes officines où il se laisse mettre en barres, l'or, sous forme de dots ou de successions, amené par la main des jeunes filles ou par les mains ossues du vieillard, jaillit vers la gent aristocratique où il va reluire, s'étaler, ruisseler. Mais avant de quitter les quatre terrains sur lesquels s'appuie la haute propriété parisienne, ne faut-il pas, après les causes morales dites, déduire les causes physiques, et faire observer une peste, pour ainsi dire sous-jacente, qui constamment agit sur les visages du portier, du boutiquier, de l'ouvrier ; signaler une délétère influence dont la corruption égale celle des administrateurs parisiens qui la laissent complaisamment subsister ! Si l'air des maisons où vivent la plupart des bourgeois est infect, si l'atmosphère des rues crache des miasmes cruels en des arrière-boutiques où l'air se raréfie, sachez qu'outre cette pestilence, les quarante mille maisons de cette grande ville baignent leurs pieds en des immondices que le pouvoir n'a pas encore voulu sérieusement enceindre de murs en béton qui pussent empêcher la plus fétide boue de filtrer à travers le sol, d'y empoisonner les puits et de continuer souterrainement à Lutèce son nom célèbre [25]. La moitié de Paris couche dans les exhalaisons putrides des cours, des rues et des basses œuvres. Mais abordons les grands salons aérés et dorés, les hôtels à jardins, le monde riche, oisif, heureux, renté. Les figures y sont étiolées et rongées par la vanité. Là rien de réel. Chercher le plaisir, n'est-ce pas trouver l'ennui ? Les gens du monde ont de bonne heure fourbu leur nature. N'étant occupés qu'à se fabriquer de la joie, ils ont promptement abusé de leurs sens, comme l'ouvrier abuse de l'eau-de-vie. Le plaisir est comme certaines substances médicales : pour obtenir constamment les mêmes effets, il faut doubler les doses, et la mort ou l'abrutissement est contenu dans la dernière. Toutes les classes inférieures sont tapies devant les riches et en guettent les goûts pour en faire des vices et les exploiter. Comment résister aux habiles séductions qui se trament en ce pays ? Aussi Paris a-t-il ses thériakis [26], pour qui le jeu, la gastrolâtrie ou la courtisane sont un opium. Aussi voyez-vous de bonne heure à ces gens-là des goûts et non des passions, des fantaisies romanesques et des amours frileux. Là règne l'impuissance ; là plus d'idées, elles ont passé comme l'énergie dans les simagrées du boudoir, dans les singeries féminines. Il y a des blancs-becs de quarante ans, de vieux docteurs de seize ans. Les riches rencontrent à Paris de l'esprit tout fait, la science toute mâchée, des opinions toutes formulées qui les dispensent d'avoir esprit, science ou opinion. Dans ce monde, la déraison est égale à la faiblesse et au libertinage. On y est avare de temps à force d'en perdre. N'y cherchez pas plus d'affections que d'idées. Les embrassades couvrent une profonde indifférence, et la politesse un mépris continuel. On n'y aime jamais autrui. Des saillies sans profondeur, beaucoup d'indiscrétions, des commérages, par-dessus tout des lieux communs ; tel est le fond de leur langage ; mais ces malheureux *Heureux* prétendent qu'ils ne se rassemblent pas pour dire et faire des maximes à la façon de La Rochefoucauld ; comme s'il n'existait pas un milieu, trouvé par le XVIIIe siècle, entre le trop-plein et le vide absolu. Si quelques hommes valides usent d'une plaisanterie fine et légère, elle est incomprise ; bientôt fatigués de donner sans recevoir, ils restent chez eux et laissent régner les sots sur leur terrain. Cette vie creuse, cette attente continuelle d'un plaisir qui n'arrive jamais, cet ennui permanent, cette inanité d'esprit, de cœur et de cervelle, cette lassitude du grand raout parisien se reproduisent sur les traits, et confectionnent ces visages de carton, ces rides prématurées, cette physionomie des riches où grimace l'impuissance, où se reflète l'or, et d'où l'intelligence a fui.

Cette vue du Paris moral prouve que le Paris physique ne saurait être autrement qu'il n'est. Cette ville à diadème est une reine qui, toujours grosse, a des envies irrésistiblement furieuses. Paris est la tête du globe, un cerveau qui crève de génie et conduit la civilisation humaine, un grand homme, un artiste incessamment créateur, un politique à seconde vue qui doit nécessairement avoir les rides du cerveau, les vices du grand homme, les fantaisies de l'artiste et les blasements[27] du politique. Sa physionomie sous-entend la germination du bien et du mal, le combat et la victoire ; la bataille morale de 89 dont les trompettes retentissent encore dans tous les coins du monde ; et aussi l'abattement de 1814. Cette ville ne peut donc pas être plus morale, ni plus cordiale, ni plus propre que ne l'est la chaudière motrice de ces magnifiques pyroscaphes[28] que vous admirez fendant les ondes ! Paris n'est-il pas un sublime vaisseau chargé d'intelligence ? Oui, ses armes sont un de ces oracles que se permet quelquefois la fatalité. La VILLE DE PARIS a son grand mât tout de bronze, sculpté de victoires, et pour vigie Napoléon[29]. Cette nauf[30] a bien son tangage et son roulis ; mais elle sillonne le monde[31], y fait feu par les cent bouches de ses tribunes, laboure les mers scientifiques, y vogue à pleines voiles, crie du haut de ses huniers par la voix de ses savants et de ses artistes : — « En avant, marchez ! suivez-moi ! » Elle porte un équipage immense qui se plaît à la pavoiser de nouvelles banderoles. Ce sont mousses et gamins riant dans les cordages ; lest de lourde bourgeoisie ; ouvriers et matelots goudronnés ; dans ses cabines, les heureux passagers ; d'élégants midshipmen[32] fument leurs cigares, penchés sur le bastingage ; puis sur le tillac, ses soldats, novateurs ou ambitieux, vont aborder à tous les rivages, et, tout en y répandant de vives lueurs, demandent de la gloire qui est un plaisir, ou des amours qui veulent de l'or.

Donc le mouvement exorbitant des prolétaires, donc la dépravation des intérêts qui broient les deux bourgeoisies, donc les cruautés de la pensée artiste, et les excès du plaisir incessamment cherché par les grands, expliquent la laideur normale de la physionomie parisienne. En Orient seulement, la race humaine offre un buste magnifique ; mais il est un effet du calme constant affecté par ces profonds philosophes à longue pipe, à petites jambes, à torses carrés, qui méprisent le mouvement et l'ont en horreur ; tandis qu'à Paris, Petits, Moyens et Grands[33] courent, sautent et cabriolent, fouettés par une impitoyable déesse, la Nécessité : nécessité d'argent, de gloire ou d'amusement. Aussi quelque visage frais, reposé, gracieux, vraiment jeune y est-il la plus extraordinaire des exceptions : il s'y rencontre rarement. Si vous en voyez un, assurément il appartient : à un ecclésiastique jeune et fervent, ou à quelque bon abbé quadragénaire, à triple menton ; à une jeune personne de mœurs pures comme il s'en élève dans certaines familles bourgeoises ; à une mère de vingt ans, encore pleine d'illusions et qui allaite son premier-né ; à un jeune homme frais débarqué de province, et confié à une douairière dévote qui le laisse sans un sou ; ou peut-être à quelque garçon de boutique, qui se couche à minuit, bien fatigué d'avoir plié ou déplié du calicot, et qui se lève à sept heures pour arranger l'étalage ; ou souvent à un homme de science ou de poésie, qui vit monastiquement en bonne fortune avec une belle idée, qui demeure sobre, patient et chaste ; ou à quelque sot, content de lui-même, se nourrissant de bêtise, crevant de santé, toujours occupé de se sourire à lui-même ; ou à l'heureuse et molle espèce des flâneurs, les seuls gens réellement heureux à Paris, et qui en dégustent à chaque heure les mouvantes poésies. Néanmoins, il est à Paris une portion d'êtres privilégiés auxquels profite ce mouvement excessif des fabrications, des intérêts, des affaires, des arts et de l'or. Ces êtres sont les femmes. Quoiqu'elles aient aussi mille causes secrètes qui là, plus qu'ailleurs, détruisent leur physionomie, il se rencontre, dans le monde féminin, de petites peuplades heureuses qui vivent à l'orientale, et peuvent conserver leur beauté ; mais ces femmes se montrent rarement à pied dans les rues, elles demeurent cachées, comme des plantes rares qui ne déploient leurs pétales qu'à certaines heures, et qui constituent de véritables exceptions exotiques. Cependant Paris est essentiellement aussi le pays des contrastes. Si les sentiments vrais y sont rares, il se rencontre aussi, là comme ailleurs, de nobles amitiés, des dévouements sans bornes. Sur ce champ de bataille des intérêts et des passions, de même qu'au milieu de ces sociétés en marche où triomphe l'égoïsme, où chacun est obligé de se défendre lui seul, et que nous appelons des *armées,* il semble que les sentiments se plaisent à être complets quand ils se montrent, et sont sublimes par juxtaposition. Ainsi des figures. À Paris, parfois, dans la haute aristocratie, se voient clairsemés quelques ravissants visages de jeunes gens, fruits d'une éducation et de mœurs tout exceptionnelles. À la juvénile beauté du sang anglais ils unissent la fermeté des traits méridionaux, l'esprit français, la pureté de la forme. Le feu de leurs yeux, une délicieuse rougeur de lèvres, le noir lustré de leur chevelure fine, un teint blanc, une coupe de visage distinguée les rendent de belles fleurs humaines, magnifiques à voir sur la masse des autres physionomies, ternies, vieillottes, crochues, grimaçantes. Aussi, les femmes admirent-elles aussitôt ces jeunes gens avec ce plaisir avide que prennent les hommes à regarder une jolie personne, décente, gracieuse, décorée de toutes les virginités dont notre imagination se plaît à embellir la fille parfaite. Si ce coup d'œil rapidement jeté sur la population de Paris a fait concevoir la rareté d'une figure raphaëlesque, et l'admiration passionnée qu'elle y doit inspirer à première vue, le principal intérêt de notre histoire se trouvera justifié. *Quod erat demonstrandum,* ce qui était à démontrer, s'il est permis d'appliquer les formules de la scolastique à la science des mœurs.

Or, par une de ces belles matinées de printemps, où les feuilles ne sont pas vertes encore, quoique dépliées ; où le soleil commence à faire flamber les toits et où le ciel est bleu ; où la population parisienne sort de ses alvéoles, vient bourdonner sur les boulevards, coule comme un serpent à mille couleurs, par la rue de la Paix vers les Tuileries, en saluant les pompes de l'hyménée que recommence la campagne ; dans une de ces joyeuses journées donc, un jeune homme, beau comme était le jour de ce jour-là, mis avec goût, aisé dans ses manières (disons le secret) un enfant de l'amour, le fils naturel de lord Dudley[34] et de la célèbre marquise de Vordac[35], se promenait dans la grande allée des Tuileries. Cet Adonis, nommé Henri de Marsay[36], naquit en France, où lord Dudley vint marier la jeune personne, déjà mère d'Henri, à un vieux gentilhomme appelé monsieur de Marsay. Ce papillon déteint et presque éteint reconnut l'enfant pour sien, moyennant l'usufruit d'une rente de cent mille francs définitivement attribuée à son fils putatif ; folie qui ne coûta pas fort cher à lord Dudley : les rentes françaises valaient alors dix-sept francs cinquante centimes. Le vieux gentilhomme mourut sans avoir connu sa femme. Madame de Marsay épousa depuis le marquis de Vordac ; mais, avant de devenir marquise, elle s'inquiéta peu de son enfant et de lord Dudley. D'abord, la guerre déclarée entre la France et l'Angleterre avait séparé les deux amants, et la fidélité *quand même*[37] n'était pas et ne sera guère de mode à Paris. Puis les succès de la femme élégante, jolie, universellement adorée étourdirent dans la Parisienne le sentiment maternel. Lord Dudley ne fut pas plus soigneux de sa progéniture, que ne l'était la mère. La prompte infidélité d'une jeune fille ardemment aimée lui donna peut-être une sorte d'aversion pour tout ce qui venait d'elle. D'ailleurs, peut-être aussi, les pères n'aiment-ils que les enfants avec lesquels ils ont fait une ample connaissance ; croyance sociale de la plus haute importance pour le repos des familles, et que doivent entretenir tous les célibataires, en prouvant que la paternité est un sentiment élevé en serre chaude par la femme, par les mœurs et les lois.

Le pauvre Henri de Marsay ne rencontra de père que dans celui des deux qui n'était pas obligé de l'être. La paternité de monsieur de Marsay fut naturellement très incomplète. Les enfants n'ont, dans l'ordre naturel, de père que pendant peu de moments ; et le gentilhomme imita la nature. Le bonhomme n'eût pas vendu son nom s'il n'avait point eu de vices. Alors il mangea sans remords dans les tripots, et but ailleurs le peu de semestres que payait aux rentiers le trésor national. Puis il livra l'enfant à une vieille sœur, une demoiselle de Marsay, qui en eut grand soin, et lui donna, sur la maigre pension allouée par son frère, un précepteur, un abbé sans sou ni maille, qui toisa l'avenir du jeune homme et résolut de se payer, sur les cent mille livres de rente, des soins donnés à son pupille, qu'il prit en affection. Ce précepteur se trouvait par hasard être un vrai prêtre, un de ces ecclésiastiques taillés pour devenir cardinaux en France ou Borgia sous la tiare. Il apprit en trois ans à l'enfant ce qu'on lui eût appris en dix ans au collège. Puis ce grand homme, nommé l'abbé de Maronis, acheva l'éducation de son élève en lui faisant étudier la civilisation sous toutes ses faces : il le nourrit de son expérience, le traîna fort peu dans les églises, alors fermées ; le promena quelquefois dans les coulisses, plus souvent chez les courtisanes ; il lui démonta les sentiments humains pièce à pièce ; lui enseigna la politique au cœur des salons où elle se rôtissait alors ; il lui numérota les machines du gouvernement, et tenta, par amitié pour une belle nature délaissée, mais riche en espérance, de remplacer virilement la mère : l'Église n'est-elle pas la mère des orphelins ? L'élève répondit à tant de soins. Ce digne homme mourut évêque en 1812, avec la satisfaction d'avoir laissé sous le ciel un enfant dont le cœur et l'esprit étaient à seize ans si bien façonnés, qu'il pouvait jouer sous jambe un homme de quarante. Qui se serait attendu à rencontrer un cœur de bronze, une cervelle alcoolisée sous les dehors les plus séduisants que les vieux peintres, ces artistes naïfs, aient donnés au serpent dans le paradis terrestre ? Ce n'est rien encore. De plus, le bon diable violet avait fait faire à son enfant de prédilection certaines connaissances dans la haute société de Paris qui pouvaient équivaloir comme produit, entre les mains du jeune homme, à cent autres mille livres de rente. Enfin, ce prêtre, vicieux mais politique, incrédule mais savant, perfide mais aimable, faible en apparence mais aussi vigoureux de tête que de corps, fut si réellement utile à son élève, si complaisant à ses vices, si bon calculateur de toute espèce de force, si profond quand il fallait faire quelque décompte humain, si jeune à table, à Frascati[38], à... je ne sais où, que le reconnaissant Henri de Marsay ne s'attendrissait plus guère, en 1814, qu'en voyant le portrait de son cher évêque, seule chose mobilière qu'ait pu lui léguer ce prélat, admirable type des hommes dont le génie sauvera l'Église catholique, apostolique et romaine, compromise en ce moment par la faiblesse de ses recrues, et par la vieillesse de ses pontifes[39] ; mais si veut l'Église. La guerre continentale empêcha le jeune de Marsay de connaître son vrai père dont il est douteux qu'il sût le nom. Enfant abandonné, il ne connut pas davantage madame de Marsay. Naturellement il regretta fort peu son père putatif. Quant à mademoiselle de Marsay, sa seule mère, il lui fit élever dans le cimetière du Père-Lachaise lorsqu'elle mourut un fort joli petit tombeau. Mgr de Maronis avait garanti à ce vieux bonnet à coques[40] l'une des meilleures places dans le ciel, en sorte que, la voyant heureuse de mourir, Henri lui donna des larmes égoïstes, il se mit à la pleurer pour lui-même. Voyant cette douleur, l'abbé sécha les larmes de son élève, en lui faisant observer que la bonne fille prenait bien dégoûtamment son tabac, et devenait si laide, si sourde, si ennuyeuse, qu'il devait des remerciements à la mort. L'évêque avait fait émanciper son élève en 1811. Puis quand la mère de monsieur de Marsay se remaria, le prêtre choisit, dans un conseil de famille, un de ces honnêtes acéphales triés par lui sur le volet du confessionnal, et le chargea d'administrer la fortune dont il appliquait bien les revenus au besoin de la communauté, mais dont il voulait conserver le capital.

Vers la fin de 1814, Henri de Marsay n'avait donc sur terre aucun sentiment obligatoire et se trouvait libre autant que l'oiseau sans compagne. Quoiqu'il eût vingt-deux ans accomplis, il paraissait en avoir à peine dix-sept[41]. Généralement, les plus difficiles de ses rivaux le regardaient comme le plus joli garçon de Paris. De son père, lord Dudley, il avait pris les yeux bleus les plus amoureusement décevants ; de sa mère, les cheveux noirs les plus touffus ; de tous deux, un sang pur, une peau de jeune fille, un air doux et modeste, une taille fine et aristocratique, de fort belles mains. Pour une femme, le voir, c'était en être folle ; vous savez ? concevoir un de ces désirs qui mordent le cœur, mais qui s'oublient par impossibilité de le satisfaire, parce que la femme est vulgairement à Paris sans ténacité. Peu d'entre elles se disent à la manière des hommes le : JE MAINTIENDRAI de la maison d'Orange. Sous cette fraîcheur de vie, et malgré l'eau limpide de ses yeux, Henri avait un courage de lion, une adresse de singe. Il coupait une balle à dix pas dans la lame d'un couteau ; montait à cheval de manière à réaliser la fable du centaure ; conduisait avec grâce une voiture à grandes guides ; était leste comme Chérubin et tranquille comme un mouton ; mais il savait battre un homme du faubourg au terrible jeu de la savate ou du bâton ; puis, il touchait du piano de manière à pouvoir se faire artiste s'il tombait dans le malheur, et possédait une voix qui lui aurait valu de Barbaja[42] cinquante mille francs par saison. Hélas, toutes ces belles qualités, ces jolis défauts étaient ternis par un épouvantable vice : il ne croyait ni aux hommes ni aux femmes, ni à Dieu ni au diable. La capricieuse nature avait commencé à le douer ; un prêtre l'avait achevé.

Pour rendre cette aventure compréhensible, il est nécessaire d'ajouter ici que lord Dudley trouva naturellement beaucoup de femmes disposées à tirer quelques exemplaires d'un si délicieux portrait. Son second chef-d'œuvre en ce genre fut une jeune fille nommée Euphémie, née d'une dame espagnole, élevée à la Havane, ramenée à Madrid avec une jeune créole des Antilles, avec les goûts ruineux des colonies ; mais heureusement mariée à un vieux et puissamment riche seigneur espagnol, don Hijos, marquis de San-Réal qui, depuis l'occupation de l'Espagne par les troupes françaises, était venu habiter Paris, et demeurait rue Saint-Lazare. Autant par insouciance que par respect pour l'innocence du jeune âge, lord Dudley ne donna point avis à ses enfants des parentés qu'il leur créait partout. Ceci est un léger inconvénient de la civilisation, elle a tant d'avantages, il faut lui passer ses malheurs en faveur de ses bienfaits. Lord Dudley, pour n'en plus parler, vint, en 1816, se réfugier à Paris, afin d'éviter les poursuites de la justice anglaise, qui, de l'Orient, ne protège que la marchandise[43]. Le lord voyageur demanda quel était ce beau jeune homme en voyant Henri. Puis, en l'entendant nommer : — Ah ! c'est mon fils. Quel malheur ! dit-il.

Telle était l'histoire du jeune homme qui, vers le milieu du mois d'avril, en 1815, parcourait nonchalamment la grande allée des Tuileries, à la manière de tous les animaux qui, connaissant leurs forces, marchent dans leur paix et leur majesté ; les bourgeoises se retournaient tout naïvement pour le revoir, les femmes ne se retournaient point, elles l'attendaient au retour, et gravaient dans leur mémoire, pour s'en souvenir à propos, cette suave figure qui n'eût pas déparé le corps de la plus belle d'entre elles.

— Que fais-tu donc ici le dimanche ? dit à Henri le marquis de Ronquerolles en passant.

— Il y a du poisson dans la nasse, répondit le jeune homme.

Cet échange de pensées se fit au moyen de deux regards significatifs et sans que ni Ronquerolles ni de Marsay eussent l'air de se reconnaître. Le jeune homme examinait les promeneurs, avec cette promptitude de coup d'œil et d'ouïe particulière au Parisien qui paraît, au premier aspect, ne rien voir et ne rien entendre, mais qui voit et entend tout. En ce moment, un jeune homme vint à lui, lui prit familièrement le bras, en lui disant : — Comment cela va-t-il, mon bon de Marsay ?

— Mais très bien, lui répondit de Marsay de cet air affectueux en apparence, mais qui entre les jeunes gens parisiens, ne prouve rien, ni pour le présent ni pour l'avenir.

En effet, les jeunes gens [44] de Paris ne ressemblent aux jeunes gens d'aucune autre ville. Ils se divisent en deux classes : le jeune homme qui a quelque chose, et le jeune homme qui n'a rien ; ou le jeune homme qui pense et celui qui dépense. Mais entendez-le bien, il ne s'agit ici que de ces indigènes qui mènent à Paris le train délicieux d'une vie élégante. Il y existe bien quelques autres jeunes gens, mais ceux-là sont des enfants qui conçoivent très tard l'existence parisienne et en restent les dupes. Ils ne spéculent pas, ils étudient, ils piochent, disent les autres. Enfin il s'y voit encore certains jeunes gens, riches ou pauvres, qui embrassent des carrières et les suivent tout uniment ; ils sont un peu l'Émile de Rousseau, de la chair à citoyen, et n'apparaissent jamais dans le monde. Les diplomates les nomment impoliment des niais. Niais ou non, ils augmentent le nombre de ces gens médiocres sous le poids desquels plie la France. Ils sont toujours là ; toujours prêts à gâcher les affaires publiques ou particulières, avec la plate truelle de la médiocrité, en se targuant de leur impuissance qu'ils nomment mœurs et probité. Ces espèces de *Prix d'excellence* sociaux infestent l'administration, l'armée, la magistrature, les chambres, la cour. Ils amoindrissent, aplatissent le pays et constituent en quelque sorte dans le corps politique une lymphe qui le surcharge et le rend mollasse. Ces honnêtes personnes nomment les gens de talent, immoraux, ou fripons. Si ces fripons font payer leurs services, du moins ils servent ; tandis que ceux-là nuisent et sont respectés par la foule ; mais heureusement pour la France, la jeunesse élégante les stigmatise sans cesse du nom de ganaches.

Donc, au premier coup d'œil, il est naturel de croire très distinctes les deux espèces de jeunes gens qui mènent une vie élégante ; aimable corporation à laquelle appartenait Henri de Marsay. Mais les observateurs qui ne s'arrêtent pas à la superficie des choses sont bientôt convaincus que les différences sont purement morales, et que rien n'est trompeur comme l'est cette jolie écorce. Néanmoins tous prennent également le pas sur tout le monde ; parlent, à tort et à travers, des choses, des hommes, de littérature, de beaux arts ; ont toujours à la bouche le *Pitt et Cobourg*[45] de chaque année ; interrompent une conversation par un calembour ; tournent en ridicule la science et le savant ; méprisent tout ce qu'ils ne connaissent pas ou tout ce qu'ils craignent ; puis se mettent au-dessus de tout, en s'instituant juges suprêmes de tout. Tous mystifieraient leurs pères, et seraient prêts à verser dans le sein de leurs mères des larmes de crocodile ; mais généralement ils ne croient à rien, médisent des femmes, ou jouent la modestie, et obéissent en réalité à une mauvaise courtisane, ou à quelque vieille femme. Tous sont également cariés jusqu'aux os par le calcul, par la dépravation, par une brutale envie de parvenir, et s'ils sont menacés de la pierre, en les sondant on la leur trouverait à tous, au cœur. À l'état normal, ils ont les plus jolis dehors, mettent l'amitié à tout propos en jeu, sont également entraînants. Le même persiflage domine leurs changeants jargons ; ils visent à la bizarrerie dans leurs toilettes, se font gloire de répéter les bêtises de tel ou tel acteur en vogue, et débutent avec qui que ce soit par le mépris ou l'impertinence pour avoir en quelque sorte la première manche à ce jeu ; mais malheur à qui ne sait pas se laisser crever un œil pour leur en crever deux. Ils paraissent également indifférents aux malheurs de la patrie, et à ses fléaux. Ils ressemblent bien enfin tous à la jolie écume blanche qui couronne le flot des tempêtes. Ils s'habillent, dînent, dansent, s'amusent le jour de la bataille de Waterloo, pendant le choléra[46], ou pendant une révolution. Enfin, ils font bien tous la même dépense; mais ici commence le parallèle. De cette fortune flottante et agréablement gaspillée, les uns ont le capital, et les autres l'attendent; ils ont les mêmes tailleurs, mais les factures de ceux-là sont à solder. Puis si les uns, semblables à des cribles, reçoivent toutes espèces d'idées, sans en garder aucune, ceux-là les comparent et s'assimilent toutes les bonnes. Si ceux-ci croient savoir quelque chose, ne savent rien et comprennent tout, prêtent tout à ceux qui n'ont besoin de rien et n'offrent rien à ceux qui ont besoin de quelque chose, ceux-là étudient secrètement les pensées d'autrui, et placent leur argent aussi bien que leurs folies à gros intérêts. Les uns n'ont plus d'impressions fidèles, parce que leur âme, comme une glace dépolie par l'user[47], ne réfléchit plus aucune image; les autres économisent leurs sens et leur vie tout en paraissant la jeter, comme ceux-là, par les fenêtres. Les premiers, sur la foi d'une espérance, se dévouent sans conviction à un système qui a le vent et remonte le courant, mais ils sautent sur une autre embarcation politique, quand la première va en dérive; les seconds toisent l'avenir, le sondent et voient dans la fidélité politique ce que les Anglais voient dans la probité commerciale, un élément de succès. Mais là où le jeune homme qui a quelque chose fait un calembour ou dit un bon mot sur le revirement du trône, celui qui n'a rien, fait un calcul public, ou une bassesse secrète, et parvient tout en donnant des poignées de main à ses amis. Les uns ne croient jamais de facultés à autrui, prennent toutes leurs idées comme neuves, comme si le monde était fait de la veille, ils ont une confiance illimitée en eux, et n'ont pas d'ennemi plus cruel que leur personne. Mais les autres sont armés d'une défiance continuelle des hommes qu'ils estiment à leur valeur, et sont assez profonds pour avoir une pensée de plus que leurs amis qu'ils exploitent; alors le soir, quand leur tête est sur l'oreiller, ils pèsent les hommes comme un avare pèse ses pièces d'or. Les uns se fâchent d'une impertinence sans portée et se laissent plaisanter par les diplomates qui les font poser devant eux en tirant le fil principal de ces pantins, l'amour-propre ; tandis que les autres se font respecter et choisissent leurs victimes et leurs protecteurs. Alors, un jour, ceux qui n'avaient rien, ont quelque chose ; et ceux qui avaient quelque chose, n'ont rien. Ceux-ci regardent leurs camarades parvenus à une position comme des sournois, des mauvais cœurs, mais aussi comme des hommes forts. — Il est très fort !... est l'immense éloge décerné à ceux qui sont arrivés, *quibuscumque viis*[48], à la politique, à une femme ou à une fortune. Parmi eux, se rencontrent certains jeunes gens qui jouent ce rôle en le commençant avec des dettes ; et naturellement, ils sont plus dangereux que ceux qui le jouent sans avoir un sou.

Le jeune homme qui s'intitulait ami de Henri de Marsay était un étourdi, arrivé de province et auquel les jeunes gens alors à la mode apprenaient l'art d'écorner proprement une succession, mais il avait un dernier gâteau à manger dans sa province, un établissement certain. C'était tout simplement un héritier passé sans transition de ses maigres cent francs par mois à toute la fortune paternelle, et qui, s'il n'avait pas assez d'esprit pour s'apercevoir que l'on se moquait de lui, savait assez de calcul pour s'arrêter aux deux tiers de son capital. Il venait découvrir à Paris, moyennant quelques billets de mille francs, la valeur exacte des harnais, l'art de ne pas trop respecter ses gants, y entendre de savantes méditations sur les gages à donner aux gens, et chercher quel forfait était le plus avantageux à conclure avec eux ; il tenait beaucoup à pouvoir parler en bons termes de ses chevaux, de son chien des Pyrénées, à reconnaître d'après la mise, le marcher, le brodequin, à quelle espèce appartenait une femme ; étudier l'écarté, retenir quelques mots à la mode, et conquérir, par son séjour dans le monde parisien, l'autorité nécessaire pour importer plus tard en province le goût du thé, l'argenterie à forme anglaise, et se donner le droit de tout mépriser autour de lui pendant le reste de ses jours. De Marsay l'avait pris en amitié pour s'en servir dans le monde, comme un hardi spéculateur se sert d'un commis de confiance. L'amitié fausse ou vraie de de Marsay était une question sociale pour Paul de Manerville qui, de son côté, se croyait fort en exploitant à sa manière son ami intime. Il vivait dans le reflet de son ami, se mettait constamment sous son parapluie, en chaussait les bottes, se dorait de ses rayons. En se posant près de Henri, ou même en marchant à ses côtés, il avait l'air de dire : — Ne nous insultez pas, nous sommes de vrais tigres. Souvent il se permettait de dire avec fatuité : — Si je demandais telle ou telle chose à Henri, il est assez mon ami pour le faire... Mais il avait soin de ne lui jamais rien demander. Il le craignait, et sa crainte, quoique imperceptible, réagissait sur les autres, et servait de Marsay. — C'est un fier homme que de Marsay, disait Paul. Ha, ha, vous verrez, il sera ce qu'il voudra être. Je ne m'étonnerais pas de le trouver un jour ministre des Affaires étrangères[49]. Rien nc lui résiste. Puis il faisait de De Marsay ce que le caporal Trim[50] faisait de son bonnet, un enjeu perpétuel. Demandez à de Marsay, et vous verrez !

Ou bien : — L'autre jour, nous chassions, de Marsay et moi, il ne voulait pas me croire, j'ai sauté un buisson sans bouger de mon cheval !

Ou bien : — Nous étions, de Marsay et moi, chez des femmes, et, ma parole d'honneur, j'étais, etc.

Ainsi Paul de Manerville ne pouvait se classer que dans la grande, l'illustre et puissante famille des niais qui arrivent. Il devait être un jour député. Pour le moment il n'était même pas un jeune homme. Son ami de Marsay le définissait ainsi : — Vous me demandez ce que c'est que Paul. Mais Paul ?... c'est Paul de Manerville.

— Je m'étonne, mon bon, dit-il à de Marsay, que vous soyez là, le dimanche.

— J'allais te faire la même question.

— Une intrigue ?

— Peut-être...

— Bah !

— Je puis bien te dire cela à toi, sans compromettre ma passion. Puis une femme qui vient le dimanche aux Tuileries n'a pas de valeur, aristocratiquement parlant.

— Ha ! ha !

— Tais-toi donc, ou je ne te dis plus rien. Tu ris trop haut, tu vas faire croire que nous avons trop déjeuné. Jeudi dernier, ici, sur la terrasse des Feuillants [51], je me promenais sans penser à rien du tout. Mais en arrivant à la grille de la rue Castiglione par laquelle je comptais m'en aller, je me trouve nez à nez avec une femme, ou plutôt avec une jeune personne qui, si elle ne m'a pas sauté au cou, fut arrêtée, je crois, moins par le respect humain que par un de ces étonnements profonds qui coupent bras et jambes, descendent le long de l'épine dorsale et s'arrêtent dans la plante des pieds pour vous attacher au sol. J'ai souvent produit des effets de ce genre, espèce de magnétisme animal qui devient très puissant lorsque les rapports sont respectivement crochus. Mais, mon cher, ce n'était ni une stupéfaction, ni une fille vulgaire. Moralement parlant, sa figure semblait dire : — Quoi, te voilà, mon idéal, l'être de mes pensées, de mes rêves du soir et du matin. Comment es-tu là ? Pourquoi ce matin ? pourquoi pas hier ? Prends-moi, je suis à toi, *et caetera !* — Bon, me dis-je en moi-même, encore une ! Je l'examine donc. Ah ! mon cher, physiquement parlant, l'inconnue est la personne la plus adorablement femme que j'aie jamais rencontrée. Elle appartient à cette variété féminine que les Romains nommaient *fulva, flava,* la femme de feu [52]. Et d'abord, ce qui m'a le plus frappé, ce dont je suis encore épris, ce sont deux yeux jaunes comme ceux des tigres ; un jaune d'or qui brille, de l'or vivant, de l'or qui pense, de l'or qui aime et veut absolument venir dans votre gousset !

— Nous ne connaissons que ça, mon cher ! s'écria

Paul. Elle vient quelquefois ici, c'est la *Fille aux yeux d'or*[53]. Nous lui avons donné ce nom-là. C'est une jeune personne d'environ vingt-deux ans, et que j'ai vue ici quand les Bourbons y étaient[54], mais avec une femme qui vaut cent mille fois mieux qu'elle.

— Tais-toi, Paul ! Il est impossible à quelque femme que ce soit de surpasser cette fille semblable à une chatte qui veut venir frôler vos jambes, une fille blanche à cheveux cendrés, délicate en apparence, mais qui doit avoir des fils cotonneux sur la troisième phalange de ses doigts ; et le long des joues un duvet blanc dont la ligne, lumineuse par un beau jour, commence aux oreilles et se perd sur le col.

— Ah ! l'autre ! mon cher de Marsay. Elle vous a des yeux noirs qui n'ont jamais pleuré, mais qui brûlent ; des sourcils noirs qui se rejoignent et lui donnent un air de dureté démentie par le réseau de ses lèvres, sur lesquelles un baiser ne reste pas, des lèvres ardentes et fraîches ; un teint mauresque auquel un homme se chauffe comme au soleil ; mais, ma parole d'honneur, elle te ressemble...

— Tu la flattes !

— Une taille cambrée, la taille élancée d'une corvette construite pour faire la course, et qui se rue sur le vaisseau marchand avec une impétuosité française, le mord et le coule bas en deux temps.

— Enfin, mon cher, que me fait celle que je n'ai point vue ! reprit de Marsay. Depuis que j'étudie les femmes, mon inconnue est la seule dont le sein vierge, les formes ardentes et voluptueuses m'aient réalisé la seule femme que j'aie rêvée, moi ! Elle est l'original de la délirante peinture, appelée *la femme caressant sa chimère*, la plus chaude, la plus infernale inspiration du génie antique[55] ; une sainte poésie prostituée par ceux qui l'ont copiée pour les fresques et les mosaïques ; pour un tas de bourgeois qui ne voient dans ce camée qu'une breloque, et la mettent à leurs clefs de montre, tandis que c'est toute la femme, un abîme de plaisirs où l'on roule sans en trouver la fin, tandis que c'est une femme idéale qui se voit quelquefois en réalité dans l'Espagne, dans l'Italie, presque jamais en France. Hé bien, j'ai revu cette fille aux yeux d'or, cette femme caressant sa chimère, je l'ai revue ici, vendredi. Je pressentais que le lendemain elle reviendrait à la même heure. Je ne me trompais point. Je me suis plu à la suivre sans qu'elle me vît, à étudier cette démarche indolente de la femme inoccupée, mais dans les mouvements de laquelle se devine la volupté qui dort. Eh bien, elle s'est retournée, elle m'a vu, m'a de nouveau adoré, a de nouveau tressailli, frissonné. Alors j'ai remarqué la véritable *duègne* espagnole qui la garde, une hyène à laquelle un jaloux a mis une robe, quelque diablesse bien payée pour garder cette suave créature... Oh ! alors, la duègne m'a rendu plus qu'amoureux, je suis devenu curieux. Samedi, personne. Me voilà, aujourd'hui, attendant cette fille dont je suis la chimère, et ne demandant pas mieux que de me poser comme le monstre de la fresque.

— La voilà, dit Paul, tout le monde se retourne pour la voir...

L'inconnue rougit, ses yeux scintillèrent en apercevant Henri, elle les ferma, et passa.

— Tu dis qu'elle te remarque ? s'écria plaisamment Paul de Manerville.

La duègne regarda fixement et avec attention les deux jeunes gens. Quand l'inconnue et Henri se rencontrèrent de nouveau, la jeune fille le frôla, et de sa main serra la main du jeune homme. Puis, elle se retourna, sourit avec passion ; mais la duègne l'entraînait fort vite, vers la grille de la rue Castiglione. Les deux amis suivirent la jeune fille en admirant la torsion magnifique de ce cou auquel la tête se joignait par une combinaison de lignes vigoureuses, et d'où se relevaient avec force quelques rouleaux de petits cheveux. La fille aux yeux d'or avait ce pied bien attaché, mince, recourbé, qui offre tant d'attraits aux imaginations friandes. Aussi était-elle élégamment chaussée, et portait-elle une robe courte. Pendant ce trajet, elle se retourna de moments en moments pour revoir Henri, et parut suivre à regret la vieille dont elle semblait être tout à la fois la maîtresse et l'esclave : elle pouvait la faire rouer de coups, mais non la faire renvoyer. Tout cela se voyait. Les deux amis arrivèrent à la grille. Deux valets en livrée dépliaient le marchepied d'un coupé de bon goût, chargé d'armoiries. La fille aux yeux d'or y monta la première, prit le côté où elle devait être vue quand la voiture se retournerait ; mit sa main sur la portière, et agita son mouchoir, à l'insu de la duègne, en se moquant du *qu'en dira-t-on* des curieux et disant à Henri publiquement à coups de mouchoir : — Suivez-moi...

— As-tu jamais vu mieux jeter le mouchoir ? dit Henri à Paul de Manerville.

Puis apercevant un fiacre prêt à s'en aller après avoir amené du monde, il fit signe au cocher de rester.

— Suivez ce coupé, voyez dans quelle rue, dans quelle maison il entrera, vous aurez dix francs. — Adieu, Paul.

Le fiacre suivit le coupé. Le coupé rentra rue Saint-Lazare, dans un des plus beaux hôtels de ce quartier[56].

II

SINGULIÈRE BONNE FORTUNE[57]

De Marsay n'était pas un étourdi. Tout autre jeune homme aurait obéi au désir de prendre aussitôt quelques renseignements sur une fille qui réalisait si bien les idées les plus lumineuses exprimées sur les femmes par la poésie orientale ; mais, trop adroit pour compromettre ainsi l'avenir de sa bonne fortune, il avait dit à son fiacre de continuer la rue Saint-Lazare, et de le ramener à son hôtel. Le lendemain, son premier valet de chambre nommé Laurent, garçon rusé comme un Frontin de l'ancienne comédie[58], attendit aux environs de la maison habitée par l'inconnue, l'heure à laquelle se distribuent les lettres. Afin de pouvoir espionner à son aise et rôder autour de l'hôtel, il avait, suivant la coutume des gens de police qui veulent se bien déguiser, acheté sur place la défroque d'un Auvergnat, en essayant d'en prendre la physionomie. Quand le facteur qui pour cette matinée faisait le service de la rue Saint-Lazare vint à passer, Laurent feignit d'être un commissionnaire en peine de se rappeler le nom d'une personne à laquelle il devait remettre un paquet, et consulta le facteur. Trompé d'abord par les apparences, ce personnage si pittoresque au milieu de la civilisation parisienne lui apprit que l'hôtel où demeurait la *Fille aux yeux d'or* appartenait à Don Hijos, marquis de San-Réal, Grand d'Espagne. Naturellement l'Auvergnat n'avait pas affaire au marquis.

— Mon paquet, dit-il, est pour la marquise.

— Elle est absente, répondit le facteur. Ses lettres sont retournées à Londres.

— La marquise n'est donc pas une jeune fille qui...

— Ah ! dit le facteur en interrompant le valet de chambre et le regardant avec attention, tu es un commissionnaire comme je danse.

Laurent montra quelques pièces d'or au fonctionnaire à claquette [59], qui se mit à sourire.

— Tenez, voici le nom de votre gibier, dit-il en prenant dans sa boîte de cuir une lettre qui portait le timbre de Londres et sur laquelle cette adresse :

A mademoiselle

PAQUITA VALDÈS,

Rue Saint-Lazare, hôtel de San-Réal.

PARIS.

était écrite en caractères allongés et menus qui annonçaient une main de femme.

— Seriez-vous cruel à une bouteille de vin de Chablis, accompagnée d'un filet sauté aux champignons, et précédée de quelques douzaines d'huîtres ? dit Laurent qui voulait conquérir la précieuse amitié du facteur.

— A neuf heures et demie, après mon service. Où ?

— Au coin de la rue de la Chaussée-d'Antin et de la rue Neuve-des-Mathurins [60], AU PUITS SANS VIN, dit Laurent.

— Écoutez, l'ami, dit le facteur en rejoignant le valet de chambre, une heure après cette rencontre, si votre maître est amoureux de cette fille, il s'inflige un fameux travail ! Je doute que vous réussissiez à la voir. Depuis dix ans que je suis facteur à Paris, j'ai pu y remarquer bien des systèmes de porte ! mais je puis bien dire, sans crainte d'être démenti par aucun de mes camarades, qu'il n'y a pas une porte aussi mystérieuse que l'est celle de monsieur de San-Réal. Personne ne peut pénétrer dans l'hôtel sans je ne sais quel mot d'ordre, et remarquez qu'il a été choisi exprès entre cour et jardin pour éviter toute communication avec d'autres maisons. Le suisse est un vieil Espagnol qui ne dit jamais un mot de français; mais qui vous dévisage les gens, comme ferait Vidocq[61], pour savoir s'ils ne sont pas des voleurs. Si ce premier guichetier pouvait se laisser tromper par un amant, par un voleur ou par vous, sans comparaison, eh bien, vous rencontreriez dans la première salle, qui est fermée par une porte vitrée, un majordome entouré de laquais, un vieux farceur encore plus sauvage et plus bourru que ne l'est le suisse. Si quelqu'un franchit la porte cochère, mon majordome sort, vous l'attend sous le péristyle et te lui fait subir un interrogatoire comme à un criminel. Ça m'est arrivé, à moi, simple facteur. Il me prenait pour un *hémisphère* déguisé, dit-il en riant de son coq-à-l'âne. Quant aux gens, n'en espérez rien tirer, je les crois muets, personne dans le quartier ne connaît la couleur de leurs paroles; je ne sais pas ce qu'on leur donne de gages pour ne point parler et pour ne point boire; le fait est qu'ils sont inabordables, soit qu'ils aient peur d'être fusillés, soit qu'ils aient une somme énorme à perdre en cas d'indiscrétion. Si votre maître aime assez mademoiselle Paquita Valdès pour surmonter tous ces obstacles, il ne triomphera certes pas de dona Concha Marialva, la duègne qui l'accompagne et qui la mettrait sous ses jupes plutôt que de la quitter. Ces deux femmes ont l'air d'être cousues ensemble.

— Ce que vous me dites, estimable facteur, reprit Laurent après avoir dégusté le vin, me confirme ce que je viens d'apprendre. Foi d'honnête homme, j'ai cru que l'on se moquait de moi. La fruitière d'en face m'a dit qu'on lâchait pendant la nuit, dans les jardins, des chiens dont la nourriture est suspenduc à des poteaux, de manière qu'ils ne puissent pas y atteindre. Ces damnés animaux croient alors que les gens susceptibles d'entrer en veulent à leur manger, et les mettraient en pièces. Vous me direz qu'on peut leur jeter des boulettes, mais il paraît qu'ils sont dressés à ne rien manger que de la main du concierge.

— Le portier de monsieur le baron de Nucingen, dont le jardin touche par en haut à celui de l'hôtel San-Réal, me l'a dit effectivement, reprit le facteur[62].

— Bon, mon maître le connaît, se dit Laurent. Savez-vous, reprit-il en guignant le facteur, que j'appartiens à un maître qui est un fier homme, et s'il se mettait en tête de baiser la plante des pieds d'une impératrice, il faudrait bien qu'elle en passât par là ? S'il avait besoin de vous, ce que je vous souhaite, car il est généreux, pourrait-on compter sur vous ?

— Dame, monsieur Laurent, je me nomme Moinot. Mon nom s'écrit absolument comme un moineau : M-o-i-n-o-t, not, Moinot.

— Effectivement, dit Laurent.

— Je demeure rue des Trois-Frères[63], n° 11, au cintième, reprit Moinot ; j'ai une femme et quatre enfants. Si ce que vous voudrez de moi ne dépasse pas les possibilités de la conscience et mes devoirs administratifs, vous comprenez ! je suis le vôtre.

— Vous êtes un brave homme, lui dit Laurent en lui serrant la main.

— Paquita Valdès est sans doute la maîtresse du marquis de San-Réal, l'ami du roi Ferdinand. Un vieux cadavre espagnol de quatre-vingts ans est seul capable de prendre des précautions semblables, dit Henri quand son valet de chambre lui eut raconté le résultat de ses recherches.

— Monsieur, lui dit Laurent, à moins d'y arriver en ballon, personne ne peut entrer dans cet hôtel-là.

— Tu es une bête ! Est-il donc nécessaire d'entrer dans l'hôtel pour avoir Paquita, du moment où Paquita peut en sortir ?

— Mais, monsieur, et la duègne ?

— On la chambrera pour quelques jours, ta duègne.

— Alors, nous aurons Paquita ! dit Laurent en se frottant les mains.

— Drôle ! répondit Henri, je te condamne à la Concha si tu pousses l'insolence jusqu'à parler ainsi d'une femme avant que je ne l'aie eue. Pense à m'habiller, je vais sortir.

Henri resta pendant un moment plongé dans de joyeuses réflexions. Disons-le à la louange des femmes, il obtenait toutes celles qu'il daignait désirer. Et que faudrait-il donc penser d'une femme sans amant, qui aurait su résister à un jeune homme armé de la beauté qui est l'esprit du corps, armé de l'esprit qui est une grâce de l'âme, armé de la force morale et de la fortune qui sont les deux seules puissances réelles ? Mais en triomphant aussi facilement, de Marsay devait s'ennuyer de ses triomphes ; aussi, depuis environ deux ans s'ennuyait-il beaucoup. En plongeant au fond des voluptés, il en rapportait plus de gravier que de perles. Donc il en était venu, comme les souverains, à implorer du hasard quelque obstacle à vaincre, quelque entreprise qui demandât le déploiement de ses forces morales et physiques inactives. Quoique Paquita Valdès lui présentât le merveilleux assemblage des perfections dont il n'avait encore joui qu'en détail, l'attrait de la passion était presque nul chez lui. Une satiété constante avait affaibli dans son cœur le sentiment de l'amour. Comme les vieillards et les gens blasés, il n'avait plus que des caprices extravagants, des goûts ruineux, des fantaisies qui, satisfaites, ne lui laissaient aucun bon souvenir au cœur. Chez les jeunes gens, l'amour est le plus beau des sentiments, il fait fleurir la vie dans l'âme, il épanouit par sa puissance solaire les plus belles inspirations et leurs grandes pensées : les prémices en toute chose ont une délicieuse saveur. Chez les hommes, l'amour devient une passion : la force mène à l'abus. Chez les vieillards, il se tourne au vice : l'impuissance conduit à l'extrême. Henri était à la fois vieillard, homme et jeune. Pour lui rendre les émotions d'un véritable amour, il lui fallait comme à Lovelace une Clarisse Harlowe. Sans le reflet magique de cette perle introuvable, il ne pouvait plus avoir que, soit des passions aiguisées par quelque vanité parisienne, soit des partis pris avec lui-même de faire arriver telle femme à tel degré de corruption, soit des aventures qui stimulassent sa curiosité. Le rapport de Laurent, son valet de chambre, venait de donner un prix énorme à la *Fille aux yeux d'or*. Il s'agissait de livrer bataille à quelque ennemi secret, qui paraissait aussi dangereux qu'habile ; et, pour remporter la victoire, toutes les forces dont Henri pouvait disposer n'étaient pas inutiles. Il allait jouer cette éternelle vieille comédie qui sera toujours neuve, et dont les personnages sont un vieillard, une jeune fille et un amoureux : don Hijos, Paquita, de Marsay. Si Laurent valait Figaro, la duègne paraissait incorruptible. Ainsi, la pièce vivante était plus fortement nouée par le hasard qu'elle ne l'avait jamais été par aucun auteur dramatique ! Mais aussi le hasard n'est-il pas un homme de génie ?

— Il va falloir jouer serré, se dit Henri.

— Eh bien, lui dit Paul de Manerville en entrant, où en sommes-nous ? Je viens déjeuner avec toi.

— Soit, dit Henri. Tu ne te choqueras pas si je fais ma toilette devant toi ?

— Quelle plaisanterie !

— Nous prenons tant de choses des Anglais en ce moment que nous pourrions devenir hypocrites et prudes comme eux, dit Henri.

Laurent avait apporté devant son maître tant d'ustensiles, tant de meubles différents, et de si jolies choses, que Paul ne put s'empêcher de dire : — Mais, tu vas en avoir pour deux heures ?

— Non ! dit Henri, deux heures et demie.

— Eh bien, puisque nous sommes entre nous et que nous pouvons tout nous dire, explique-moi pourquoi un homme supérieur autant que tu l'es, car tu es supérieur, affecte d'outrer une fatuité qui ne doit pas être naturelle en lui. Pourquoi passer deux heures et demie à s'étriller, quand il suffit d'entrer un quart d'heure dans un bain, de se peigner en deux temps, et de se vêtir ? Là, dis-moi ton système.

— Il faut que je t'aime bien, mon gros balourd, pour te confier de si hautes pensées, dit le jeune homme qui se faisait en ce moment brosser les pieds avec une brosse douce frottée de savon anglais.

— Mais je t'ai voué le plus sincère attachement, répondit Paul de Manerville, et je t'aime en te trouvant supérieur à moi...

— Tu as dû remarquer, si toutefois tu es capable d'observer un fait moral, que la femme aime le fat, reprit de Marsay sans répondre autrement que par un regard à la déclaration de Paul. Sais-tu pourquoi les femmes aiment les fats ? Mon ami, les fats sont les seuls hommes qui aient soin d'eux-mêmes. Or, avoir trop soin de soi, n'est-ce pas dire qu'on soigne en soi-même le bien d'autrui ? L'homme qui ne s'appartient pas est précisément l'homme dont les femmes sont friandes. L'amour est essentiellement voleur. Je ne te parle pas de cet excès de propreté dont elles raffolent. Trouves-en une qui se soit passionnée pour un *sans-soin*, fût-ce un homme remarquable ? Si le fait a eu lieu, nous devons le mettre sur le compte des envies de femme grosse, ces idées folles qui passent par la tête à tout le monde. Au contraire, j'ai vu des gens fort remarquables plantés net pour cause de leur incurie. Un fat qui s'occupe de sa personne s'occupe d'une niaiserie, de petites choses. Et qu'est-ce que la femme ? Une petite chose, un ensemble de niaiseries. Avec deux mots dits en l'air, ne la fait-on pas travailler pendant quatre heures ? Elle est sûre que le fat s'occupera d'elle, puisqu'il ne pense pas à de grandes choses. Elle ne sera jamais négligée pour la gloire, l'ambition, la politique, l'art, ces grandes filles publiques qui, pour elle, sont des rivales. Puis les fats ont le courage de se couvrir de ridicule pour plaire à la femme, et son cœur est plein de récompenses pour l'homme ridicule par amour. Enfin, un fat ne peut être fat que s'il a raison de l'être. C'est les femmes qui nous donnent ce grade-là. Le fat est le colonel de l'amour, il a des bonnes fortunes, il a son régiment de femmes à commander ! Mon cher ! à Paris, tout se sait, et un homme ne peut pas y être fat *gratis*. Toi qui n'as qu'une femme et qui peut-être as raison de n'en avoir qu'une, essaie de faire le fat?... tu ne deviendras même pas ridicule, tu seras mort. Tu deviendrais un préjugé à deux pattes, un de ces hommes condamnés inévitablement à faire une seule et même chose. Tu signifierais *sottise* comme monsieur de La Fayette signifie Amérique; monsieur de Talleyrand, diplomatie; Désaugiers, chanson; monsieur de Ségur, romance[64]. S'ils sortent de leur genre, on ne croit plus à la valeur de ce qu'ils font. Voilà comme nous sommes en France, toujours souverainement injustes! Monsieur de Talleyrand est peut-être un grand financier, monsieur de La Fayette un tyran, et Désaugiers un administrateur. Tu aurais quarante femmes l'année suivante, on ne t'en accorderait pas publiquement une seule. Ainsi donc la fatuité, mon ami Paul, est le signe d'un incontestable pouvoir conquis sur le peuple femelle. Un homme aimé par plusieurs femmes passe pour avoir des qualités supérieures; et alors c'est à qui l'aura, le malheureux! Mais crois-tu que ce ne soit rien aussi que d'avoir le droit d'arriver dans un salon, d'y regarder tout le monde du haut de sa cravate, ou à travers un lorgnon, et de pouvoir mépriser l'homme le plus supérieur s'il porte un gilet arriéré? Laurent, tu me fais mal! Après déjeuner, Paul, nous irons aux Tuileries voir l'adorable *Fille aux yeux d'or*.

Quand, après avoir fait un excellent repas, les deux jeunes gens eurent arpenté la terrasse des Feuillants et la grande allée des Tuileries, ils ne rencontrèrent nulle part la sublime Paquita Valdès pour le compte de laquelle se trouvaient cinquante des plus élégants jeunes gens de Paris, tous musqués, haut cravatés, bottés, éperonnaillés, cravachant, marchant, parlant, riant, et se donnant à tous les diables.

— Messe blanche, dit Henri; mais il m'est venu la plus excellente idée du monde. Cette fille reçoit des lettres de Londres, il faut acheter ou griser le facteur, décacheter une lettre, naturellement la lire, y glisser un petit billet doux, et la recacheter. Le vieux tyran, *crudel tiranno*, doit sans doute connaître la personne qui écrit les lettres venant de Londres et ne s'en défie plus.

Le lendemain, de Marsay vint encore se promener au soleil sur la terrasse des Feuillants, et y vit Paquita Valdès : déjà pour lui la passion l'avait embellie. Il s'affola sérieusement de ces yeux dont les rayons semblaient avoir la nature de ceux que lance le soleil et dont l'ardeur résumait celle de ce corps parfait où tout était volupté. De Marsay brûlait de frôler la robe de cette séduisante fille quand ils se rencontraient dans leur promenade ; mais ses tentatives étaient toujours vaines. En un moment où il avait dépassé la duègne et Paquita, pour pouvoir se trouver du côté de la *Fille aux yeux d'or* quand il se retournerait, Paquita, non moins impatiente, s'avança vivement, et de Marsay se sentit presser la main par elle d'une façon tout à la fois si rapide et si passionnément significative, qu'il crut avoir reçu le choc d'une étincelle électrique. En un instant toutes ses émotions de jeunesse lui sourdirent au cœur. Quand les deux amants se regardèrent, Paquita parut honteuse ; elle baissa les yeux pour ne pas revoir les yeux d'Henri, mais son regard se coula par en dessous pour regarder les pieds et la taille de celui que les femmes nommaient avant la révolution *leur vainqueur*.

— J'aurai décidément cette fille pour maîtresse, se dit Henri.

En la suivant au bout de la terrasse, du côté de la place Louis XV, il aperçut le vieux marquis de San-Réal qui se promenait appuyé sur le bras de son valet de chambre, en marchant avec toute la précaution d'un goutteux et d'un cacochyme. Dona Concha, qui se défiait d'Henri, fit passer Paquita entre elle et le vieillard.

— Oh ! toi, se dit de Marsay en jetant un regard de mépris sur la duègne, si l'on ne peut pas te faire capituler, avec un peu d'opium l'on t'endormira. Nous connaissons la Mythologie et la fable d'Argus[65].

Avant de monter en voiture, la *Fille aux yeux d'or* échangea avec son amant quelques regards dont l'expression n'était pas douteuse et dont Henri fut ravi ; mais la duègne en surprit un, et dit vivement quelques mots à Paquita, qui se jeta dans le coupé d'un air désespéré. Pendant quelques jours Paquita ne vint plus aux Tuileries. Laurent, qui, par ordre de son maître, alla faire le guet autour de l'hôtel, apprit par les voisins que ni les deux femmes ni le vieux marquis n'étaient sortis depuis le jour où la duègne avait surpris un regard entre la jeune fille commise à sa garde et Henri. Le lien si faible qui unissait les deux amants était donc déjà rompu.

Quelques jours après, sans que personne sût par quels moyens, de Marsay était arrivé à son but, il avait un cachet et de la cire absolument semblables au cachet et à la cire qui cachetaient les lettres envoyées de Londres à mademoiselle Valdès, du papier pareil à celui dont se servait le correspondant, puis tous les ustensiles et les fers nécessaires pour y apposer les timbres des postes anglaise et française. Il avait écrit la lettre suivante, à laquelle il donna toutes les façons d'une lettre envoyée de Londres.

« Chère Paquita, je n'essaierai pas de vous peindre, par des paroles, la passion que vous m'avez inspirée. Si, pour mon bonheur, vous la partagez, sachez que j'ai trouvé les moyens de correspondre avec vous. Je me nomme Adolphe de Gouges[66], et demeure rue de l'Université, n° 54. Si vous êtes trop surveillée pour m'écrire, si vous n'avez ni papier ni plumes, je le saurai par votre silence. Donc, si demain, de huit heures du matin à dix heures du soir, si vous n'avez pas jeté de lettre par-dessus le mur de votre jardin dans celui du baron de Nucingen[67], où l'on attendra pendant toute la journée, un homme qui m'est entièrement dévoué vous glissera par-dessus le mur, au bout d'une corde, deux flacons, à dix heures du matin, le lendemain. Soyez à vous promener vers ce moment-là, l'un des deux flacons contiendra de l'opium pour endormir votre Argus, il suffira de lui en donner six gouttes. L'autre contiendra de l'encre. Le flacon à l'encre est taillé, l'autre est uni. Tous deux sont assez plats pour que vous puissiez les cacher dans votre corset. Tout ce que j'ai fait déjà pour pouvoir correspondre avec vous doit vous dire combien je vous aime. Si vous en doutiez, je vous avoue que, pour obtenir un rendez-vous d'une heure, je donnerais ma vie. »

— Elles croient cela pourtant, ces pauvres créatures ! se dit de Marsay ; mais elles ont raison. Que penserions-nous d'une femme qui ne se laisserait pas séduire par une lettre d'amour accompagnée de circonstances si probantes ?

Cette lettre fut remise par le sieur Moinot, facteur, le lendemain, vers huit heures du matin, au concierge de l'hôtel San-Réal.

Pour se rapprocher du champ de bataille, de Marsay était venu déjeuner chez Paul, qui demeurait rue de la Pépinière. À deux heures, au moment où les deux amis se contaient en riant la déconfiture d'un jeune homme qui avait voulu mener le train de la vie élégante sans une fortune assise, et qu'ils lui cherchaient une fin, le cocher d'Henri vint chercher son maître jusque chez Paul, et lui présenta un personnage mystérieux, qui voulait absolument lui parler à lui-même. Ce personnage était un mulâtre dont Talma se serait certes inspiré pour jouer Othello s'il l'avait rencontré. Jamais figure africaine n'exprima mieux la grandeur dans la vengeance, la rapidité du soupçon, la promptitude dans l'exécution d'une pensée, la force du Maure et son irréflexion d'enfant. Ses yeux noirs avaient la fixité des yeux d'un oiseau de proie, et ils étaient enchâssés, comme ceux d'un vautour, par une membrane bleuâtre dénuée de cils. Son front, petit et bas, avait quelque chose de menaçant. Évidemment cet homme était sous le joug d'une seule et même pensée. Son bras nerveux ne lui appartenait pas. Il était suivi d'un homme que toutes les imaginations, depuis celles qui grelottent au Groënland jusqu'à celles qui suent à la Nouvelle-Angleterre, se peindront d'après cette phrase : *c'était un homme malheureux*. A ce mot, tout le monde le devinera, se le représentera d'après les idées particulières à chaque pays. Mais qui se figurera son visage blanc, ridé, rouge aux extrémités, et sa barbe longue ? qui verra sa cravate jaunasse en corde, son col de chemise gras, son chapeau tout usé, sa redingote verdâtre, son pantalon piteux, son gilet recroquevillé, son épingle en faux or, ses souliers crottés, dont les rubans avaient barboté dans la boue ? qui le comprendra dans toute l'immensité de sa misère présente et passée ? Qui ? le Parisien seulement. L'homme malheureux de Paris est l'homme malheureux complet, car il trouve encore de la joie pour savoir combien il est malheureux. Le mulâtre semblait être un bourreau de Louis XI tenant un homme à pendre.

— Qu'est-ce qui nous a pêché ces deux drôles-là ? dit Henri.

— Pantoufle ! il y en a un qui me donne le frisson, répondit Paul.

— Qui es-tu, toi qui as l'air d'être le plus chrétien des deux ? dit Henri en regardant l'homme malheureux.

Le mulâtre resta les yeux attachés sur ces deux jeunes gens, en homme qui n'entendait rien, et qui cherchait néanmoins à deviner quelque chose d'après les gestes et le mouvement des lèvres.

— Je suis écrivain public et interprète. Je demeure au Palais de Justice et me nomme Poincet.

— Bon ! Et celui-là ? dit Henri à Poincet en montrant le mulâtre.

— Je ne sais pas ; il ne parle qu'une espèce de patois espagnol, et m'a emmené ici pour pouvoir s'entendre avec vous.

Le mulâtre tira de sa poche la lettre écrite à Paquita par Henri, et la lui remit, Henri la jeta dans le feu.

— Eh bien, voilà qui commence à se dessiner, se dit en lui-même Henri. Paul, laisse-nous seuls un moment.

— Je lui ai traduit cette lettre, reprit l'interprète lorsqu'ils furent seuls. Quand elle fut traduite, il a été je ne sais où. Puis il est revenu me chercher pour m'amener ici en me promettant deux louis.

— Qu'as-tu à me dire, Chinois ? demanda Henri.

— Je ne lui ai pas dit *Chinois,* dit l'interprète en attendant la réponse du mulâtre.

— Il dit, monsieur, reprit l'interprète après avoir écouté l'inconnu, qu'il faut que vous vous trouviez demain soir, à dix heures et demie, sur le boulevard Montmartre, auprès du café. Vous y verrez une voiture, dans laquelle vous monterez en disant à celui qui sera prêt à ouvrir la portière le mot *cortejo,* un mot espagnol qui veut dire *amant,* ajouta Poincet en jetant un regard de félicitation à Henri.

— Bien !

Le mulâtre voulut donner deux louis ; mais de Marsay ne le souffrit pas et récompensa l'interprète ; pendant qu'il le payait, le mulâtre proféra quelques paroles.

— Que dit-il ?

— Il me prévient, répondit l'homme malheureux, que, si je fais une seule indiscrétion, il m'étranglera. Il est gentil, et il a très fort l'air d'en être capable.

— J'en suis sûr, répondit Henri. Il le ferait comme il le dit.

— Il ajoute, reprit l'interprète, que la personne dont il est l'envoyé vous supplie, pour vous et pour elle, de mettre la plus grande prudence dans vos actions, parce que les poignards levés sur vos têtes tomberaient dans vos cœurs, sans qu'aucune puissance humaine pût vous en garantir.

— Il a dit cela ! Tant mieux, ce sera plus amusant. — Mais tu peux entrer, Paul ! cria-t-il à son ami.

Le mulâtre, qui n'avait cessé de regarder l'amant de Paquita Valdès avec une attention magnétique, s'en alla suivi de l'interprète.

— Enfin, voici donc une aventure bien romanesque, se dit Henri quand Paul revint. A force de participer à quelques-unes, j'ai fini par rencontrer dans ce Paris une intrigue accompagnée de circonstances graves, de périls majeurs. Ah ! diantre, combien le danger rend la femme hardie ! Gêner une femme, la vouloir contraindre, n'est-ce pas lui donner le droit et le courage de franchir en un moment des barrières qu'elle mettrait des années à sauter ? Gentille créature, va, saute. Mourir ? pauvre enfant ! Des poignards ? imagination de femmes ! Elles sentent toutes le besoin de faire valoir leur petite plaisanterie. D'ailleurs on y pensera, Paquita ! on y pensera, ma fille ! Le diable m'emporte, maintenant que je sais que cette belle fille, ce chef-d'œuvre de la nature est à moi, l'aventure a perdu de son piquant.

Malgré cette parole légère, le jeune homme avait reparu chez Henri. Pour attendre jusqu'au lendemain sans souffrances, il eut recours à d'exorbitants plaisirs : il joua, dîna, soupa avec ses amis ; il but comme un fiacre, mangea comme un Allemand, et gagna dix ou douze mille francs. Il sortit du Rocher de Cancale[68] à deux heures du matin, dormit comme un enfant, se réveilla le lendemain frais et rose, et s'habilla pour aller aux Tuileries, en se proposant de monter à cheval après avoir vu Paquita pour gagner de l'appétit et mieux dîner, afin de pouvoir brûler le temps.

A l'heure dite, Henri fut sur le boulevard, vit la voiture et donna le mot d'ordre à un homme qui lui parut être le mulâtre. En entendant ce mot, l'homme ouvrit la portière et déplia vivement le marchepied. Henri fut si rapidement emporté dans Paris, et ses pensées lui laissèrent si peu de faculté de faire attention aux rues par lesquelles il passait, qu'il ne sut où la voiture s'arrêta. Le mulâtre l'introduisit dans une maison où l'escalier se trouvait près de la porte cochère. Cet escalier était sombre, aussi bien que le palier sur lequel Henri fut obligé d'attendre pendant le temps que le mulâtre mit à ouvrir la porte d'un appartement humide, nauséabond, sans lumière, et dont les pièces, à peine éclairées par la bougie que son guide trouva dans l'antichambre, lui parurent vides et mal meublées, comme le sont celles d'une maison dont les habitants sont en voyage. Il reconnut cette sensation que lui procurait la lecture d'un de ces romans d'Anne Radcliffe où le héros traverse les salles froides, sombres, inhabitées, de quelque lieu triste et désert. Enfin le mulâtre ouvrit la porte d'un salon. L'état des vieux meubles et des draperies passées dont cette pièce était ornée la faisait ressembler au salon d'un mauvais lieu. C'était la même prétention à l'élégance et le même assemblage de choses de mauvais goût, de poussière et de crasse. Sur un canapé couvert en velours d'Utrecht rouge, au coin d'une cheminée qui fumait, et dont le feu était enterré dans les cendres, se tenait une vieille femme assez mal vêtue, coiffée d'un de ces turbans que savent inventer les femmes anglaises quand elles arrivent à un certain âge, et qui auraient infiniment de succès en Chine, où le beau idéal des artistes est la monstruosité. Ce salon, cette vieille femme, ce foyer froid, tout eût glacé l'amour, si Paquita n'avait pas été là sur une causeuse dans un voluptueux peignoir, libre de jeter ses regards d'or et de flamme, libre de montrer son pied recourbé, libre de ses mouvements lumineux. Cette première entrevue fut ce que sont tous les premiers rendez-vous que se donnent des personnes passionnées qui ont rapidement franchi les distances et qui se désirent ardemment, sans néanmoins se connaître. Il est impossible qu'il ne se rencontre pas d'abord quelques discordances dans cette situation, gênante jusqu'au moment où les âmes se sont mises au même ton. Si le désir donne de la hardiesse à l'homme et le dispose à ne rien ménager ; sous peine de ne pas être femme, la maîtresse, quelque extrême que soit son amour, est effrayée de se trouver si promptement arrivée au but et face à face avec la nécessité de se donner, qui pour beaucoup de femmes équivaut à une chute dans un abîme, au fond duquel elles ne savent pas ce qu'elles trouveront. La froideur involontaire de cette femme contraste avec sa passion avouée et réagit nécessairement sur l'amant le plus épris. Ces idées, qui souvent flottent comme des vapeurs à l'alentour des âmes, y déterminent donc une sorte de maladie passagère. Dans le doux voyage que deux êtres entreprennent à travers les belles contrées de l'amour, ce moment est comme une lande à traverser, une lande sans bruyères, alternativement humide et chaude, pleine de sables ardents, coupée par des marais, et qui mène aux riants bocages vêtus de roses où se déploient l'amour et son cortège de plaisirs sur des tapis de fine verdure. Souvent l'homme spirituel se trouve doué d'un rire bête qui lui sert de réponse à tout ; son esprit est comme engourdi sous la glaciale compression de ses désirs. Il ne serait pas impossible que deux êtres également beaux, spirituels et passionnés, parlassent d'abord des lieux communs les plus niais, jusqu'à ce que le hasard, un mot, le tremblement d'un certain regard, la communication d'une étincelle, leur ait fait rencontrer l'heureuse transition qui les amène dans le sentier fleuri où l'on ne marche pas, mais où l'on roule sans néanmoins descendre. Cet état de l'âme est toujours en raison de la violence des sentiments. Deux êtres qui s'aiment faiblement n'éprouvent rien de pareil. L'effet de cette crise peut encore se comparer à celui que produit l'ardeur d'un ciel pur. La nature semble au premier aspect couverte d'un voile de gaze, l'azur du firmament paraît noir, l'extrême lumière ressemble aux ténèbres. Chez Henri, comme chez l'Espagnole, il se rencontrait une égale violence : et cette loi de la statique en vertu de laquelle deux forces identiques s'annulent en se rencontrant pourrait être vraie aussi dans le règne moral. Puis l'embarras de ce moment fut singulièrement augmenté par la présence de la vieille momie. L'amour s'effraie ou s'égaie de tout, pour lui tout a un sens, tout lui est présage heureux ou funeste. Cette femme décrépite était là comme un dénouement possible, et figurait l'horrible queue de poisson par laquelle les symboliques génies de la Grèce ont terminé les Chimères et les Sirènes, si séduisantes, si décevantes par le corsage, comme le sont toutes les passions au début. Quoique Henri fût, non pas un esprit fort, ce mot est toujours une raillerie, mais un homme d'une puissance extraordinaire, un homme aussi grand qu'on peut l'être sans croyance, l'ensemble de toutes ces circonstances le frappa. D'ailleurs les hommes les plus forts sont naturellement les plus impressionnés, et conséquemment les plus superstitieux, si toutefois l'on peut appeler superstition le préjugé du premier mouvement, qui sans doute est l'aperçu du résultat dans les causes cachées à d'autres yeux, mais perceptibles aux leurs.

L'Espagnole profitait de ce moment de stupeur pour se laisser aller à l'extase de cette adoration infinie qui saisit le cœur d'une femme quand elle aime véritablement et qu'elle se trouve en présence d'une idole vainement espérée. Ses yeux étaient tout joie, tout bonheur, et il s'en échappait des étincelles. Elle était sous le charme, et s'enivrait sans crainte d'une félicité longtemps rêvée. Elle parut alors si merveilleusement belle à Henri que toute cette fantasmagorie de haillons, de vieillesse, de draperies rouges usées, de paillassons verts devant les fauteuils, que le carreau rouge mal frotté, que tout ce luxe infirme et souffrant disparut aussitôt. Le salon s'illumina, il ne vit plus qu'à travers un nuage la terrible harpie, fixe, muette sur son canapé rouge, et dont les yeux jaunes trahissaient les sentiments serviles que le malheur inspire ou que cause un vice sous l'esclavage duquel on est tombé comme sous un tyran qui vous abrutit sous les flagellations de son despotisme. Ses yeux avaient l'éclat froid de ceux d'un tigre en cage qui sait son impuissance et se trouve obligé de dévorer ses envies de destruction.

— Quelle est cette femme? dit Henri à Paquita.

Mais Paquita ne répondit pas. Elle fit signe qu'elle n'entendait pas le français, et demanda à Henri s'il parlait anglais. De Marsay répéta sa question en anglais.

— C'est la seule femme à laquelle je puisse me fier, quoiqu'elle m'ait déjà vendue, dit Paquita tranquillement. Mon cher Adolphe, c'est ma mère, une esclave achetée en Géorgie pour sa rare beauté, mais dont il reste peu de chose aujourd'hui. Elle ne parle que sa langue maternelle.

L'attitude de cette femme et son envie de deviner, par les mouvements de sa fille et d'Henri, ce qui se passait entre eux furent expliquées soudain au jeune homme, que cette explication mit à l'aise.

— Paquita, lui dit-il, nous ne serons donc pas libres ?

— Jamais ! dit-elle d'un air triste. Nous avons même peu de jours à nous.

Elle baissa les yeux, regarda sa main, et compta de sa main droite sur les doigts de sa main gauche, en montrant ainsi les plus belles mains qu'Henri eût jamais vues.

— Un, deux, trois...

Elle compta jusqu'à douze.

— Oui, dit-elle, nous avons douze jours.

— Et après ?

— Après, dit-elle en restant absorbée comme une femme faible devant la hache du bourreau et tuée d'avance par une crainte qui la dépouillait de cette magnifique énergie que la nature semblait ne lui avoir départie que pour agrandir les voluptés et pour convertir en poèmes sans fin les plaisirs les plus grossiers. — Après, répéta-t-elle. Ses yeux devinrent fixes ; elle parut contempler un objet éloigné, menaçant. — Je ne sais pas, dit-elle.

— Cette fille est folle, se dit Henri, qui tomba lui-même en des réflexions étranges.

Paquita lui parut occupée de quelque chose qui n'était pas lui, comme une femme également contrainte et par le remords et par la passion. Peut-être avait-elle dans le cœur un autre amour qu'elle oubliait et se rappelait tour à tour. En un moment, Henri fut assailli de mille pensées contradictoires. Pour lui cette fille devint un mystère ; mais, en la contemplant avec la savante attention de l'homme blasé, affamé de voluptés nouvelles, comme ce roi d'Orient qui demandait qu'on lui créât un plaisir, soif horrible, dont les grandes âmes sont saisies, Henri reconnaissait dans Paquita la plus riche organisation que la nature se fût complu à composer pour l'amour.

Le jeu présumé de cette machine, l'âme mise à part, eût effrayé tout autre homme que de Marsay ; mais il fut fasciné par cette riche moisson de plaisirs promis, par cette constante variété dans le bonheur, le rêve de tout homme, et que toute femme aimante ambitionne aussi. Il fut affolé par l'infini rendu palpable et transporté dans les plus excessives jouissances de la créature. Il vit tout cela dans cette fille plus distinctement qu'il ne l'avait encore vu, car elle se laissait complaisamment voir, heureuse d'être admirée. L'admiration de De Marsay devint une rage secrète, et il la dévoila tout entière en lançant un regard que comprit l'Espagnole, comme si elle était habituée à en recevoir de semblables.

— Si tu ne devais pas être à moi seul, je te tuerais ! s'écria-t-il.

En entendant ce mot, Paquita se voila le visage de ses mains et s'écria naïvement : — Sainte Vierge, où me suis-je fourrée !

Elle se leva, s'alla jeter sur le canapé rouge, se plongea la tête dans les haillons qui couvraient le sein de sa mère, et y pleura. La vieille reçut sa fille sans sortir de son immobilité, sans lui rien témoigner. La mère possédait au plus haut degré cette gravité des peuplades sauvages, cette impassibilité de la statuaire sur laquelle échoue l'observation. Aimait-elle, n'aimait-elle pas sa fille ? Nulle réponse. Sous ce masque couvaient tous les sentiments humains, les bons et les mauvais, et l'on pouvait tout attendre de cette créature. Son regard allait lentement des beaux cheveux de sa fille, qui la couvraient comme d'une mantille, à la figure d'Henri, qu'elle observait avec une inexprimable curiosité. Elle semblait se demander par quel sortilège il était là, par quel caprice la nature avait fait un homme si séduisant.

— Ces femmes se moquent de moi ! se dit Henri.

En ce moment, Paquita leva la tête, jeta sur lui un de ces regards qui vont jusqu'à l'âme et la brûlent. Elle lui parut si belle, qu'il se jura de posséder ce trésor de beauté.

— Ma Paquita, sois à moi !

— Tu veux me tuer ? dit-elle peureuse, palpitante, inquiète, mais ramenée à lui par une force inexplicable.

— Te tuer, moi ! dit-il en souriant.

Paquita jeta un cri d'effroi, dit un mot à la vieille, qui prit d'autorité la main d'Henri, celle de sa fille, les regarda longtemps, les leur rendit en hochant la tête d'une façon horriblement significative.

— Sois à moi ce soir, à l'instant, suis-moi, ne me quitte pas, je le veux, Paquita ! m'aimes-tu ? viens !

En un moment, il lui dit mille paroles insensées avec la rapidité d'un torrent qui bondit entre des rochers, et répète le même son, sous mille formes différentes.

— C'est la même voix ! dit Paquita mélancoliquement, sans que de Marsay pût l'entendre, et... la même ardeur, ajouta-t-elle.

— Eh bien, oui, dit-elle avec un abandon de passion que rien ne saurait exprimer. Oui, mais pas ce soir. Ce soir, Adolphe, j'ai donné trop peu d'opium à la *Concha,* elle pourrait se réveiller, je serais perdue. En ce moment, toute la maison me croit endormie dans ma chambre. Dans deux jours, sois au même endroit, dis le même mot au même homme. Cet homme est mon père nourricier, Christemio[69] m'adore et mourrait pour moi dans les tourments sans qu'on lui arrachât une parole contre moi. Adieu, dit-elle en saisissant Henri par le corps et s'entortillant autour de lui comme un serpent.

Elle le pressa de tous les côtés à la fois, lui apporta sa tête sous la sienne, lui présenta ses lèvres, et prit un baiser qui leur donna de tels vertiges à tous deux, que de Marsay crut que la terre s'ouvrait, et que Paquita cria : — « Va-t'en ! » d'une voix qui annonçait assez combien elle était peu maîtresse d'elle-même. Mais elle le garda tout en lui criant toujours : « Va-t'en ! » et le mena lentement jusqu'à l'escalier.

Là, le mulâtre, dont les yeux blancs s'allumèrent à la vue de Paquita, prit le flambeau des mains de son idole, et conduisit Henri jusqu'à la rue. Il laissa le flambeau sous la voûte, ouvrit la portière, remit Henri dans la voiture, et le déposa sur le boulevard des Italiens avec une rapidité merveilleuse. Les chevaux semblaient avoir l'enfer dans le corps.

Cette scène fut comme un songe pour de Marsay, mais un de ces songes qui, tout en s'évanouissant, laissent dans l'âme un sentiment de volupté surnaturelle, après laquelle un homme court pendant le reste de sa vie. Un seul baiser avait suffi. Aucun rendez-vous ne s'était passé d'une manière plus décente, ni plus chaste, ni plus froide peut-être, dans un lieu plus horrible par les détails, devant une plus hideuse divinité ; car cette mère était restée dans l'imagination d'Henri comme quelque chose d'infernal, d'accroupi, de cadavéreux, de vicieux, de sauvagement féroce, que la fantaisie des peintres et des poètes n'avait pas encore deviné. En effet, jamais rendez-vous n'avait plus irrité ses sens, n'avait révélé de voluptés plus hardies, n'avait mieux fait jaillir l'amour de son centre pour se répandre comme une atmosphère autour d'un homme. Ce fut quelque chose de sombre, de mystérieux, de doux, de tendre, de contraint et d'expansif, un accouplement de l'horrible et du céleste, du paradis et de l'enfer, qui rendit de Marsay comme ivre. Il ne fut plus lui-même, et il était assez grand cependant pour pouvoir résister aux enivrements du plaisir.

Pour bien comprendre sa conduite au dénouement de cette histoire, il est nécessaire d'expliquer comment son âme s'était élargie à l'âge où les jeunes gens se rapetissent ordinairement en se mêlant aux femmes ou en s'en occupant trop. Il avait grandi par un concours de circonstances secrètes qui l'investissaient d'un immense pouvoir inconnu. Ce jeune homme avait en main un sceptre plus puissant que ne l'est celui des rois modernes presque tous bridés par les lois dans leurs moindres volontés. De Marsay exerçait le pouvoir autocratique du despote oriental. Mais ce pouvoir, si stupidement mis en œuvre dans l'Asie par des hommes abrutis, était décuplé par l'intelligence européenne, par l'esprit français, le plus vif, le plus acéré de tous les instruments intelligentiels. Henri pouvait ce qu'il voulait dans l'intérêt de ses plaisirs et de ses vanités. Cette invisible action sur le monde social l'avait revêtu d'une majesté réelle, mais secrète, sans emphase et repliée sur lui-même. Il avait de lui, non pas l'opinion que Louis XIV pouvait avoir de soi, mais celle que les plus orgueilleux des Califes, des Pharaons, des Xerxès qui se croyaient de race divine, avaient d'eux-mêmes, quand ils imitaient Dieu en se voilant à leurs sujets, sous prétexte que leurs regards donnaient la mort. Ainsi, sans avoir aucun remords d'être à la fois juge et partie, de Marsay condamnait froidement à mort l'homme ou la femme qui l'avait offensé sérieusement. Quoique souvent prononcé presque légèrement, l'arrêt était irrévocable. Une erreur était un malheur semblable à celui que cause la foudre en tombant sur une Parisienne heureuse dans quelque fiacre, au lieu d'écraser le vieux cocher qui la conduit à un rendez-vous. Aussi la plaisanterie amère et profonde qui distinguait la conversation de ce jeune homme causait-elle assez généralement de l'effroi ; personne ne se sentait l'envie de le choquer. Les femmes aiment prodigieusement ces gens qui se nomment pachas eux-mêmes, qui semblent accompagnés de lions, de bourreaux, et marchent dans un appareil de terreur. Il en résulte chez ces hommes une sécurité d'action, une certitude de pouvoir, une fierté de regard, une conscience léonine qui réalise pour les femmes le type de force qu'elles rêvent toutes. Ainsi était de Marsay.

Heureux en ce moment de son avenir, il redevint jeune et flexible, et ne songeait qu'à aimer en allant se coucher. Il rêva de la *Fille aux yeux d'or*, comme rêvent les jeunes gens passionnés. Ce fut des images monstrueuses, des bizarreries insaisissables, pleines de lumière, et qui révèlent les mondes invisibles, mais d'une manière toujours incomplète, car un voile interposé change les conditions de l'optique. Le lendemain et le surlendemain, il disparut sans que l'on pût savoir où il était allé. Sa puissance ne lui appartenait qu'à de certaines conditions, et heureusement pour lui, pendant ces deux jours, il fut simple soldat au service du démon dont il tenait sa talismanique existence. Mais à l'heure dite, le soir, sur le boulevard, il attendit la voiture, qui ne se fit pas attendre. Le mulâtre s'approcha d'Henri pour lui dire en français une phrase qu'il paraissait avoir apprise par cœur : — Si vous voulez venir, m'a-t-elle dit, il faut consentir à vous laisser bander les yeux.

Et Christemio montra un foulard de soie blanche.

— Non ! dit Henri dont la toute-puissance se révolta soudain.

Et il voulut monter. Le mulâtre fit un signe ; la voiture partit.

— Oui ! cria de Marsay furieux de perdre un bonheur qu'il s'était promis. D'ailleurs, il voyait l'impossibilité de capituler avec un esclave dont l'obéissance était aveugle autant que celle d'un bourreau. Puis, était-ce sur cet instrument passif que devait tomber sa colère ?

Le mulâtre siffla, la voiture revint. Henri monta précipitamment. Déjà, quelques curieux s'amassaient niaisement sur le boulevard. Henri était fort, il voulut se jouer du mulâtre. Lorsque la voiture partit au grand trot, il lui saisit les mains pour s'emparer de lui et pouvoir garder, en domptant son surveillant, l'exercice de ses facultés afin de savoir où il allait. Tentative inutile. Les yeux du mulâtre étincelèrent dans l'ombre. Cet homme poussa des cris que la fureur faisait expirer dans sa gorge, se dégagea, rejeta de Marsay par une main de fer, et le cloua, pour ainsi dire, au fond de la voiture ; puis, de sa main libre, il tira un poignard triangulaire, en sifflant. Le cocher entendit le sifflement, et s'arrêta. Henri était sans armes, il fut forcé de plier ; il tendit la tête vers le foulard. Ce geste de soumission apaisa Christemio, qui lui banda les yeux avec un respect et un soin qui témoignaient une sorte de vénération pour la personne de l'homme aimé par son idole. Mais, avant de prendre cette précaution, il avait serré son poignard avec défiance dans sa poche de côté, et se boutonna jusqu'au menton.

— Il m'aurait tué, ce Chinois-là ! se dit de Marsay.

La voiture roula de nouveau rapidement. Il restait une ressource à un jeune homme qui connaissait aussi bien Paris que le connaissait Henri. Pour savoir où il allait, il lui suffisait de se recueillir, de compter, par le nombre des ruisseaux franchis, les rues devant lesquelles on passerait sur les boulevards tant que la voiture continuerait d'aller droit. Il pouvait ainsi reconnaître par quelle rue latérale la voiture se dirigerait, soit vers la Seine, soit vers les hauteurs de Montmartre, et deviner le nom ou la position de la rue où son guide le ferait arrêter. Mais l'émotion violente que lui avait causée sa lutte, la fureur où le mettait sa dignité compromise, les idées de vengeance auxquelles il se livrait, les suppositions que lui suggérait le soin minutieux que prenait cette fille mystérieuse pour le faire arriver à elle, tout l'empêcha d'avoir cette attention d'aveugle, nécessaire à la concentration de son intelligence, et à la parfaite perspicacité du souvenir. Le trajet dura une demi-heure. Quand la voiture s'arrêta, elle n'était plus sur le pavé. Le mulâtre et le cocher prirent Henri à bras-le-corps, l'enlevèrent, le mirent sur une espèce de civière, et le transportèrent à travers un jardin dont il sentit les fleurs et l'odeur particulière aux arbres et à la verdure. Le silence qui y régnait était si profond qu'il put distinguer le bruit que faisaient quelques gouttes d'eau en tombant des feuilles humides. Les deux hommes le montèrent dans un escalier, le firent lever, le conduisirent à travers plusieurs pièces, en le guidant par les mains, et le laissèrent dans une chambre dont l'atmosphère était parfumée, et dont il sentit sous ses pieds le tapis épais. Une main de femme le poussa sur un divan et lui dénoua le foulard. Henri vit Paquita devant lui, mais Paquita dans sa gloire de femme voluptueuse.

La moitié du boudoir où se trouvait Henri décrivait

une ligne circulaire mollement gracieuse, qui s'opposait à l'autre partie parfaitement carrée, au milieu de laquelle brillait une cheminée en marbre blanc et or. Il était entré par une porte latérale que cachait une riche portière en tapisserie, et qui faisait face à une fenêtre. Le fer-à-cheval était orné d'un véritable divan turc, c'est-à-dire un matelas posé par terre, mais un matelas large comme un lit, un divan de cinquante pieds de tour, en cachemire blanc, relevé par des bouffettes en soie noire et ponceau, disposées en losanges[70]. Le dossier de cet immense lit s'élevait de plusieurs pouces au-dessus des nombreux coussins qui l'enrichissaient encore par le goût de leurs agréments. Ce boudoir était tendu d'une étoffe rouge, sur laquelle était posée une mousseline des Indes cannelée comme l'est une colonne corinthienne, par des tuyaux alternativement creux et ronds, arrêtés en haut et en bas dans une bande d'étoffe couleur ponceau sur laquelle étaient dessinées des arabesques noires. Sous la mousseline, le ponceau devenait rose, couleur amoureuse que répétaient les rideaux de la fenêtre qui étaient en mousseline des Indes doublée de taffetas rose, et ornés de franges ponceau mélangé de noir. Six bras en vermeil, supportant chacun deux bougies, étaient attachés sur la tenture à d'égales distances pour éclairer le divan. Le plafond, au milieu duquel pendait un lustre en vermeil mat, étincelait de blancheur, et la corniche était dorée. Le tapis ressemblait à un châle d'Orient, il en offrait les dessins et rappelait les poésies de la Perse, où des mains d'esclaves l'avaient travaillé. Les meubles étaient couverts en cachemire blanc, rehaussé par des agréments noirs et ponceau. La pendule, les candélabres, tout était en marbre blanc et or. La seule table qu'il y eût avait un cachemire pour tapis. D'élégantes jardinières contenaient des roses de toutes les espèces, des fleurs ou blanches ou rouges. Enfin le moindre détail semblait avoir été l'objet d'un soin pris avec amour. Jamais la richesse ne s'était plus coquettement cachée pour devenir de l'élégance, pour exprimer la grâce, pour inspirer la volupté. Là tout aurait réchauffé l'être le plus froid. Les chatoiements de la tenture, dont la couleur changeait suivant la direction du regard, en devenant ou toute blanche, ou toute rose, s'accordaient avec les effets de la lumière qui s'infusait dans les diaphanes tuyaux de la mousseline, en produisant de nuageuses apparences. L'âme a je ne sais quel attachement pour le blanc, l'amour se plaît dans le rouge, et l'or flatte les passions, il a la puissance de réaliser leurs fantaisies. Ainsi tout ce que l'homme a de vague et de mystérieux en lui-même, toutes ses affinités inexpliquées se trouvaient caressées dans leurs sympathies involontaires. Il y avait dans cette harmonie parfaite un concert de couleurs auquel l'âme répondait par des idées voluptueuses, indécises, flottantes[71].

Ce fut au milieu d'une vaporeuse atmosphère chargée de parfums exquis que Paquita, vêtue d'un peignoir blanc, les pieds nus, des fleurs d'oranger dans ses cheveux noirs[72], apparut à Henri agenouillée devant lui, l'adorant comme le dieu de ce temple où il avait daigné venir. Quoique de Marsay eût l'habitude de voir les recherches du luxe parisien, il fut surpris à l'aspect de cette coquille, semblable à celle où naquit Vénus. Soit effet du contraste entre les ténèbres d'où il sortait et la lumière qui baignait son âme, soit par une comparaison rapidement faite entre cette scène et celle de la première entrevue, il éprouva une de ces sensations délicates que donne la vraie poésie. En apercevant, au milieu de ce réduit éclos par la baguette d'une fée, le chef-d'œuvre de la création, cette fille dont le teint chaudement coloré, dont la peau douce, mais légèrement dorée par les reflets du rouge et par l'effusion de je ne sais quelle vapeur d'amour étincelait comme si elle eût réfléchi les rayons des lumières et des couleurs, sa colère, ses désirs de vengeance, sa vanité blessée, tout tomba. Comme un aigle qui fond sur sa proie, il la prit à plein corps, l'assit sur ses genoux, et sentit avec une indicible ivresse la voluptueuse pression de cette fille dont les beautés si grassement développées l'enveloppèrent doucement.

— Viens, Paquita ! dit-il à voix basse.

— Parle ! parle sans crainte, lui dit-elle. Cette retraite a été construite pour l'amour. Aucun son ne s'en échappe, tant on y veut ambitieusement garder les accents et les musiques de la voix aimée. Quelque forts que soient des cris, ils ne sauraient être entendus au-delà de cette enceinte. On y peut assassiner quelqu'un, ses plaintes y seraient vaines comme s'il était au milieu du Grand-Désert.

— Qui donc a si bien compris la jalousie et ses besoins ?

— Ne me questionne jamais là-dessus, répondit-elle en défaisant avec une incroyable gentillesse de geste la cravate du jeune homme, sans doute pour en bien voir le col.

— Oui, voilà ce cou que j'aime tant ! dit-elle. Veux-tu me plaire ?

Cette interrogation, que l'accent rendait presque lascive, tira de Marsay de la rêverie où l'avait plongé la despotique réponse par laquelle Paquita lui avait interdit toute recherche sur l'être inconnu qui planait comme une ombre au-dessus d'eux.

— Et si je voulais savoir qui règne ici ?

Paquita le regarda en tremblant.

— Ce n'est donc pas moi, dit-il en se levant et se débarrassant de cette fille qui tomba la tête en arrière. Je veux être seul, là où je suis !

— Frappant ! frappant ! dit la pauvre esclave en proie à la terreur.

— Pour qui me prends-tu donc ? Répondras-tu ?

Paquita se leva doucement, les yeux en pleurs, alla prendre dans un des deux meubles d'ébène un poignard et l'offrit à Henri par un geste de soumission qui aurait attendri un tigre.

— Donne-moi une fête comme en donnent les hommes quand ils aiment, dit-elle, et pendant que je dormirai, tue-moi, car je ne saurais te répondre. Écoute : je suis attachée comme un pauvre animal à son piquet ; je suis étonnée d'avoir pu jeter un pont sur l'abîme qui nous sépare. Enivre-moi, puis tue-moi. Oh ! non, non, dit-elle en joignant les mains, ne me tue pas ! j'aime la vie ! La vie est si belle pour moi ! Si je suis esclave, je suis reine aussi. Je pourrais t'abuser par des paroles, te dire que je n'aime que toi, te le prouver, profiter de mon empire momentané pour te dire : — Prends-moi comme on goûte en passant le parfum d'une fleur dans le jardin d'un roi. Puis, après avoir déployé l'éloquence rusée de la femme et les ailes du plaisir, après avoir désaltéré ma soif, je pourrais te faire jeter dans un puits où personne ne te trouverait, et qui a été construit pour satisfaire la vengeance sans avoir à redouter celle de la justice, un puits plein de chaux qui s'allumerait pour te consumer sans qu'on retrouvât une parcelle de ton être. Tu resterais dans mon cœur, à moi pour toujours.

Henri regarda cette fille sans trembler, et ce regard sans peur la combla de joie.

— Non, je ne le ferai pas ! tu n'es pas tombé ici dans un piège, mais dans un cœur de femme qui t'adore, et c'est moi qui serai jetée dans le puits.

— Tout cela me paraît prodigieusement drôle, lui dit de Marsay en l'examinant. Mais tu me parais une bonne fille, une nature bizarre ; tu es, foi d'honnête homme, une charade vivante dont le mot me semble bien difficile à trouver.

Paquita ne comprit rien à ce que disait le jeune homme ; elle le regarda doucement en ouvrant des yeux qui ne pouvaient jamais être bêtes, tant il s'y peignait de volupté.

— Tiens, mon amour, dit-elle en revenant à sa première idée, veux-tu me plaire ?

— Je ferai tout ce que tu voudras, et même ce que tu ne voudras pas, répondit en riant de Marsay qui retrouva son aisance de fat en prenant la résolution de se laisser aller au cours de sa bonne fortune sans regarder ni en arrière ni en avant. Puis peut-être comptait-il sur sa puissance et sur son savoir-faire d'homme à bonnes fortunes pour dominer quelques heures plus tard cette fille, et en apprendre tous les secrets.

— Eh bien, lui dit-elle, laisse-moi t'arranger à mon goût.

— Mets-moi donc à ton goût, dit Henri.

Paquita joyeuse alla prendre dans un des deux meubles une robe de velours rouge, dont elle habilla de Marsay, puis elle le coiffa d'un bonnet de femme et l'entortilla d'un châle. En se livrant à ses folies, faites avec une innocence d'enfant, elle riait d'un rire convulsif, et ressemblait à un oiseau battant des ailes ; mais elle ne voyait rien au-delà.

S'il est impossible de peindre les délices inouïes que rencontrèrent ces deux belles créatures faites par le ciel dans un moment où il était en joie, il est peut-être nécessaire de traduire métaphysiquement les impressions extraordinaires et presque fantastiques du jeune homme. Ce que les gens qui se trouvent dans la situation sociale où était de Marsay et qui vivent comme il vivait savent le mieux reconnaître, est l'innocence d'une fille. Mais, chose étrange ! si la *Fille aux yeux d'or* était vierge, elle n'était certes pas innocente. L'union si bizarre du mystérieux et du réel, de l'ombre et de la lumière, de l'horrible et du beau, du plaisir et du danger, du paradis et de l'enfer, qui s'était déjà rencontrée dans cette aventure, se continuait dans l'être capricieux et sublime dont se jouait de Marsay. Tout ce que la volupté la plus raffinée a de plus savant, tout ce que pouvait connaître Henri de cette poésie des sens que l'on nomme l'amour, fut dépassé par les trésors que déroula cette fille dont les yeux jaillissants ne mentirent à aucune des promesses qu'ils faisaient. Ce fut un poème oriental, où rayonnait le soleil que Saadi, Hafiz ont mis dans leurs bondissantes strophes [73]. Seulement, ni le rythme de Saadi, ni celui de Pindare n'auraient exprimé l'extase pleine de confusion et la stupeur dont cette délicieuse fille fut saisie quand cessa l'erreur dans laquelle une main de fer la faisait vivre.

— Morte ! dit-elle, je suis morte ! Adolphe,

emmène-moi donc au bout de la terre, dans une île où personne ne nous sache. Que notre fuite ne laisse pas de traces ! Nous serions suivis dans l'enfer. Dieu ! voici le jour. Sauve-toi. Te reverrai-je jamais ? Oui, demain, je veux te revoir, dussé-je, pour avoir ce bonheur, donner la mort à tous mes surveillants. À demain.

Elle le serra dans ses bras par une étreinte où il y avait la terreur de la mort. Puis elle poussa un ressort qui devait répondre à une sonnette, et supplia de Marsay de se laisser bander les yeux.

— Et si je ne voulais plus, et si je voulais rester ici.

— Tu causerais plus promptement ma mort, dit-elle ; car maintenant je suis sûre de mourir pour toi.

Henri se laissa faire. Il se rencontre en l'homme qui vient de se gorger de plaisir une pente à l'oubli, je ne sais quelle ingratitude, un désir de liberté, une fantaisie d'aller se promener, une teinte de mépris et peut-être de dégoût pour son idole, il se rencontre enfin d'inexplicables sentiments qui le rendent infâme et ignoble. La certitude de cette affection confuse, mais réelle chez les âmes qui ne sont ni éclairées par cette lumière céleste, ni parfumées de ce baume saint d'où nous vient la pertinacité du sentiment, a dicté sans doute à Rousseau les aventures de milord Édouard, par lesquelles sont terminées les lettres de *La Nouvelle Héloïse*. Si Rousseau s'est évidemment inspiré de l'œuvre de Richardson, il s'en est éloigné par mille détails qui laissent son monument magnifiquement original ; il l'a recommandé à la postérité par de grandes idées qu'il est difficile de dégager par l'analyse, quand, dans la jeunesse, on lit cet ouvrage avec le dessein d'y trouver la chaude peinture du plus physique de nos sentiments, tandis que les écrivains sérieux et philosophes n'en emploient jamais les images que comme la conséquence ou la nécessité d'une vaste pensée ; et les aventures de milord Édouard sont une des idées les plus européennement délicates de cette œuvre.

Henri se trouvait donc sous l'empire de ce sentiment confus que ne connaît pas le véritable amour. Il fallait en quelque sorte le persuasif arrêt des comparaisons et l'attrait irrésistible des souvenirs pour le ramener à une femme. L'amour vrai règne surtout par la mémoire. La femme qui ne s'est gravée dans l'âme ni par l'excès du plaisir, ni par la force du sentiment, celle-là peut-elle jamais être aimée ? À l'insu d'Henri, Paquita s'était établie chez lui par ces deux moyens. Mais en ce moment, tout entier à la fatigue du bonheur, cette délicieuse mélancolie du corps, il ne pouvait guère s'analyser le cœur en reprenant sur ses lèvres le goût des plus vives voluptés qu'il eût encore égrappées. Il se trouva sur le boulevard Montmatre au petit jour, regarda stupidement l'équipage qui s'enfuyait, tira deux cigares de sa poche, en alluma un à la lanterne d'une bonne femme qui vendait de l'eau-de-vie et du café aux ouvriers, aux gamins, aux maraîchers, à toute cette population parisienne qui commence sa vie avant le jour ; puis il s'en alla, fumant son cigare, et mettant ses mains dans les poches de son pantalon avec une insouciance vraiment déshonorante.

— La bonne chose qu'un cigare ! Voilà ce dont un homme ne se lassera jamais, se dit-il.

Cette *Fille aux yeux d'or* dont raffolait à cette époque toute la jeunesse élégante de Paris, il y songeait à peine ! L'idée de la mort exprimée à travers les plaisirs, et dont la peur avait à plusieurs reprises rembruni le front de cette belle créature qui tenait aux houris de l'Asie par sa mère, à l'Europe par son éducation, aux Tropiques par sa naissance, lui semblait être une de ces tromperies par lesquelles toutes les femmes essaient de se rendre intéressantes.

— Elle est de La Havane, du pays le plus espagnol qu'il y ait dans le Nouveau-Monde ; elle a donc mieux aimé jouer la terreur que de me jeter au nez de la souffrance, de la difficulté, de la coquetterie ou le devoir, comme font les Parisiennes. Par ses yeux d'or, j'ai bien envie de dormir.

Il vit un cabriolet de place, qui stationnait au coin

de Frascati, en attendant quelques joueurs, il le réveilla, se fit conduire chez lui, se coucha, et s'endormit du sommeil des mauvais sujets, lequel, par une bizarrerie dont aucun chansonnier n'a encore tiré parti, se trouve être aussi profond que celui de l'innocence. Peut-être est-ce un effet de cet axiome proverbial, *les extrêmes se touchent*.

III

LA FORCE DU SANG

Vers midi, de Marsay se détira les bras en se réveillant, et sentit les atteintes d'une de ces faims canines que tous les vieux soldats peuvent se souvenir d'avoir éprouvée au lendemain de la victoire. Aussi vit-il devant lui Paul de Manerville avec plaisir, car rien n'est alors plus agréable que de manger en compagnie.

— Eh bien, lui dit son ami, nous imaginions tous que tu t'étais enfermé depuis dix jours avec la *Fille aux yeux d'or*.

— La *Fille aux yeux d'or!* je n'y pense plus. Ma foi ! j'ai bien d'autres chats à fouetter.

— Ah ! tu fais le discret.

— Pourquoi pas ? dit en riant de Marsay. Mon cher, la discrétion est le plus habile des calculs. Écoute... Mais non, je ne te dirai pas un mot. Tu ne m'apprends jamais rien, je ne suis pas disposé à donner en pure perte les trésors de ma politique. La vie est un fleuve qui sert à faire du commerce. Par tout ce qu'il y a de plus sacré sur la terre, par les cigares, je ne suis pas un professeur d'économie sociale mise à la portée des niais. Déjeunons. Il est moins coûteux de te donner une omelette au thon que de te prodiguer ma cervelle.

— Tu comptes avec tes amis ?

— Mon cher, dit Henri qui se refusait rarement une ironie, comme il pourrait t'arriver cependant tout comme à un autre d'avoir besoin de discrétion, et que je t'aime beaucoup... Oui, je t'aime ! Ma parole d'honneur, s'il ne te fallait qu'un billet de mille francs pour t'empêcher de te brûler la cervelle, tu le trouverais ici, car nous n'avons encore rien hypothéqué là-bas, hein, Paul ? Si tu te battais demain, je mesurerais la distance et chargerais les pistolets, afin que tu sois tué dans les règles. Enfin, si une personne autre que moi s'avisait de dire du mal de toi en ton absence, il faudrait se mesurer avec un rude gentilhomme qui se trouve dans ma peau, voilà ce que j'appelle une amitié à toute épreuve. Eh bien, quand tu auras besoin de discrétion, mon petit, apprends qu'il existe deux espèces de discrétions : discrétion active et discrétion négative. La discrétion négative est celle des sots qui emploient le silence, la négation, l'air renfrogné, la discrétion des portes fermées, véritable impuissance ! La discrétion active procède par affirmation. Si ce soir, au Cercle, je disais : — Foi d'honnête homme, la *Fille aux yeux d'or* ne valait pas ce qu'elle m'a coûté ! tout le monde, quand je serais parti, s'écrierait : — Avez-vous entendu ce fat de De Marsay qui voudrait nous faire croire qu'il a déjà eu la *Fille aux yeux d'or* ? il voudrait ainsi se débarrasser de ses rivaux, il n'est pas maladroit. Mais cette ruse est vulgaire et dangereuse. Quelque grosse que soit la sottise qui nous échappe, il se rencontre toujours des niais qui peuvent y croire. La meilleure des discrétions est celle dont usent les femmes adroites quand elles veulent donner le change à leurs maris. Elle consiste à compromettre une femme à laquelle nous ne tenons pas, ou que nous n'aimons pas, ou que nous n'avons pas, pour conserver l'honneur de celle que nous aimons assez pour la respecter. C'est ce que j'appelle *la femme-écran*. — Ah ! voici Laurent. Que nous apportes-tu ?

— Des huîtres d'Ostende, monsieur le comte...

— Tu sauras quelque jour, Paul, combien il est amusant de se jouer du monde en lui dérobant le secret de nos affections. J'éprouve un immense plaisir d'échapper à la stupide juridiction de la masse qui ne sait jamais ni ce qu'elle veut ni ce qu'on lui fait vouloir, qui prend le moyen pour le résultat, qui tour à tour adore et maudit, élève et détruit ! Quel bonheur de lui imposer des émotions et de n'en pas recevoir, de la dompter, de ne jamais lui obéir ! Si l'on peut être fier de quelque chose, n'est-ce pas d'un pouvoir acquis par soi-même, dont nous sommes à la fois la cause, l'effet, le principe et le résultat ? Eh bien, aucun homme ne sait qui j'aime, ni ce que je veux. Peut-être saura-t-on qui j'ai aimé, ce que j'aurai voulu, comme on sait les drames accomplis ; mais laisser voir dans mon jeu ?... faiblesse, duperie. Je ne connais rien de plus méprisable que la force jouée par l'adresse. Je m'initie tout en riant au métier d'ambassadeur, si toutefois la diplomatie est aussi difficile que l'est la vie ! J'en doute. As-tu de l'ambition ? veux-tu devenir quelque chose ?

— Mais, Henri, tu te moques de moi, comme si je n'étais pas assez médiocre pour arriver à tout.

— Bien ! Paul. Si tu continues à te moquer de toi-même, tu pourras bientôt te moquer de tout le monde.

En déjeunant, de Marsay commença, quand il en fut à fumer ses cigares, à voir les événements de sa nuit sous un singulier jour. Comme beaucoup de grands esprits, sa perspicacité n'était pas spontanée, il n'entrait pas tout à coup au fond des choses. Comme chez toutes les natures douées de faculté de vivre beaucoup dans le présent, d'en exprimer pour ainsi dire le jus et de le dévorer, sa seconde vue avait besoin d'une espèce de sommeil pour s'identifier aux causes. Le cardinal de Richelieu était ainsi, ce qui n'excluait pas en lui le don de prévoyance nécessaire à la conception des grandes choses. De Marsay se trouvait dans toutes ces conditions, mais il n'usa d'abord de ses armes qu'au profit de ses plaisirs, et ne devint l'un des hommes politiques les plus profonds du temps actuel que quand il se fut saturé des plaisirs auxquels pense tout d'abord un jeune homme lorsqu'il a de l'or et le pouvoir. L'homme se bronze ainsi : il use la femme, pour que la femme ne puisse pas l'user. En ce moment donc, de Marsay s'aperçut qu'il avait été joué par la *Fille aux yeux d'or*, en voyant dans son ensemble cette nuit dont les plaisirs n'avaient que graduellement ruisselé pour finir par s'épancher à torrents. Il put alors lire dans cette page si brillante d'effet, en deviner le sens caché. L'innocence purement physique de Paquita, l'étonnement de sa joie, quelques mots d'abord obscurs et maintenant clairs, échappés au milieu de la joie, tout lui prouva qu'il avait posé pour une autre personne. Comme aucune des corruptions sociales ne lui était inconnue, qu'il professait au sujet de tous les caprices une parfaite indifférence, et les croyait justifiés par cela même qu'ils se pouvaient satisfaire, il ne s'effaroucha pas du vice, il le connaissait comme on connaît un ami, mais il fut blessé de lui avoir servi de pâture. Si ses présomptions étaient justes, il avait été outragé dans le vif de son être. Ce seul soupçon le mit en fureur, il laissa éclater le rugissement du tigre dont une gazelle se serait moquée, le cri d'un tigre qui joignait à la force de la bête l'intelligence du démon.

— Eh bien, qu'as-tu donc ? lui dit Paul.

— Rien !

— Je ne voudrais pas, si l'on te demandait si tu as quelque chose contre moi, que tu répondisses un *rien* semblable, il faudrait sans doute nous battre le lendemain.

— Je ne me bats plus, dit de Marsay.

— Ceci me semble encore plus tragique. Tu assassines donc ?

— Tu travestis les mots. J'exécute.

— Mon cher ami, dit Paul, tes plaisanteries sont bien poussées au noir, ce matin.

— Que veux-tu ? la volupté mène à la férocité. Pourquoi ? je n'en sais rien, et je ne suis pas assez curieux pour en chercher la cause. — Ces cigares sont excellents. Donne du thé à ton ami. — Sais-tu, Paul, que je mène une vie de brute ? Il serait bien temps de se choisir une destinée, d'employer ses forces à quelque chose qui valût la peine de vivre. La vie est une singulière comédie. Je suis effrayé, je ris de l'inconséquence de notre ordre social. Le gouvernement fait trancher la tête à de pauvres diables qui ont tué un homme, et il patente des créatures qui expédient, médicalement parlant, une douzaine de jeunes gens par hiver. La morale est sans force contre une douzaine de vices qui détruisent la société, et que rien ne peut punir. — Encore une tasse ? — Ma parole d'honneur ! l'homme est un bouffon qui danse sur un précipice. On nous parle de l'immoralité des *Liaisons dangereuses*, et de je ne sais quel autre livre qui a un nom de femme de chambre [74] ; mais il existe un livre horrible, sale, épouvantable, corrupteur, toujours ouvert, qu'on ne fermera jamais, le grand livre du monde, sans compter un autre livre mille fois plus dangereux, qui se compose de tout ce qui se dit à l'oreille, entre hommes, ou sous l'éventail entre femmes, le soir, au bal.

— Henri, certes il se passe en toi quelque chose d'extraordiaire, et cela se voit malgré ta discrétion active.

— Oui ! tiens, il faut que je dévore le temps jusqu'à ce soir. Allons au jeu. Peut-être aurai-je le bonheur de perdre.

De Marsay se leva, prit une poignée de billets de banque, les roula dans sa boîte à cigares, s'habilla et profita de la voiture de Paul pour aller au Salon des Étrangers [75] où, jusqu'au dîner, il consuma le temps dans ces émouvantes alternatives de perte et de gain qui sont la dernière ressource des organisations fortes, quand elles sont contraintes de s'exercer dans le vide. Le soir, il vint au rendez-vous, et se laissa complaisamment bander les yeux. Puis, avec cette ferme volonté que les hommes vraiment forts ont seuls la faculté de concentrer, il porta son attention et appliqua son intelligence à deviner par quelles rues passait la voiture. Il eut une sorte de certitude d'être mené rue Saint-Lazare, et d'être arrêté à la petite porte du jardin de l'hôtel San-Réal. Quand il passa, comme la première fois, cette porte et qu'il fut mis sur un brancard porté sans doute par le mulâtre et par le cocher, il comprit, en entendant crier le sable sous leurs pieds, pourquoi l'on prenait de si minutieuses précautions. Il aurait pu, s'il avait été libre, ou s'il avait marché, cueillir une branche d'arbuste, regarder la nature du sable qui se serait attaché à ses bottes ; tandis que, transporté pour ainsi dire aériennement dans un hôtel inaccessible, sa bonne fortune devait être ce qu'elle avait été jusqu'alors, un rêve. Mais, pour le désespoir de l'homme, il ne peut rien faire que d'imparfait, soit en bien soit en mal. Toutes ses œuvres intellectuelles ou physiques sont signées par une marque de destruction. Il avait plu légèrement, la terre était humide. Pendant la nuit certaines odeurs végétales sont beaucoup plus fortes que pendant le jour, Henri sentait donc les parfums du réséda le long de l'allée par laquelle il était convoyé. Cette indication devait l'éclairer dans les recherches qu'il se promettait de faire pour reconnaître l'hôtel où se trouvait le boudoir de Paquita. Il étudia de même les détours que ses porteurs firent dans la maison, et crut pouvoir se les rappeler. Il se vit comme la veille sur l'ottomane, devant Paquita qui lui défaisait son bandeau ; mais il la vit pâle et changée. Elle avait pleuré. Agenouillée comme un ange en prière, mais comme un ange triste et profondément mélancolique, la pauvre fille ne ressemblait plus à la curieuse, à l'impatiente, à la bondissante créature qui avait pris de Marsay sur ses ailes pour le transporter dans le septième ciel de l'amour. Il y avait quelque chose de si vrai dans ce désespoir voilé par le plaisir, que le terrible de Marsay sentit en lui-même une admiration pour ce nouveau chef-d'œuvre de la nature, et oublia momentanément l'intérêt principal de ce rendez-vous.

— Qu'as-tu donc, ma Paquita ?

— Mon ami, dit-elle, emmène-moi, cette nuit même ! Jette-moi quelque part où l'on ne puisse pas dire en me voyant : Voici Paquita ; où personne ne réponde : Il y a ici une fille au regard doré, qui a de longs cheveux. Là je te donnerai des plaisirs tant que tu voudras en recevoir de moi. Puis, quand tu ne m'aimeras plus, tu me laisseras, je ne me plaindrai pas, je ne dirai rien ; et mon abandon ne devra te causer aucun remords, car un jour passé près de toi, un seul jour pendant lequel je t'aurai regardé, m'aura valu toute une vie. Mais si je reste ici, je suis perdue.

— Je ne puis pas quitter Paris, ma petite, répondit Henri. Je ne m'appartiens pas, je suis lié par un serment au sort de plusieurs personnes qui sont à moi comme je suis à elles. Mais je puis te faire dans Paris un asile où nul pouvoir humain n'arrivera.

— Non, dit-elle, tu oublies le pouvoir féminin.

Jamais phrase prononcée par une voix humaine n'exprima plus complètement la terreur.

— Qui pourrait donc arriver à toi, si je me mets entre toi et le monde ?

— Le poison ! dit-elle. Déjà dona Concha te soupçonne. Et, reprit-elle en laissant couler des larmes qui brillèrent le long de ses joues, il est bien facile de voir que je ne suis plus la même. Eh bien, si tu m'abandonnes à la fureur du monstre qui me dévorera, que ta sainte volonté soit faite ! Mais viens, fais qu'il y ait toutes les voluptés de la vie dans notre amour. D'ailleurs, je supplierai, je pleurerai, je crierai, je me défendrai, je me sauverai peut-être.

— Qui donc imploreras-tu ? dit-il.

— Silence ! reprit Paquita. Si j'obtiens ma grâce, ce sera peut-être à cause de ma discrétion.

— Donne-moi ma robe, dit insidieusement Henri.

— Non, non, répondit-elle vivement, reste ce que tu es, un de ces anges qu'on m'avait appris à haïr, et dans lesquels je ne voyais que des monstres, tandis que vous êtes ce qu'il y a de plus beau sous le ciel, dit-elle en caressant les cheveux d'Henri. Tu ignores à quel point je suis idiote ? je n'ai rien appris. Depuis l'âge de douze ans, je suis enfermée sans avoir vu personne. Je ne sais ni lire ni écrire, je ne parle que l'anglais et l'espagnol.

— Comment se fait-il donc que tu reçoives des lettres de Londres ?

— Mes lettres ! tiens, les voici ! dit-elle en allant prendre quelques papiers dans un long vase du Japon.

Elle tendit à de Marsay des lettres où le jeune homme vit avec surprise des figures bizarres semblables à celles des rébus, tracées avec du sang, et qui exprimaient des phrases pleines de passion.

— Mais, s'écria-t-il en admirant ces hiéroglyphes créés par une habile jalousie, tu es sous la puissance d'un infernal génie ?

— Infernal, répéta-t-elle.

— Mais comment donc as-tu pu sortir...

— Ah ! dit-elle, de là vient ma perte. J'ai mis dona Concha entre la peur d'une mort immédiate et une colère à venir. J'avais une curiosité de démon, je voulais rompre ce cercle d'airain que l'on avait décrit entre la création et moi, je voulais voir ce que c'était que des jeunes gens, car je ne connais d'hommes que le marquis et Christemio. Notre cocher et le valet qui nous accompagne sont des vieillards...

— Mais, tu n'étais pas toujours enfermée ? Ta santé voulait...

— Ah ! reprit-elle, nous nous promenions, mais pendant la nuit et dans la campagne, au bord de la Seine, loin du monde.

— N'es-tu pas fière d'être aimée ainsi ?

— Non, dit-elle, plus ! Quoique bien remplie, cette vie cachée n'est que ténèbres en comparaison de la lumière.

— Qu'appelles-tu la lumière ?

— Toi, mon bel Adolphe ! toi, pour qui je donnerais ma vie. Toutes les choses de passion que l'on m'a dites et que j'inspirais, je les ressens pour toi ! Pendant certains moments je ne comprenais rien à l'existence, mais maintenant je sais comment nous aimons, et jusqu'à présent j'étais aimée seulement, moi je n'aimais pas. Je quitterais tout pour toi, emmène-moi. Si tu le veux, prends-moi comme un jouet, mais laisse-moi près de toi jusqu'à ce que tu me brises.

— Tu n'auras pas de regret ?

— Pas un seul ! dit-elle en laissant lire dans ses yeux dont la teinte d'or resta pure et claire.

— Suis-je le préféré ? se dit en lui-même Henri qui, s'il entrevoyait la vérité, se trouvait alors disposé à pardonner l'offense en faveur d'un amour si naïf. — Je verrai bien, pensa-t-il.

Si Paquita ne lui devait aucun compte du passé, le moindre souvenir devenait un crime à ses yeux. Il eut donc la triste force d'avoir une pensée à lui, de juger sa maîtresse, de l'étudier tout en s'abandonnant aux plaisirs les plus entraînants que jamais Péri descendue des cieux[76] ait trouvés pour son bien-aimé. Paquita semblait avoir été créée pour l'amour, avec un soin spécial de la nature. D'une nuit à l'autre, son génie de femme avait fait les plus rapides progrès. Quelle que fût la puissance de ce jeune homme, et son insouciance en fait de plaisirs, malgré sa satiété de la veille, il trouva dans la *Fille aux yeux d'or* ce sérail que sait créer la femme aimante et à laquelle un homme ne renonce jamais. Paquita répondait à cette passion que sentent tous les hommes vraiment grands pour l'infini, passion mystérieuse si dramatiquement exprimée dans Faust, si poétiquement traduite dans Manfred, et qui poussait Don Juan à fouiller le cœur des femmes, en espérant y trouver cette pensée sans bornes à la recherche de laquelle se mettent tant de chasseurs de spectres, que les savants croient entrevoir dans la science, et que les mystiques trouvent en Dieu seul. L'espérance d'avoir enfin l'Être idéal avec lequel la lutte pouvait être constante sans fatigue, ravit de Marsay qui, pour la première fois, depuis longtemps, ouvrit son cœur. Ses nerfs se détendirent, sa froideur se fondit dans l'atmosphère de cette âme brûlante, ses doctrines tranchantes s'envolèrent, et le bonheur lui colora son existence, comme l'était ce boudoir blanc et rose. En sentant l'aiguillon d'une volupté supérieure, il fut entraîné par delà les limites dans lesquelles il avait jusqu'alors enfermé la passion. Il ne voulut pas être dépassé par cette fille qu'un amour en quelque sorte artificiel avait formée par avance aux besoins de son âme, et alors il trouva, dans cette vanité qui pousse l'homme à rester en tout vainqueur, des forces pour dompter cette fille ; mais aussi, jeté par-delà cette ligne où l'âme est maîtresse d'elle-même, il se perdit dans ces limbes délicieuses que le vulgaire nomme si niaisement *les espaces imaginaires*. Il fut tendre, bon et communicatif. Il rendit Paquita presque folle.

— Pourquoi n'irions-nous pas à Sorrente, à Nice, à Chiavari[77], passer toute notre vie ainsi ? Veux-tu ? disait-il à Paquita d'une voix pénétrante.

— As-tu donc jamais besoin de me dire : — *Veux-tu ?* s'écria-t-elle. Ai-je une volonté ? Je ne suis quelque chose hors de toi qu'afin d'être un plaisir pour toi. Si tu veux choisir une retraite digne de nous, l'Asie est le seul pays où l'amour puisse déployer ses ailes...

— Tu as raison, reprit Henri. Allons aux Indes, là où le printemps est éternel, où la terre n'a jamais que des fleurs, où l'homme peut déployer l'appareil des souverains, sans qu'on en glose comme dans les sots pays où l'on veut réaliser la plate chimère de l'égalité. Allons dans la contrée où l'on vit au milieu d'un peuple d'esclaves, où le soleil illumine toujours un palais qui reste blanc, où l'on sème des parfums dans l'air, où les oiseaux chantent l'amour, et où l'on meurt quand on ne peut plus aimer...

— Et où l'on meurt ensemble ! dit Paquita. Mais ne partons pas demain, partons à l'instant, emmenons Christemio.

— Ma foi, le plaisir est le plus beau dénouement de la vie. Allons en Asie, mais pour partir, enfant ! il faut beaucoup d'or, et pour avoir de l'or, il faut arranger ses affaires.

Elle ne comprenait rien à ces idées.

— De l'or, il y en a ici haut comme ça ! dit-elle en levant la main.

— Il n'est pas à moi.

— Qu'est-ce que cela fait ? reprit-elle, si nous en avons besoin, prenons-le.

— Il ne t'appartient pas.

— Appartenir ! répéta-t-elle. Ne m'as-tu pas prise ? Quand nous l'aurons pris, il nous appartiendra.

Il se mit à rire.

— Pauvre innocente ! tu ne sais rien des choses de ce monde.

— Non, mais voilà ce que je sais, s'écria-t-elle en attirant Henri sur elle.

Au moment même où de Marsay oubliait tout, et concevait le désir de s'approprier à jamais cette créature, il reçut au milieu de sa joie un coup de poignard qui traversa de part en part son cœur mortifié pour la première fois. Paquita, qui l'avait enlevé vigoureusement en l'air comme pour le contempler, s'était écriée :

— Oh ! Mariquita !

— Mariquita ! cria le jeune homme en rugissant, je sais maintenant tout ce dont je voulais encore douter.

Il sauta sur le meuble où était renfermé le long poignard. Heureusement pour elle et pour lui, l'armoire était fermée. Sa rage s'accrut de cet obstacle ; mais il recouvra sa tranquillité, alla prendre sa cravate et s'avança vers elle d'un air si férocement significatif, que, sans connaître de quel crime elle était coupable, Paquita comprit néanmoins qu'il s'agissait pour elle de mourir. Alors elle s'élança d'un seul bond au bout de la chambre pour éviter le nœud fatal que de Marsay voulait lui passer autour du cou. Il y eut un combat. De part et d'autre la souplesse, l'agilité, la vigueur furent égales. Pour finir la lutte, Paquita jeta dans les jambes de son amant un coussin qui le fit tomber, et profita du répit que lui laissa cet avantage pour pousser la détente du ressort auquel répondait un avertissement. Le mulâtre arriva brusquement. En un clin d'œil Christemio sauta sur de Marsay, le terrassa, lui mit le pied sur la poitrine, le talon tourné vers la gorge. De Marsay comprit que s'il se débattait il était à l'instant écrasé sur un seul signe de Paquita.

— Pourquoi voulais-tu me tuer, mon amour ? lui dit-elle.

De Marsay ne répondit pas.

— En quoi t'ai-je déplu ? lui dit-elle. Parle, expliquons-nous.

Henri garda l'attitude flegmatique de l'homme fort qui se sent vaincu ; contenance froide, silencieuse, tout anglaise, qui annonçait la conscience de sa dignité par une résignation momentanée. D'ailleurs il avait déjà pensé, malgré l'emportement de sa colère, qu'il était peu prudent de se commettre avec la justice en tuant cette fille à l'improviste et sans en avoir préparé le meurtre de manière à s'assurer l'impunité.

— Mon bien-aimé, reprit Paquita, parle-moi ; ne me laisse pas sans un adieu d'amour ! Je ne voudrais pas garder dans mon cœur l'effroi que tu viens d'y mettre. Parleras-tu ? dit-elle en frappant du pied avec colère.

De Marsay lui jeta pour réponse un regard qui signifiait si bien : *tu mourras !* que Paquita se précipita sur lui.

— Eh bien, veux-tu me tuer ? Si ma mort peut te faire plaisir, tue-moi !

Elle fit un signe à Christemio, qui leva son pied de dessus le jeune homme et s'en alla sans laisser voir sur sa figure qu'il portât un jugement bon ou mauvais sur Paquita.

— Voilà un homme ! dit de Marsay en montrant le mulâtre par un geste sombre. Il n'y a de dévouement que le dévouement qui obéit à l'amitié sans la juger. Tu as en cet homme un véritable ami.

— Je te le donnerai si tu veux, répondit-elle ; il te servira avec le même dévouement qu'il a pour moi si je le lui recommande.

Elle attendit un mot de réponse, et reprit avec un accent plein de tendresse : — Adolphe, dis-moi donc une bonne parole. Voici bientôt le jour.

Henri ne répondit pas. Ce jeune homme avait une triste qualité, car on regarde comme une grande chose tout ce qui ressemble à de la force, et souvent les hommes divinisent des extravagances. Henri ne savait pas pardonner. Le savoir-revenir, qui certes est une des grâces de l'âme, était un non-sens pour lui. La férocité des hommes du Nord, dont le sang anglais est assez fortement teint, lui avait été transmise par son père. Il était inébranlable dans ses bons comme dans ses mauvais sentiments. L'exclamation de Paquita fut d'autant plus horrible pour lui qu'il avait été détrôné du plus doux triomphe qui eût jamais agrandi sa vanité d'homme. L'espérance, l'amour et tous les sentiments s'étaient exaltés chez lui, tout avait flambé dans son cœur et dans son intelligence ; puis ces flambeaux, allumés pour éclairer sa vie, avaient été soufflés par un vent froid. Paquita, stupéfaite, n'eut dans sa douleur que la force de donner le signal du départ.

— Ceci est inutile, dit-elle en jetant le bandeau. S'il ne m'aime plus, s'il me hait, tout est fini.

Elle attendit un regard, ne l'obtint pas, et tomba demi-morte. Le mulâtre jeta sur Henri un coup d'œil si épouvantablement significatif qu'il fit trembler, pour la première fois de sa vie, ce jeune homme, à qui personne ne refusait le don d'une rare intrépidité. — « Si tu ne l'aimes pas bien, si tu lui fais la moindre peine, je te tuerai. » Tel était le sens de ce rapide regard. De Marsay fut conduit avec des soins presque serviles le long d'un corridor éclairé par des jours de souffrance, et au bout duquel il sortit par une porte secrète dans un escalier dérobé qui conduisait au jardin de l'hôtel San-Réal. Le mulâtre le fit marcher précautionneusement le long d'une allée de tilleuls qui aboutissait à une petite porte donnant sur une rue déserte à cette époque. De Marsay remarqua bien tout, la voiture l'attendait ; cette fois le mulâtre ne l'accompagna point ; et, au moment où Henri mit la tête à la portière pour revoir les jardins de l'hôtel, il rencontra les yeux blancs de Christemio, avec lequel il échangea un regard. De part et d'autre ce fut une provocation, un défi, l'annonce d'une guerre de sauvages, d'un duel où cessaient les lois ordinaires, où la trahison, où la perfidie était un moyen admis. Christemio savait qu'Henri avait juré la mort de Paquita. Henri savait que Christemio voulait le tuer avant qu'il ne tuât Paquita. Tous deux s'entendirent à merveille.

— L'aventure se complique d'une façon assez intéressante, se dit Henri.

— Où monsieur va-t-il ? lui demanda le cocher.

De Marsay se fit conduire chez Paul de Manerville.

Pendant plus d'une semaine Henri fut absent de chez lui, sans que personne pût savoir ni ce qu'il fit pendant ce temps, ni dans quel endroit il demeura. Cette retraite le sauva de la fureur du mulâtre, et causa la perte de la pauvre créature qui avait mis toute son espérance dans celui qu'elle aimait comme jamais aucune créature n'aima sur cette terre. Le dernier jour de cette semaine, vers onze heures du soir, Henri revint en voiture à la petite porte du jardin de l'hôtel San-Réal. Trois hommes l'accompagnaient. Le cocher était évidemment un de ses amis, car il se leva droit sur son siège, en homme qui voulait, comme une sentinelle attentive, écouter le moindre bruit. L'un des trois autres se tint en dehors de la porte, dans la rue ; le second resta debout dans le jardin, appuyé sur le mur ; le dernier, qui tenait à la main un trousseau de clefs, accompagna de Marsay.

— Henri, lui dit son compagnon, nous sommes trahis.

— Par qui, mon bon Ferragus ?

— Ils ne dorment pas tous, répondit le chef des Dévorants : il faut absolument que quelqu'un de la maison n'ait ni bu ni mangé. Tiens, vois cette lumière.

— Nous avons le plan de la maison, d'où vient-elle ?

— Je n'ai pas besoin du plan pour le savoir, répondit Ferragus ; elle vient de la chambre de la marquise.

— Ah ! cria de Marsay. Elle sera sans doute arrivée de Londres aujourd'hui. Cette femme m'aura pris jusqu'à ma vengeance ! Mais, si elle m'a devancé, mon bon Gratien, nous la livrerons à la justice.

— Écoute donc ! l'affaire est faite, dit Ferragus à Henri.

Les deux amis prêtèrent l'oreille et entendirent des cris affaiblis qui eussent attendri des tigres.

— Ta marquise n'a pas pensé que les sons sortiraient par le tuyau de la cheminée, dit le chef des Dévorants avec le rire d'un critique enchanté de découvrir une faute dans une belle œuvre.

— Nous seuls, nous savons tout prévoir, dit Henri. Attends-moi, je veux aller voir comment cela se passe là-haut, afin d'apprendre la manière dont se traitent leurs querelles de ménage. Par le nom de Dieu, je crois qu'elle la fait cuire à petit feu.

De Marsay grimpa lestement l'escalier qu'il connaissait et reconnut le chemin du boudoir. Quand il en ouvrit la porte, il eut le frissonnement involontaire que cause à l'homme le plus déterminé la vue du sang répandu. Le spectacle qui s'offrit à ses regards eut d'ailleurs pour lui plus d'une cause d'étonnement. La marquise était femme : elle avait calculé sa vengeance avec cette perfection de perfidie qui distingue les animaux faibles. Elle avait dissimulé sa colère pour s'assurer du crime avant de le punir.

— Trop tard, mon bien-aimé ! dit Paquita mourante dont les yeux pâles se tournèrent vers de Marsay.

La *Fille aux yeux d'or* expirait noyée dans le sang. Tous les flambeaux allumés, un parfum délicat qui se faisait sentir, certain désordre où l'œil d'un homme à bonnes fortunes devait reconnaître des folies communes à toutes les passions, annonçaient que la marquise avait savamment questionné la coupable. Cet appartement blanc, où le sang paraissait si bien, trahissait un long combat. Les mains de Paquita étaient empreintes sur les coussins. Partout elle s'était accrochée à la vie, partout elle s'était défendue, et partout elle avait été frappée. Des lambeaux entiers de la tenture cannelée étaient arrachés par ses mains ensanglantées, qui sans doute avaient lutté longtemps. Paquita devait avoir essayé d'escalader le plafond. Ses pieds nus étaient marqués le long du dossier du divan, sur lequel elle avait sans doute couru. Son corps, déchiqueté à coups de poignard par son bourreau, disait avec quel acharnement elle avait disputé une vie qu'Henri lui rendait si chère. Elle gisait à terre, et avait, en mourant, mordu les muscles du cou-de-pied de madame de San-Réal, qui gardait à la main son poignard trempé de sang. La marquise avait les cheveux arrachés, elle était couverte de morsures, dont plusieurs saignaient, et sa robe déchirée la laissait voir à demi-nue, les seins égratignés. Elle était sublime ainsi. Sa tête avide et furieuse respirait l'odeur du sang. Sa bouche haletante restait entrouverte, et ses narines ne suffisaient pas à ses aspirations. Certains animaux, mis en fureur, fondent sur leur ennemi, le mettent à mort, et, tranquilles dans leur victoire, semblent avoir tout oublié. Il en est d'autres qui tournent autour de leur victime, qui la gardent en craignant qu'on ne la leur vienne enlever, et qui, semblables à l'Achille d'Homère, font neuf fois le tour de Troie en traînant leur ennemi par les pieds [78]. Ainsi était la marquise. Elle ne vit pas Henri. D'abord, elle se savait trop bien seule pour craindre des témoins; puis, elle était trop enivrée de sang chaud, trop animée par la lutte, trop exaltée pour apercevoir Paris entier, si Paris avait formé un cirque autour d'elle. Elle n'aurait pas senti la foudre. Elle n'avait même pas entendu le dernier soupir de Paquita, et croyait qu'elle pouvait encore être écoutée par la morte.

— Meurs sans confession! lui disait-elle; va en enfer, monstre d'ingratitude; ne sois plus à personne qu'au démon. Pour le sang que tu lui as donné, tu me dois tout le tien! Meurs, meurs, souffre mille morts, j'ai été trop bonne, je n'ai mis qu'un moment à te tuer, j'aurais voulu te faire éprouver toutes les douleurs que tu me lègues. Je vivrai, moi! je vivrai malheureuse, je suis réduite à ne plus aimer que Dieu! Elle la contempla. — Elle est morte! se dit-elle après une pause en faisant un violent retour sur elle-même. Morte, ah! j'en mourrai de douleur!

La marquise voulut s'aller jeter sur le divan, accablée par un désespoir qui lui ôtait la voix, et ce mouvement lui permit alors de voir Henri de Marsay.

— Qui es-tu ? lui dit-elle en courant à lui le poignard levé.

Henri lui arrêta le bras, et ils purent ainsi se contempler tous deux face à face. Une surprise horrible leur fit couler à tous deux un sang glacé dans les veines, et ils tremblèrent sur leurs jambes comme des chevaux effrayés. En effet, deux Ménechmes [79] ne se seraient pas mieux ressemblé. Ils dirent ensemble le même mot : — Lord Dudley doit être votre père ?

Chacun d'eux baissa la tête affirmativement.

— Elle est fidèle au sang, dit Henri en montrant Paquita.

— Elle était aussi peu coupable qu'il est possible, reprit Margarita-Euphémia Porrabéril, qui se jeta sur le corps de Paquita en poussant un cri de désespoir. — Pauvre fille ! oh ! je voudrais te ranimer ! J'ai eu tort, pardonne-moi, Paquita ! Tu es morte, et je vis, moi ! Je suis la plus malheureuse.

En ce moment apparut l'horrible figure de la mère de Paquita.

— Tu vas me dire que tu ne l'avais pas vendue pour que je la tuasse, s'écria la marquise. Je sais pourquoi tu sors de ta tanière. Je te la payerai deux fois. Tais-toi.

Elle alla prendre un sac d'or dans le meuble d'ébène et le jeta dédaigneusement aux pieds de cette vieille femme. Le son de l'or eut le pouvoir de dessiner un sourire sur l'immobile physionomie de la Géorgienne.

— J'arrive à temps pour toi, ma sœur, dit Henri. La justice va te demander...

— Rien, répondit la marquise. Une seule personne pouvait demander compte de cette fille. Christemio est mort.

— Et cette mère, demanda Henri en montrant la vieille, ne te rançonnera-t-elle pas toujours ?

— Elle est d'un pays où les femmes ne sont pas des êtres, mais des choses dont on fait ce qu'on veut, que l'on vend, que l'on achète, que l'on tue, enfin dont on se sert pour ses caprices, comme vous vous servez ici de vos meubles. D'ailleurs, elle a une passion qui fait capituler toutes les autres, et qui aurait anéanti son amour maternel, si elle avait aimé sa fille ; une passion...

— Laquelle ? dit vivement Henri en interrompant sa sœur.

— Le jeu, dont Dieu te garde ! répondit la marquise.

— Mais par qui vas-tu te faire aider, dit Henri en montrant la *Fille aux yeux d'or*, pour enlever les traces de cette fantaisie, que la justice ne te passerait pas ?

— J'ai sa mère, répondit la marquise, en montrant la vieille Géorgienne à qui elle fit signe de rester.

— Nous nous reverrons, dit Henri, qui songeait à l'inquiétude de ses amis et sentait la nécessité de partir.

— Non, mon frère, dit-elle, nous ne nous reverrons jamais. Je retourne en Espagne pour m'aller mettre au couvent de *los Dolores*.

— Tu es encore trop jeune, trop belle, dit Henri en la prenant dans ses bras et lui donnant un baiser.

— Adieu, dit-elle, rien ne console d'avoir perdu ce qui nous a paru être l'infini.

Huit jours après, Paul de Manerville rencontra de Marsay aux Tuileries, sur la terrasse des Feuillants.

— Eh bien, qu'est donc devenue notre belle FILLE AUX YEUX D'OR, grand scélérat ?

— Elle est morte.

— De quoi ?

— De la poitrine.

Paris, mars 1834-avril 1835 [80].

DOSSIER

NOTICES

I. *Ferragus*

On ne sait pas de façon précise de quand date l'intention balzacienne d'écrire un roman intitulé *Ferragus*. A en croire le bibliophile Jacob, le romancier s'apprêtait dès 1829 à composer des *Mémoires de Ferragus* (P.-L. Jacob, « Simple histoire de mes relations littéraires avec Honoré de Balzac. Extrait abrégé de mes *Mémoires inédits* », dans *Le Livre. Revue du monde littéraire*, 3e année, Quantin, 1882, p. 184). Cette référence toutefois est isolée, et c'est la date de 1831 qui figure, assez mystérieusement encore, au bas de la Préface de l'*Histoire des Treize* (voir p. 73 et la note 19 de cette Préface). En vérité, c'est seulement au mois de février 1833, semble-t-il, que le projet prit vraiment corps. Le 1er septembre de l'année précédente, Balzac s'était lié par un contrat conclu pour un an, mais résiliable au bout de six mois, avec la *Revue de Paris*, à laquelle il avait pris l'engagement de fournir chaque mois, pour 500 francs, « la valeur de quarante pages imprimées en caractères dits philosophie » (*Corr.*, t. II, p. 107). A ce titre, il avait donné à Amédée Pichot, directeur de la *Revue, La Femme abandonnée,* la *Lettre à Charles Nodier, La Grenadière,* le *Voyage de Paris à Java,* enfin *Les Marana*. Cela ne suffisait pas à honorer son contrat, et en février 1833, le retard était considérable : « j'ai cent pages à fournir ce mois-ci pour la *Revue de Paris* », écrit-il vers le 20 à Zulma Carraud (*Corr.*, t. II, p. 252), alors même qu'approchait la date du 1er mars à laquelle pourrait être rompu, ou du moins renégocié, le lourd engagement qui le lie. Œuvre d'urgence, *Ferragus* portera la marque des conditions dans lesquelles elle aura été produite.

Elle paraît en quatre livraisons dans la *Revue de Paris*, les 10, 17 et 31 mars 1833, et dans le fascicule supplémentaire d'avril, précédée de la Préface qui en fait un épisode de l'*Histoire des Treize*. On a vu dans l'Introduction que telle ne fut sans doute pas toujours l'intention de Balzac. Le manuscrit, conservé sous la cote A 99 dans le fonds Lovenjoul, à la Bibliothèque de l'Institut, porte en effet la trace de plusieurs faux départs où sous le seul titre général de *Ferragus, Chef des Dévorans*, sont amorcés divers premiers chapitres. C'est par la rapide évocation d'un destin d'homme que s'ouvre le récit, sous le titre « Un ménage à Paris », au verso du f° 10 : « M. Charles Desmarais, agent de change, possédait à trente ans une fortune considérable, acquise en peu de tems quoique loyalement, et jouissait, dans le monde d'une estime méritée. » Le point de départ est identique au verso du f° 3, qui fixe cependant l'orthographe du nom de l'agent de change : « M. Desmarets était à trente ans, agent de change et jouissait d'une fortune considérable, acquise en peu de tems, mais loyalement; aussi ». Au verso du f° 11, apparaît avec un nouveau titre pour ce premier chapitre, « Le Mari trompé », un nouveau début, où pour la première fois, l'intérêt se déplace vers la femme : « Il y a des femmes si noblement belles, si pures de forme, si candides, dont la voix est si doucement pénétrante qu'elles inspirent plus de respect que d'amour. Elles sont naturellement imposantes. » Enfin, le verso du f° 8 propose, sans indication de titre de chapitre, un départ qui annonce directement celui que Balzac retiendra : « Il y a dans Paris certaines rues qui sont déshonorées, tout aussi réellement que peut l'être un homme coupable de quelque infamie. Vouloir expliquer ce phénomène, c'est tenter l'impossible. A Bourg-la-Reine, à peine serait-on compris. Mais un Parisien, mais l'homme qui sait marcher dans Paris, mais l'observateur au fait des différents vêtemens qui colorent les murailles de Paris, qui en étudie les vieilles planches mises autour de nos projets de monumens et qui a suivi avec amour les divers changemens des devantures de boutiques; mais le flaneur auquel une nouvelle forme de lettre inventée par les peintres pour les enseignes n'échappe jamais; celui qui lève la tête à tel coin de rue, sûr d'y trouver le cadran d'une horloge; mais tous les amis du vieux Paris, du jeune Paris pour lesquels la ville a une physionomie à laquelle il ne vient pas une verrue qu'ils ne l'aperçoivent, enfin tous les amants de la reine des cités approuveront cette observation.

Pour eux la rue ». Seul de tous ces fragments, celui que porte le verso du f° 9, brouillon partiel de la Préface, fournit des allusions aux Treize : « Si j'ai, malgré mon horreur pour les préfaces, jetté ces phrases en tête de mon récit, c'est qu'il tient, par d'invisibles liens à l'*Histoire des Treize* dont les épisodes les plus intéressant paraîtront, dans ce recueil, si le public ou moi nous ne nous lassons pas. Je connais trop les lois de la narration, pour ne pas savoir ce à quoi m'engage cette préface, mais je connais assez l'*Histoire des Treize* pour être certain de ne jamais être au-dessous de ce programme. Des drames pleins de sang, des comédies pleines de terreur m'ont été dites mais depuis quelque tems le monde lisant est diverti par des inventions si horribles, que j'ai choisi de préférence les aventures les plus douces parmi toutes celles dont abondent les biographies de ces flibustiers en gants jaunes, à carosses, ayant des gens, des armoiries, et dont vous pouvez saluer, ce soir, le plus aimable, sans vous douter de ses faits et gestes. / Ceci est un épisode de la vie de Ferragus, chef des Dévorans, un des *treize*. Les Dévorans sont une des tribus de *compagnons*, qui relevaient jadis de la grande association mystique formée entre tous les ouvriers des divers métiers pour rebâtir le temple de Jérusalem. Aujourd'hui les traditions du moyen âge s'en vont pièce à pièce, et il faudrait de trop longues digressions pour expliquer ici, l'origine et l'esprit du *Compagnonnage*, encore debout dans le peuple en France, je laisserai ce sujet sans le déflorer à mes savans collaborateurs Emile Morice, Ph. Chasles ou Charles Nodier qui, sauront le traiter plus consciencieusement que je ne le ferais. Un hazard extraordinaire m'a permis de voir l'homme qui portait le nom glorieux » *(fin du texte)*.

On voit bien, par ces multiples départs, que *Ferragus* est né difficilement. L'examen du manuscrit confirme cette impression. Tenu par l'impérieuse nécessité de fournir de la copie, Balzac nourrit son texte en empruntant des placards destinés à la *Théorie de la démarche,* en s'attardant à faire ici l'« étude analytique » de la grisette, là celle du portier. La *Correspondance* atteste l'absence de vue d'ensemble. On sait par une lettre d'A. Pichot, directeur de la *Revue de Paris,* revue hebdomadaire publiée chaque dimanche, que le 24 février, les « premiers feuillets » du roman étaient composés ; « mais on s'est aperçu le soir qu'on n'arriverait pas : j'ai été moi-même de cet avis en voyant que nous n'avions pas même *tout* [...]. Il faut donc, au nom de tous les retards que vous nous avez fait éprouver pendant ces six mois, que vous nous donniez votre seconde partie afin que je sois sûr de ma livraison suivante » (*Corr.*, t. II, p. 256). De quoi disposait alors Pichot, qui visiblement s'attend dans cette lettre à une œuvre en deux parties ? Vraisemblablement de la Préface de l'*Histoire des Treize*, et d'une part suffisante de *Ferragus* pour susciter l'intérêt « foudroyant » dont il parle dans sa lettre. Nous penserions volontiers qu'il s'agit des 14, voire des 19 premiers feuillets du manuscrit, premier ensemble numéroté de façon continue par Balzac, et qui nous conduit, sans rupture de chapitre (voir la note 31 de *Ferragus*), jusqu'aux guets de Maulincour (p. 102), ou même à la lettre d'Ida trouvée par Maulincour (p. 109), à la suite de laquelle la pagination balzacienne recommence à 1. L'intention de Pichot était alors, il l'écrit nettement, d'attendre la fin de la copie de *Ferragus* pour consacrer à la publication de ce « conte » une livraison complète de la *Revue de Paris* en mars.

En fait, en raison sans doute du développement de l'œuvre, une autre solution fut choisie. La Préface de l'*Histoire des Treize* parut le 10 mars, les chapitres I et II, en une fois, dans la livraison du 17 qui annonce aussi un chapitre III, intitulé « La Femme accusée » (p. 200), à paraître dans « les prochaines livraisons ». Mais le 24 mars, les lecteurs « palpitants » ne découvrirent rien. Balzac en fut violemment contrarié : « Par une basse envie », écrit-il à Mme Hanska (*LH*, t. I, p. 40), « le directeur de la *Revue de Paris* retarde de 8 jours mon 3e article sur l'*Histoire des XIII*. Quinze jours d'intervalle tueront l'intérêt, et cependant j'avais travaillé nuit et jour, pour ne causer aucun retard ». Que s'était-il passé ? On en est réduit aux hypothèses. Balzac avait remis, semble-t-il, de la copie dès le mardi 19 (« hier », dans la lettre du 20 mars, *Corr.*, t. II, p. 271). Le « jeudi à quatre heures », l'impression des placards était en bonne voie (lettre de Pichot, le 21 mars, *Corr.*, t. II, p. 273). Pourtant, le samedi, tout semble perdu : « il est impossible, tous nos ouvriers n'y étant pas, qu'à minuit vous receviez plus de la moitié de l'article et encore le petit bonhomme de portillon a peur d'être assassiné dans votre quartier. Il aura lu *les Treize !* On vous enverra le reste ou le tout demain » (lettre de Pichot à Balzac, *Corr.*, t. II, p. 273). Balzac n'aurait-il pas raison lorsqu'il accuse le directeur de la *Revue de Paris* d'avoir fait preuve de mauvaise volonté ? Il faut noter que, dès le 21, Pichot envisageait de « renvoyer le tout à la fin de ce mois » (*Corr.*, t. II, p. 273), lui qui, la veille, se plaignait de n'avoir « pas une ligne de *conte* » pour le dimanche suivant (p. 272), et fournira en définitive à ses lecteurs, le 24 mars, une livraison incomplète (*Corr.*, t. II, p. 278, note 1). Il avait bien des raisons de faire obstruction. Ne savait-il pas que Balzac s'apprêtait à « contracter » ailleurs, à moins qu'il n'obtienne de la *Revue* des conditions qu'on n'entendait pas lui offrir ? Or, comme par hasard, dans les dimensions que lui donne le manuscrit (voir la note 89 du roman), le chapitre III de *Ferragus* fournissait vingt-cinq pages d'épreuves (*Corr.*, t. II, p. 274). Dès qu'il les eut — trop tard — le dimanche 24 mars, Balzac écrivit à Pichot, pour « parler affaires », selon sa formule (*Corr.*, t. II, p. 275), et plus précisément, solliciter un rendez-vous, dont le résultat est connu. C'est le certificat par lequel Pichot reconnaît « que les deux cent quarante pages que M. de Balzac devait fournir à la *Revue de Paris* aux termes du traité signé entre M. de Balzac et lui finissent à la page trois cent treize du 48e volume de la *Revue de Paris* » (*Corr.*, t. II, p. 281). On observera que le dernier feuillet livré par Balzac au titre du chapitre III de *Ferragus*, dans le manuscrit, fournit un texte qui s'étend très exactement, après correction, des pages 313 à 315 du volume en question de la *Revue de Paris*. On voit l'intérêt qu'avait Pichot à empêcher la publication immédiate du texte que lui fournissait Balzac. Le danger était celui qu'évoque assez naïvement l' « Historique du procès auquel a donné lieu *Le Lys dans la vallée* » (Pl., 1978, t. IX, p. 948) : « Que résulte-t-il », y écrit Balzac, « de la quittance motivée de M. Pichot ? Qu'en mars 1833, mon traité se trouvait rempli, que je pouvais m'en aller et laisser *Ferragus* à la 313e page de la 48e livraison de la *Revue* [...] ». On comprend que Pichot ait tenu à éviter cela, et fait en sorte, en retenant la copie, que la fin de *Ferragus* ne pût paraître ailleurs, dans *L'Europe littéraire* par exemple, ou dans *L'Echo de la jeune France*. Finalement, une issue fut trouvée : en même temps qu'elle donnait quittance à Balzac pour sa collaboration à la *Revue de Paris*, la déclaration de Pichot l'engageait à livrer la fin de *Ferragus* à la même revue, pour 200 francs la feuille, à partir de la page 313...

Le chapitre III de *Ferragus* put donc paraître le 31 mars, et Balzac, ayant perdu les raisons qu'il avait de se limiter, put le faire plus long. Dans la 5e livraison de mars de la *Revue de Paris*, au lieu des 25 pages initialement prévues, il en occupe 44. Quant au « très court dernier paragraphe » annoncé à Pichot (*Corr.*, t. II, p. 272), devenu le 24 mars un « chapitre quatre » égal au chapitre III alors arrêté à 25 pages, il eut finalement 34 pages, et parut en fascicule supplémentaire, vers le 10 avril. Il y était suivi de la Postface suivante, présente déjà, à quelques menues variantes près, dans le manuscrit, mais que ne donneront pas les éditions :

« Cette aventure, où se pressent plusieurs physionomies parisiennes, et dans le récit de laquelle les digressions étaient en quelque sorte le sujet principal pour l'auteur, montre la froide et puissante figure du seul personnage qui, dans la grande association des Treize, ait succombé sous la main de la Justice, au milieu du duel que ces hommes livraient secrètement à la société.

« Si l'auteur a réussi à peindre Paris sous quelques-unes de ses faces, en le parcourant en hauteur, en largeur ; en allant du faubourg Saint-Germain, au Marais ; de la rue, au boudoir ; de l'hôtel, à la mansarde ; de la prostituée, à la figure d'une femme qui avait mis l'amour dans le mariage ; et du mouvement de la vie, au repos de la mort, peut-être aura-t-il le courage de poursuivre cette entreprise et de l'achever, en donnant deux autres histoires où les aventures de deux nouveaux *Treize* seront mises en lumière.

« La seconde aura pour titre : *Ne touchez pas la hache*, et la troisième : *La Femme aux yeux rouges*.

« Ces trois épisodes de l'HISTOIRE DES TREIZE sont les seuls que l'auteur puisse publier. Quant aux autres drames de cette histoire, si féconde en drames, ils peuvent se conter entre onze heures et minuit ; mais il est impossible de les écrire.

DE BALZAC »

L'édition originale de *Ferragus* est celle qui parut, à la suite des *Marana*, au tome X des *Études de mœurs au XIXe siècle* (*Scènes de la vie parisienne,* 2e volume ; Paris, Mme Charles-Béchet, 1834). Une « nouvelle édition revue et corrigée » fut publiée en 1840 par Charpentier ; sous le titre collectif d'*Histoire des Treize*, elle regroupait en un volume *Ferragus* et *La Duchesse de Langeais*. La troisième édition est celle de *La Comédie humaine* (Furne, Dubochet, Hetzel, 1843), où *Ferragus* ouvre le tome IX (*Scènes de la vie parisienne*, t. I). L'exemplaire personnel de Balzac de cette édition, dit « Furne corrigé », ne comporte pour ce roman aucune indication marginale. En fait, l'examen des variantes montre que presque tout le travail de mise au point du texte s'est fait pour *Ferragus* sur les épreuves préparatoires aux livraisons de la *Revue de Paris,* et ce n'est assurément pas sans raison que Pichot se plaignit à Balzac du coût élevé de ses corrections. En comparaison, l'apport des éditions à l'histoire du texte paraît négligeable ; on ne retiendra guère que quelques modifications de noms de personnages, en particulier dans l'édition Charpentier (voir les notes).

Le nom de Ferragus a intrigué. M. Bardèche (*Balzac romancier,* Slatkine reprints, 1967, p. 437) a reconnu en lui celui d'un héros de l'Arioste (*Roland furieux,* Chant I), dont le jeune Balzac lisait l'œuvre avec feu devant l'auditoire familial de Villeparisis. Il se peut aussi que le romancier l'ait créé d'après celui du protagoniste de *Ferragan, chef de brigands,* roman d'aventures d'H.-L. Lorquet publié en 1827 chez Pigoreau. Dans sa thèse sur *Balzac journaliste. Le tournant de 1830* (Klincksieck, 1983, p. 367, note 2), R. Chollet note cependant que le nom de Ferragus appartient bien réellement à la chronique judiciaire de l'époque, comme celui d'un forgeron dont tous les ouvriers comparurent devant le tribunal correctionnel, pour « un abandon d'atelier », le 26 octobre 1830 (voir *Le Temps* du 28). Il peut y avoir là sinon évidemment une source, du moins quelque « pilotis ». Balzac nous a prévenus : *all is true.*

Ainsi également pour Mme Jules. Dans une note de la *RHLF* d'octobre-décembre 1956, Cl. Pichois a émis « Deux hypothèses sur *Ferragus* » (p. 569 sq.). La première attire l'attention sur le fait que le monde, celui que fréquentait Balzac, fournissait des situations analogues à celle que le romancier prête à Mme Jules. Et le critique d'évoquer le cas de la jeune Victorine, fille naturelle du duc de Fitz-James, à laquelle l'état civil donnait pour mère évidemment fictive « Élisabeth-Félicité Stuart » ; « brune, douce, timide, assez gentille », elle a pu par ses traits autant que par sa délicate situation mondaine fournir quelque point de départ au portrait de Mme Jules.

L'imagination du romancier a pu être stimulée aussi par ses lectures. On sait par Balzac lui-même (voir ci-dessus la note 12 de la Préface) qu'il devait ses connaissances en matière de compagnonnage et de sociétés secrètes à ses « savants collaborateurs » E. Morice, Ch. Nodier et

Ph. Chasles. Il semble qu'il doive plus encore à ce dernier, auteur en 1824 d'un roman intitulé *Le Père et la fille*, dont l'héroïne, de naissance illégitime, meurt victime d'un amour que rend impossible la réprobation qui pèse sur son père. Ce père, qui adore sa fille, est, il est vrai, bourreau et non pas brigand. Les analogies que souligne Cl. Pichois (art. cit.) entre l'intrigue de *Ferragus* et celle du *Père et la fille* n'en demeurent pas moins saisissantes.

II. *La Fille aux yeux d'or*

On vient de voir qu'à la fin du premier épisode de l'*Histoire des Treize*, en avril 1833, Balzac en annonçait aux lecteurs de la *Revue de Paris* deux autres, auxquels il donnait les noms de *Ne touchez pas la hache* et de *La Femme aux yeux rouges*. La rédaction du second ayant été interrompue au mois de mai suivant par suite d'un conflit entre Balzac et la direction de *L'Écho de la jeune France* où il paraissait (voir notre Notice sur *La Duchesse de Langeais,* dans l'édition de ce roman à paraître dans la collection GF), la création de *La Femme aux yeux rouges* s'en trouva naturellement, elle aussi, différée. Le 15 février 1834, une lettre à Mme Hanska nous apprend que le récit reste « à faire » (*LH,* t. I, p. 177), en même temps que la fin de « *La Duchesse* ». Et que Balzac y travaille. Le premier chapitre, daté de « Paris, 15 mars 1834 », paraîtra en effet chez Mme Charles-Béchet à la fin de ce mois, à la suite de l'édition originale de *Ne touchez pas la hache,* au tome XI des *Études de mœurs au* XIXe *siècle. La Fille aux yeux d'or* y a trouvé son titre définitif. Au dernier moment, semble-t-il : au verso du neuvième feuillet du manuscrit (*Lov.*, A 100, f° 59 v°), figure encore le titre de *La Fille aux yeux rouges* (voir la note 2 du texte). Ce changement s'explique aisément : en abandonnant le premier titre, Balzac a sans doute voulu, comme l'écrit P.-G. Castex, « supprimer une malheureuse ambiguïté de sens ».

En vérité, avec ce premier chapitre de *La Fille aux yeux d'or,* Balzac avait fourni une fin de tome autant qu'un début de roman. L'ample évocation de la civilisation parisienne pouvait annoncer des aventures bien diverses. Le croquis du « Petit Mercier » (voir la note 7 du roman), la typologie des « Jeunes gens de Paris » (voir Document) pouvaient exister de façon autonome. Quant à « la passion terrible, devant laquelle a reculé notre littérature », dont une note placée à la fin de *Ne touchez pas la hache* annonçait le développement (voir notre Notice citée à paraître sur *La Duchesse de Langeais*), on la devinait encore si peu à la lecture de ces pages que Mme Hanska dut interroger Balzac : « la passion dont vous me demandez le programme », lui répondit-il le 28 avril 1834 (*LH*, t. I, p. 208), « est celle d'une femme pour une femme ». Les autres lecteurs durent attendre, eux, 1835 pour la découvrir. C'est seulement au mois de janvier de cette année que Balzac songea en effet à fixer la suite de l'aventure de *La Fille aux yeux d'or*. Il y travaille en mars (*LH*, t. I, p. 310), dans l'élégante « cellule » qu'il s'est fait aménager à Chaillot, au 13, rue des Batailles (voir la note 71 du roman), et au terme de son manuscrit, porte enfin la date de « Meudon, 6 avril 1835 »,dont le mystère n'est pas réellement élucidé.

La fin de *La Fille aux yeux d'or* parut en édition originale le 1er mai 1835, toujours chez Mme Charles-Béchet, en tête du tome XII des *Études de mœurs au* XIX*e siècle*, quatrième volume des *Scènes de la vie parisienne*. Elle y est suivie de *Profil de marquise* [*Étude de femme*], *Sarrasine, Madame Firmiani, La Comtesse à deux maris* [*Le Colonel Chabert*]. Ici comme dans l'édition originale du premier chapitre au tome XI, le texte est considérablement développé par rapport au manuscrit. Balzac s'y montre plus critique dans son évocation du « troisième cercle » de l'enfer parisien, de la foule des commerçants et hommes de loi, et aussi, plus loin, de l'aristocratie. Il étoffe le rôle de Laurent, enrichit celui de De Marsay des tirades sur la fatuité et sur la discrétion. Il apporte la scène du mulâtre et de l'interprète. L'édition originale de *La Fille aux yeux d'or* s'achève par les lignes suivantes, qui s'intercalent entre l'indication « Fin de LA FILLE AUX YEUX D'OR » et la date (voir la note 80 du roman) :

NOTE

« Depuis le jour où le premier épisode de l'HISTOIRE DES TREIZE fut publié, jusqu'aujourd'hui que paraît le dernier, plusieurs personnes ont questionné l'auteur, pour savoir si cette histoire était vraie ; mais il s'est bien gardé de satisfaire leur curiosité. Cette concession pourrait porter atteinte à la foi due aux narrateurs. Cependant, il ne terminera pas sans avouer ici que l'épisode de *La Fille aux yeux d'or* est vrai dans la plupart de ses détails, que la circonstance la plus poétique, et qui en fait le nœud, celle de la ressemblance des deux principaux personnages, est exacte. Le héros de l'aventure, qui vint la lui raconter, en le priant de la publier, sera sans doute satisfait de voir son désir accompli, quoique d'abord l'auteur ait jugé l'entreprise impossible. Ce qui semblait surtout difficile à faire croire était cette beauté merveilleuse, et féminine à demi qui distinguait le héros quand il avait dix-sept ans, et dont l'auteur a reconnu les traces dans le jeune homme de vingt-six ans. Si quelques personnes s'intéressent à la *Fille aux yeux d'or*, elles pourront la revoir après le rideau tombé sur la pièce, comme une de ces actrices qui, pour recevoir leurs couronnes éphémères, se relèvent bien portantes après avoir été publiquement poignardées. Rien ne se dénoue poétiquement dans la nature. Aujourd'hui, la *Fille aux yeux d'or* a trente ans et s'est bien fanée. La marquise de San-Réal, coudoyée pendant cet hiver aux Bouffes ou à l'Opéra par quelques-unes des honorables personnes qui viennent de lire cet épisode, a précisément l'âge que les femmes ne disent plus, mais que révèlent ces effroyables coiffures dont quelques étrangères se permettent d'embarrasser le devant des loges, au grand déplaisir des jeunes personnes qui se tiennent sur *l'arrière*. Cette marquise est une personne élevée aux îles où les mœurs légitiment si bien les *Filles aux yeux d'or* qu'elles y sont presque une institution.

« Quant aux deux autres épisodes, assez de personnes dans Paris en ont connu les acteurs pour que l'auteur soit dispensé d'avouer ici que les écrivains n'inventent jamais rien ; aveu que le grand Walter Scott a fait humblement dans la préface où il déchira le voile dont il s'était si longtemps enveloppé. Les détails appartiennent même rarement à l'écrivain, qui n'est qu'un copiste plus ou moins heureux. La seule chose qui vienne de lui, la combinaison des événements, leur disposition littéraire, est presque toujours le côté faible que la critique s'empresse d'attaquer. La critique a tort. La société moderne, en nivelant toutes les conditions, en éclairant tout, a supprimé le comique et le tragique. L'historien des mœurs est obligé comme ici d'aller prendre, là où ils sont, les faits engendrés par la même passion, mais arrivés à plusieurs sujets, et de les coudre ensemble pour obtenir un drame complet. Ainsi, le dénouement de *La Fille aux yeux d'or*, auquel s'est arrêtée l'histoire réelle que l'auteur a racontée dans toute sa vérité, ce dénouement est un fait périodique à Paris, dont les chirurgiens des hôpitaux connaissent seuls la triste gravité, car la médecine et la chirurgie sont les confidentes des excès auxquels mènent les passions, comme les gens de lois sont témoins de ceux que produit le conflit des intérêts. Tout le dramatique et le comique de notre époque est à l'hôpital ou dans l'étude des gens de loi.

« Quoique chacun des TREIZE puisse offrir le sujet de plus d'un épisode, l'auteur a pensé qu'il était convenable et peut-être poétique de laisser leurs aventures dans l'ombre, comme s'y est constamment tenue leur étrange association. »

Il n'y eut qu'une seconde édition de *La Fille aux yeux d'or* : c'est l'édition Furne de 1843, où elle suit dans l'*Histoire des Treize Ferragus* et *La Duchesse de Langeais* en tête du tome IX de *La Comédie humaine*. Balzac y introduit peu de modifications : il ajoute la dédicace, change le nom d'un personnage (voir la note 62 du roman), supprime la NOTE finale. L'exemplaire personnel du romancier ne porte que de très rares interventions, en vérité négligeables.

Comme histoire de la passion « d'une femme pour une femme », *La Fille aux yeux d'or* peut apparaître comme le produit d'une certaine actualité, morale et intellectuelle. Balzac assure dans la *Note* finale de l'édition originale que « les écrivains n'inventent jamais rien ». Un tel propos, concluant un tel roman, n'allait pas sans malice. Il était bien tentant pour l'auteur, qui connaissait son monde, de sauver par un intérêt de curiosité une œuvre qu'il jugeait lui-même « risquée ». De plus, à cette date, les modèles possibles ne manquaient pas. On devait songer aux amours de G. Sand et de Marie Dorval. Dans ses *Confessions*, Arsène Houssaye donne encore d'autres noms, et d'autres histoires, sans noms. Puis Balzac n'introduisait pas le saphisme en littérature. Il avait lu Crébillon, Diderot, Sade, peut-être *Les Intimes* de Michel Raymond (Raymond Brucker et Michel Masson), peut-être aussi, avant que le livre paraisse, *Mademoiselle Maupin* de Gautier. Dans *Fragoletta* de Latouche, il avait pu trouver le thème de la rivalité amoureuse entre frère et sœur ; dans *Gamiani* peut-être, que l'on attribue souvent à Musset, l'idée du dénouement où le jeune homme fait irruption trop tard dans la chambre où vient de se produire le drame (*AB 1976*, p. 71 *sq.*).

Plus troublant est le fait que les noms mêmes des

protagonistes ne sont pas inventés comme on pourrait croire. P.-G. Castex a trouvé dans les *Mémoires* d'une amie de Balzac, la comtesse Merlin, *Mémoires* qui portent en sous-titre « Souvenirs d'une créole », le portrait d'une tante aimée, âgée de vingt-cinq ans, et nommée Paquita ; plus loin celui d'une jeune parente appelée Mariquita. W. Conner (*RHLF*, 1956, p. 535 sq.) a rappelé que dans *L'Occasion*, Mérimée mettait en scène deux personnages portant ces prénoms. Enfin, R. Fortassier a découvert « l'acte de naissance de De Marsay », personnage inspiré par ailleurs de multiples figures de dandys de l'époque, dans *Maritalement parlant*, recueil de nouvelles de MM. de Cobentzell, pseudonyme d'E. Bouchery et Ch. Lautour-Mézeray : on y découvre tout à la fois un nommé Arthur de Marsay, qui apparaît au Café anglais en conversation avec un autre dandy, Abel de Clayes, qui perfectionne son éducation « fate », et dans la sixième nouvelle, intitulée *La Gastrite*, une « femme fauve » qui annonce singulièrement Paquita.

DOCUMENT

Autour de « La Fille aux yeux d'or » :
fin de l'article de Balzac
sur « Les jeunes gens de Paris ».

En septembre 1834, parut dans le *Nouveau Tableau de Paris au* XIX*e siècle* (Paris, Mme Charles-Béchet, t. IV, p. 325-334) un article de Balzac intitulé « Les jeunes gens de Paris ». Le lecteur attentif pouvait y reconnaître un passage, à peine aménagé, du premier chapitre de *La Fille aux yeux d'or*, paru en avril à la fin du tome XI des *Études de mœurs au* XIX*e siècle*. Nous avons signalé par la note 44 de notre édition le début de cette reprise, qui s'achève par ces mots : « Vous me demandez ce que c'est que Paul. Mais Paul ?... c'est Paul de Manerville » (voir ci-dessus p. 235). L'article de Balzac sur « Les jeunes gens de Paris » se poursuivait ainsi :

« Parmi les jeunes gens à la mode il s'est formé depuis la révolution de juillet une secte nommée la secte des NÉGATEURS Le Négateur est celui qui, ne sachant rien, nie tout pour en finir avec toute espèce de chose. Là où l'ignorant fait une tache, le Négateur fait un trou. Il nie le gouvernement, il nie la légitimité, il nie Philippe, il nie Henri, il ne nie pas Dieu, parce que pour lui Dieu n'existe pas ; il ne nie que ce qui existe ; il nie la liberté, il nie la république, il nie l'aristocratie, il nie le peuple, il nie la science, il vous nie la négation ; seulement, il ne nie pas le niais ; acte d'humilité dont il faut lui tenir compte.

« Les SÉCATEURS sont une secte qui s'est formée pour contrecarrer les négateurs. Le Sécateur tranche, affirme ; avec lui tout existe. Il dit : vous êtes un sot, là où le Négateur dit : vous n'êtes rien du tout. Le Sécateur est généralement plus riche, plus impertinent, plus spirituel que ne l'est le Négateur. Nier est une impuissance, affirmer est l'abus de la force. L'un agit, l'autre proteste.

« Quand un Sécateur et un Négateur se rencontrent, la conversation marche assez bien ; et s'ils sont gens de bonne compagnie il n'y a pas de duel ; mais s'il survient des seconds, ils ne s'entendent plus, parce que deux négations font une affirmation, et ils s'embarrassent au point de dire quelque chose de juste qu'il est cependant assez difficile de deviner à cause des opérations algébriques qu'il faut faire pour soustraire les fausses quantités ; aussi quelques étrangers, qui savent le français, sont-ils fort étonnés quand ils se trouvent sous les feux croisés d'une batterie négatrice répondant à l'artillerie sécatrice.

« Néanmoins, croyez-moi, je vous affirme qu'il existe entre ces deux termes des jeunes gens qui ne sont rien, qui semblent n'avoir été créés que pour porter des pantalons, et qui ont beaucoup de succès auprès des femmes, précisément parce qu'ils portent des pantalons.

DE BALZAC. »

NOTES

Notes de la Préface.

1. « Préface dans le goût d'Hoffmann », précisait Balzac dans un premier jet rayé du manuscrit (*Lov.* A 99, f° 1 r°). On sait combien, dans les années qui suivent immédiatement 1830, le « goût d'Hoffmann » est en vogue (voir P.-G. Castex, *Le Conte fantastique en France de Nodier à Maupassant,* Corti, 4ᵉ éd., 1971, p. 60 sq.). Balzac, qui a imprimé en 1828 dans *Le Gymnase* la première traduction française du conteur allemand, a subi l'influence de celui qu'il nomme dans *Une fille d'Ève* « le poète de ce qui n'a pas l'air d'exister et qui néanmoins a vie » (Pléiade, 1976, t. II, p. 278). Au mois de novembre de cette même année 1833 où il entreprend l'*Histoire des Treize,* il écrit cependant à Mme Hanska : « J'ai lu Hoffmann en entier, il est au-dessous de sa réputation, il y a quelque chose, mais pas grand-chose ; il parle bien musique ; il n'entend rien à l'amour ni à la femme ; il ne cause point de peurs, il est impossible d'en causer avec des choses physiques » (*LH,* t. I, p. 109). La suppression du nom d'Hoffmann en tête de l'*Histoire des Treize* annonce sans doute ce jugement plein de réserves. Elle marque surtout la volonté du romancier, à cette date et dans cette *Revue de Paris* qui a beaucoup contribué à l'engouement du public français pour le conte à la manière d'Hoffmann, de prendre ses distances par rapport à une mode littéraire en déclin (voir P.-G. Castex, *ibid.*, p. 81 sq.).

Dans la *Revue de Paris* où paraît en édition préoriginale la Préface de l'*Histoire des Treize,* elle est précédée de l'épigraphe suivante : « Personne encore ne nous a raconté quelque aventure parisienne comme il en arrive dans Paris, avec le fantastique de Paris, car je soutiens qu'il y a beaucoup de fantastique dans Paris. (Lautour-Mézeray). » Cette épigraphe sera répétée sous une forme légèrement différente en tête de chaque livraison de *Ferragus* dans la *Revue de Paris.* Sur Saint-Charles Lautour-Mézeray (1801-1861), journaliste et dandy ami de Girardin et de Balzac, qui l'a mis en scène dans le *Traité de la vie élégante*, voir R. Fortassier, « M.M. de Cobentzell ou l'acte de naissance de De Marsay », *AB 1978,* p. 17 sq.

2. Précision déroutante : l'action de *Ferragus* commence en février 1819 ou 1820 (voir ci-dessous les notes 9 et 54 de *Ferragus*), celle de *La Duchesse de Langeais* à la fin de 1818 (voir la note 84 de l'édition à paraître de *La Duchesse de Langeais* en GF), celle de *La Fille aux yeux d'or* vers le milieu du mois d'avril 1815. L'*Histoire des Treize* se déroule donc principalement sous la Restauration.

3. Héros maudits, classiques à l'époque romantique, que leurs créateurs, Byron, Goethe et Maturin, ont doués de pouvoirs surhumains.

4. Chef de flibustiers anglais du XVIIe siècle, célèbre pour sa cruauté, et pour avoir su faire une fin. Après qu'il se fut constitué par ses rapines, notamment à Panama, une immense fortune, « il se fixa à la Jamaïque, s'y maria, devint commissaire de l'amirauté, fut créé chevalier par Charles II et termina paisiblement sa vie dans cette île » (*Grand Dictionnaire universel du XIXe siècle*). Balzac cite plusieurs fois dans *La Comédie humaine* le nom de « Morgan l'exterminateur ». Un de ses romans de jeunesse, *Annette et le criminel*, a pour héros le pirate Argow, dont le nom est presque l'anagramme de celui de Morgan.

5. Nouvelle indication déroutante. Napoléon est mort, comme on sait, le 5 mai 1821. Or l'intervention des Treize que relate le dernier chapitre de *La Duchesse de Langeais* est postérieure de plusieurs mois, selon la chronologie romanesque, à la prise de Cadix par l'armée française, le 1er octobre 1823.

6. Les plus célèbres romans noirs d'Ann Radcliffe (1764-1823) sont *Les Mystères d'Udolphe* et *L'Italien*, connus en France dès la fin du XVIIIe siècle. Le nom de cette romancière, dont Balzac a imité la manière dans ses œuvres de jeunesse, est maintes fois cité, élogieusement, dans *La Comédie humaine*.

7. L'Écossais James Macpherson, mort en 1796, est surtout connu comme le littérateur qui, ayant recueilli et fort librement traduit d'anciens poèmes gaéliques, et en ayant inventé beaucoup d'autres, publia l'ensemble à partir de 1760 en l'attribuant à un prétendu barde écossais nommé Ossian. L'immense succès européen des poésies d'Ossian en fait bien plus qu'une supercherie littéraire réussie : l'évident témoignage d'une révolution du goût. On sait moins que cet ancien maître d'école devint un homme d'affaires, et fut en particulier à Londres, selon le *Dictionnaire universel du XIXe siècle*, l'agent chargé de défendre les intérêts d'un nabab des Indes.

8. Avant l'édition Furne de l'*Histoire des Treize*, au lieu de « doter son pays d'un Homère », Balzac écrivait : « faire croire à la vie de René, de Clarisse Harlowe ». La hiérarchie produite restait interne, pour une part, à l'œuvre de Chateaubriand. La correction de Balzac rend surtout à la pensée son juste mouvement : en Homère, il faut évidemment reconnaître l' « Homère du Nord » chanté en Ossian par Mme de Staël.

9. Littré, qui n'atteste que la graphie « dévoirants » pour le nom qui désigne les ouvriers compagnons du devoir, note que l'on prononce en général *dévorants*, « ce qui forme une homonymie absolue avec le participe présent du verbe *dévorer* et prête à un sens péjoratif ».

10. La construction du temple de Jérusalem par le roi Salomon sert en effet de référence fondamentale commune aux diverses branches du compagnonnage, et bien entendu de la maçonnerie, citée un peu plus loin dans le texte. Balzac souligne également avec raison le fait que la vieille pratique du compagnonnage, prohibée en droit, mais tolérée en fait, reste vivante au début du XIXe siècle, en dépit de son inadaptation croissante.

11. Le compagnonnage se divisait en organisations rivales, parmi lesquelles on distinguait en particulier les enfants de Maître Jacques ou du devoir (les *dévorants* proprement dits), et les enfants de Salomon ou du devoir de liberté (les *gavots*). Entre ces corps de compagnons, les haines étaient féroces, et, comme l'écrit Balzac très justement, les rixes souvent sanglantes (voir G. de Bertier de Sauvigny, *La Restauration*, Flammarion, 3e éd., 1955, p. 253).

12. Sur l'origine des connaissances balzaciennes en matière de compagnonnage, nous sommes renseignés par une première version manuscrite de la préface de l'*Histoire des Treize* (*Lov.* A 99, f° 9 v°. Voir la Notice de *Ferragus*, ci-dessous p. 295). L'auteur y renvoie à ses « savans collaborateurs Émile Morice, Ph. Chasles ou Charles Nodier ». Émile Morice (1797-1836), lit-on en effet dans l'article que lui consacre la *Biographie universelle* de Michaud, « travaillait à une *Histoire des grandes compagnies*, que la mort l'empêcha d'achever ». De la compétence de Philarète Chasles (1798-1873) sur le sujet du compagnonnage, Claude Pichois se déclare moins convaincu que Balzac (*Philarète Chasles et la vie littéraire au temps du romantisme*, Corti, 1965, t. I, p. 414). Celle de Nodier, en revanche, ne fait aucun doute.

13. Balzac fait allusion dans *Ferragus* (voir p. 112) aux ventes à l'encan qui se tenaient encore de son temps sur la place du Châtelet.

14. Pseudonyme sous lequel Elselina Vanayl de Yongh, dite Ida de Saint-Elme (1778-1845), ancienne maîtresse du général Moreau, a publié de nombreux volumes de *Mémoires*, qui passent pour avoir été rédigés en fait par Armand Malitourne, que Balzac connaissait. Cette œuvre, qui exploitait le goût du public pour les indiscrétions et les anecdotes plus ou moins authentiques, fut une spéculation fort réussie.

15. Edouard-John Trelawney (1792-1881) connut dès l'enfance une vie aventureuse. Lié à Shelley et à Byron, il prit avec ce dernier une part active à la lutte pour la libération de la Grèce. On sait que Balzac admirait beaucoup Byron, dont la première traduction française du *Corsaire* parut en 1819. Dès cette date, Balzac ébauche sous le même titre un opéra-comique.

16. Pièce de l'Anglais Thomas Otway (1652-1685), fort appréciée de Balzac. Sur la portée de cette référence, voir notre Introduction.

17. Surnom d'Hassan ben Sabbah (vers 1056-1124), fondateur de la secte musulmane des Assassins qui dut son nom au zèle de ses membres à mettre à mort les ennemis de la Vérité, et aussi, pense-t-on, au fait que les hashashin recherchaient l'extase dans la drogue. Le titre de « Vieux de la Montagne » fait allusion à la position forte d'Alamut, centre des activités de la secte, d'où elle étendit sa domination sur une partie de la Perse et de la Syrie.

18. Dans la version de cette Préface parue dans la *Revue de Paris*, il est question seulement « de l'épisode qui [...] ».

19. Date évidemment fausse, si elle prétend désigner le moment où cette Préface a été rédigée. Si elle marque plutôt, comme il semble, l'époque de la conception du sujet, le lecteur est renvoyé à l'année où Balzac a écrit, entre autres textes, *Une conversation entre onze heures et minuit*.

Notes sur *Ferragus*

1. L'histoire des relations entre Balzac et Berlioz reste assez obscure. On sait seulement qu'en 1832, Berlioz lisait Balzac sans le connaître : il dut le rencontrer peu de temps après dans un salon parisien. Balzac cite rarement son nom, aussi bien dans son œuvre que dans sa correspondance. Cependant, c'est à lui plutôt qu'à Victor Hugo qu'il songea d'abord à faire la dédicace d'*Illusions perdues*. En 1843, dans l'édition Furne de *La Comédie humaine*, Berlioz se trouve finalement associé à Liszt et à Delacroix parmi les dédicataires de l'*Histoire des Treize*. L'hommage s'adresse sans aucun doute au plus romantique des compositeurs français, qui en 1830 obtint le grand prix de Rome pour une *Défaite de Sardanapale*. De 1830 aussi date la *Symphonie fantastique*, dont la dernière partie est presque entièrement composée sur le thème du *Dies irae*, longuement commenté dans *Ferragus*. Berlioz fut enfin l'auteur d'une *Messe solennelle* donnée en 1825, comme l'a noté R. Fortassier, en cette même église Saint-Roch dans laquelle ont lieu les funérailles de Mme Jules, et d'un *Requiem* exécuté avec le plus grand succès en 1837 aux Invalides.

2. Néologisme qu'affectionne Balzac, et qui est à mettre en relation avec son anthropologie : « La personnalité morale est plus sensible, plus vivante en quelque sorte que la personnalité physique », lit-on dans *Les Paysans* (Pl., 1978, t. IX, p. 138). « Le cœur et le sang sont moins impressibles que les nerfs. Enfin notre être intérieur nous domine, quoi que nous fassions. »

3. Plusieurs des riches hôtels de l'île Saint-Louis furent la propriété de fermiers-généraux : en particulier, en amont de l'île, les hôtels Lambert et de Bertonvilliers.

4. Cette rue, située sur l'ancien chemin de ronde extérieur à l'enceinte de Charles V, joignait la rue Saint-Honoré à la rue de Richelieu. L'ouverture de l'avenue de l'Opéra en 1867 n'en a laissé subsister qu'une partie, l'actuelle rue Molière.

5. Libre allusion à une anecdote rapportée dans l'*Histoire des perruques*, le plus célèbre des ouvrages de l'abbé J.-B. Thiers (1636-1703), où il est question d'un chanoine vitupéré par le chapitre de la cathédrale de Beauvais en 1685 pour avoir voulu dire sa messe en perruque.

6. Balzac a déjà cité en 1829 dans la *Physiologie du mariage* comme celui d'« un des plus courageux savants qui se soient voués aux arides et utiles recherches de la statistique » (Pl., 1980, t. XI, p. 974) le nom du médecin et économiste Louis-François Benoiston de Châteauneuf (1776-1856), auteur en 1824 d'*Extraits des recherches statistiques dans la ville de Paris et le département de la Seine*. *Ferragus* est écrit en un moment où l'épidémie de choléra de 1832 vient d'attirer l'attention de façon particulièrement aiguë sur l'insalubrité de la capitale. Cette insalubrité de Paris, selon un article paru en 1833 dans le *Journal des débats* et que cite Louis Chevalier (*Classes laborieuses et classes dangereuses à Paris pendant la première moitié du* XIXe *siècle*, coll. « Pluriel », 1978, p. 355), est due non seulement au « défaut d'écoulement de ses eaux », mais encore à « l'entassement et la hauteur des maisons, la strangulation des rues fermées au libre accès de l'air et de la lumière. Dans le rapport officiel sur le choléra, on verra que le fléau a été plus destructeur dans les quartiers les plus obscurs ».

7. Disparue en 1852 du fait des travaux d'achèvement du Louvre, la rue Fromenteau, devenue en 1839 rue du Musée, joignait le quai à la rue Saint-Honoré, à laquelle elle aboutissait au niveau de la rue de Valois. Sa partie nord, écrit J. Hillairet dans son *Dictionnaire historique des rues de Paris* (Éd. de minuit, 1963, t. I, p. 278), « était surtout habitée par quelques galantes personnes, familières, le soir venu, de la rue Saint-Honoré ».

8. La rue Pagevin commençait rue du Coq-Héron et finissait rue des Vieux-Augustins (actuelle rue Hérold) ; la rue Soly commençait rue de la Jussienne et finissait également rue des Vieux-Augustins (actuelle rue d'Argout). Ces deux voies disparurent en 1880 avec l'ouverture de la rue Étienne-Marcel. Sur les itinéraires parisiens dans *Ferragus*, voir les cartes dressées par Jeannine Guichardet dans *Balzac « Archéologie de Paris »*, Paris, SEDES, 1986, p. 78-85.

9. Il y a de cette aventure « sept ans », et non pas « environ treize », selon le manuscrit. Voir la note 54.

10. Actuelle rue de Lille.

11. Les plumes de marabouts, ou marabouts, furent une garniture à la mode des coiffures féminines sous la Restauration.

12. Dans la *Revue de Paris*, où apparaît cette conversation, absente du manuscrit, il est question seulement de la « duchesse de ^xxx^ ». Balzac ne précise qu'en 1839, dans l'édition Charpentier de *Ferragus*, qu'il s'agit de la duchesse de Langeais.

13. Le retour des émigrés, autorisé par l'amnistie partielle de 1800, puis par l'amnistie générale de 1802, devait s'accompagner de la restitution de leurs biens non encore vendus. Dans *La Comédie humaine*, Balzac situe généralement dans les années 1804 et 1805 le moment où ces retours furent les plus nombreux ; il montre aussi que ceux qui alors consentirent à se rallier à l'Empire purent grâce à la bienveillance de Napoléon rétablir leur situation de fortune. Sur l'un et l'autre de ces deux points, le témoignage de Balzac est contesté par les historiens modernes (voir R. Butler, « Les émigrés dans *La Comédie humaine*. Données historiques », *AB 1978*, p. 189 sq.).

14. Balzac a d'abord écrit puis rayé sur le manuscrit « Molincourt ». Quant au prénom d'Auguste, il est celui du peintre Auguste Borget (1808-1877), ami de Balzac que ce dernier logeait rue Cassini tandis qu'il écrivait *Ferragus*.

15. Persuadé que la monarchie n'aurait pas succombé devant la révolution si Louis XVI avait bénéficié d'une garde personnelle plus forte, Louis XVIII s'empressa d'organiser au début de la Restauration sa maison militaire. Parmi les anciennes compagnies qu'on vit renaître alors, il y eut les quatre compagnies rouges (chevau-légers, mousquetaires gris et noirs, gendarmes de la garde), ainsi nommées pour leur uniforme écarlate et formant la maison rouge du roi. Tous les gardes du corps avaient grade et solde d'officiers (voir Bertier de Sauvigny, *La Restauration*, Flammarion, 3e éd., 1974, p. 80).

16. A « vingt-cinq ans », selon le manuscrit.

17. *Le Doyen de Killerine* est un roman de l'abbé Prévost, en six parties dont la première (livres I et II) parut en 1735 et les cinq autres (livres III à XII) en 1739 et 1740. Cette « histoire morale », qui doit illustrer le débat entre la passion et la morale, naturelle et chrétienne, mêle à la réflexion sur le bonheur la satire sociale et le romanesque.

18. Dans la version originale de ce passage, qui est une addition de Balzac dans le texte de la *Revue de Paris*, le romancier avait écrit « [...] entre Louis XVIII, qui voyait en avant, et Charles X, qui voyait en arrière »... C'est en 1843, dans l'édition Furne de *Ferragus*, que ces lignes sont modifiées. Dans *La Duchesse de Langeais*, Balzac écrit encore qu'en 1816, « Louis XVIII, éclairé par la révolution des Cent-Jours, comprit sa situation et son siècle, malgré son entourage, qui, néanmoins, triompha plus tard de ce Louis XI moins la hache lorsqu'il fut abattu par la maladie » (voir Pl., t. V, p. 936). Dans le même roman, c'est la princesse de Blamont-Chauvry, « le plus poétique débris du règne de Louis XV », qui traite le roi de « Jacobin fleurdelisé » (voir *ibid.*, p. 1015).

19. Avant l'édition Furne, Balzac donnait « quatre-vingt-sept ans » au vidame de Pamiers.

20. Balzac indique plus loin (p. 118) qu'il s'agit de Mme de Sérizy.

21. Célèbre héros de l'édifiante *Histoire de sir Charles Grandison*, roman de S. Richardson (1689-1761) paru en 1754 et traduit en français par l'abbé Prévost dès 1755. Balzac écrit encore dans *Le Cousin Pons*, (Pl., 1977, t. VII, p. 495) que « sur terre, le juste, c'est l'ennuyeux Grandisson, pour qui la Vénus des carrefours elle-même se trouverait sans sexe ».

22. C'est à partir de l'édition Charpentier de *Ferragus* que « la maîtresse du logis » ou « la dame » de cette scène devient plus précisément Mme de Nucingen. De même, un peu plus bas, Jules Desmarets devient plus particulièrement, dans l'édition Furne, « l'agent de change du baron de Nucingen ».

23. Cl. Pichois a noté que le choix de ce prénom pouvait être de la part de Balzac « un discret hommage, l'hommage du souvenir, à Mme de Castries, née Claire Clémence *Henriette* Claudine de Maillé de la Tour-Landry » (« Deux hypothèses sur *Ferragus* », *RHLF*, 1956, n° 4, p. 570).

24. Sur le manuscrit, Balzac a écrit « deux ans ».

25. On observera que le n° 6 de cette rue accueillit de 1820 à 1906 la Chambre syndicale des agents de change.

26. *Cent*, et non *vingt* mille, avant l'édition Furne.

27. Dans le texte de la *Revue de Paris*, Balzac ajoutait : « et, la jurisprudence d'*Antony* n'existait pas encore ». L'expression fait allusion au célèbre dénouement de la pièce d'Alexandre Dumas, créée le 3 mai 1831 au théâtre de la Porte Saint-Martin, avec Marie Dorval dans le rôle féminin. Dans le paroxysme de sa passion, et de l'enthousiasme des spectateurs, le héros du drame, soucieux de rendre à sa maîtresse son honneur d'épouse et de mère, la poignardait sous les yeux de son mari en s'écriant : « Elle me résistait, je l'ai assassinée ! » La référence balzacienne est ironique. On observera cependant que comme l'intrigue d'*Antony*, celle de *Ferragus* associe les thèmes de la bâtardise et de l'adultère, et que le dénouement de *La Fille aux yeux d'or* n'est pas sans analogie avec « la jurisprudence d'Antony ». C'est d'ailleurs à Marie Dorval que fait sans doute allusion Balzac dans la note publiée en appendice à la première édition de ce dernier récit, lorsqu'il évoque « ces actrices qui, pour recevoir leurs couronnes éphémères, se relèvent bien portantes après avoir été publiquement poignardées » (voir la notice sur *La Fille aux yeux d'or*, p. 302).

28. Le poète anglais Edward Young (1683-1765), auteur de *Night Thoughts* (1742-1745) traduites en français par Letourneur dès 1769, incarne aux yeux de Balzac l'image de la tristesse. Dans *Honorine* (Pl., 1976, t. II, p. 569), il l'associe à Job ; et dans *Adam-le-chercheur*, un récit tardivement ébauché, il parle encore de « doléances dignes des *Nuits* de Young » (Pl., 1981, t. XII, p. 833). Béatrice Didier (*Littérature française*, XVIIIe siècle, t. III, Paris, Arthaud, 1976, p. 92) note que la traduction des *Nuits* par Letourneur connut entre 1770 et 1836 plus de vingt rééditions.

29. De « l'amphitryon », dans les éditions antérieures à l'édition Charpentier.

30. La dernière édition révisée par Balzac de *Ferragus* (« Furne corrigé ») donne ici, comme toutes celles qui précèdent, « ils », qui est obscur. Nous corrigeons.

31. Ainsi s'achève dans l'édition préoriginale de *Ferragus* dans la *Revue de Paris*, ainsi que dans l'édition originale du roman, le premier chapitre. Avertissons une fois pour toutes que la division en chapitres sera abolie à partir de l'édition Charpentier, par souci de tasser la copie à des fins d'économie. Il est plus curieux de noter que dans le manuscrit, le texte se poursuit sans même qu'apparaisse ici un alinéa.

32. Sous le titre *Un espion à Paris*, paraîtra en 1844 dans *Le Diable à Paris* un court récit de Balzac qu'il réutilisera dans *Les Comédiens sans le savoir*. L'image qui y est donnée de l'espion Fromenteau est celle qu'annoncent ces lignes de *Ferragus* : impassible comme le « sauvage », « digne d'être mis en parallèle avec la Longue-Carabine de Cooper », convaincu de surcroît qu'« on a beau vanter la pêche et la chasse, traquer l'homme dans Paris est une partie bien plus intéressante » (Pl., 1977, t. VII, p. 1698-1699), il prend plaisir à un métier « si amusant ». La référence à Fenimore Cooper (1789-1851) attire également l'attention sur ce que l'évocation de la jungle parisienne dans l'*Histoire des Treize* doit à celle de la forêt américaine dans *Le Dernier des Mohicans*. Balzac admirait beaucoup certaines œuvres du romancier américain, en vogue en France depuis 1826. Il songea même à adapter pour la scène *Le Corsaire rouge* et *L'Espion*. Notons enfin qu'une rencontre entre les deux écrivains faillit avoir lieu, semble-t-il, chez E. Sue, en janvier 1833, alors que Balzac songeait donc à ses *Treize* (voir *Corr.*, t. II, p. 220).

33. Ici s'achève le feuillet 12 *ter* du manuscrit (*Lov.* A 99, f° 14 v°), à la suite duquel Balzac insère, en l'adaptant, un fragment primitivement destiné à la *Théorie de la démarche* : l'homme surpris par la pluie n'était pas, à l'origine, A. de Maulincour, rue Coquillière, mais, rue Saint-Paul (dans le quartier du Marais qu'a longtemps habité Balzac), l'auteur philosophe de la *Théorie* lui-même. La couture reste visible. C'est de façon assez gratuite que le regard du romancier caricaturiste se pose sur le groupe de « physionomies parisiennes » réunies sous le porche, dans les lignes qui suivent ; et le ton employé est bien celui de l' « étude analytique ».

34. Le mot est à prendre au sens particulier où on l'entend vers 1830 de producteur actif. Pour Saint-Simon, l'industriel est l'abeille de la ruche sociale, dont l'oisif, et notamment le propriétaire oisif, est le frelon.

35. A propos de « catarrhes », M. Le Yaouanc observe que « Balzac aimait visiblement ce vieux mot de moins en moins utilisé

par les spécialistes du XIXe siècle, mais encore employé dans le monde pour désigner une maladie accompagnée d'une forte toux, une bronchite souvent, quelquefois aussi une affection que l'on savait être la tuberculose » (*Nosographie de l'humanité balzacienne*, Paris, Maloine, 1959, p. 183).

36. Dès le XVIIe siècle, les cascades de Saint-Cloud formaient la merveille des fêtes royales qui y étaient données. Réparées sous Louis-Philippe, elles constituaient l'une des promenades favorites des Parisiens.

37. Fin de l'utilisation par Balzac des placards de la *Théorie de la démarche* (voir note 33). Le manuscrit auquel ces placards correspondent, joint à celui de *Ferragus* (*Lov.* A 99, f°s 17 et 18), donne à la scène le développement suivant : « J'examinais ce tableau, l'un des milliers que le mouvant Paris offre chaque jour à chaque heure, qui en font la patrie des flâneurs, quand un cabriolet de place nous éclaboussa tous en s'arrêtant au milieu de la mare produite devant la porte par l'embouchure du ruisseau de la maison dans l'océan gris de la rue. Les jets de cette pluie factice nous dispersèrent comme si c'eût été de la mitraille ; et, par un mouvement unanime, nous nous repliâmes sur la loge ; mais le cocher du cabriolet s'était trompé de numéro, il alla plus loin. Un homme assis derrière la voiture avait rapidement quitté son poste illégalement conquis, et s'était réfugié sous la porte cochère. » Au verso du feuillet 17, figure un texte cancellé, sous le titre *Souffrances secrètes* : « Il se rencontre dans la vie humaine des heures mystérieuses, pleines de sentiments profonds, chargées de pensées inconnues et pendant lesquelles nous tombons au fond d'un gouffre. Chacun a ses souvenirs dont il est le seul historien possible. Ce sont des fantaisies douces ou terribles, qui souvent naissent au gré des rêveries (?) capricieuses, le soir » (*fin du fragment non déchiffrée*). Au verso du feuillet 18, un titre encore : *Les Secrets entre nous et Dieu.* — « L'âme du ruisseau » dont il est question plus haut désigne évidemment, comme le note J. Guichardet (*op. cit.*, p. 34), « la grille de fer posée sur la chaussée, la bouche d'égout qui s'ouvre au fond de la ligne centrale » de la rue.

38. Le type du mendiant parisien, dont le portrait nous est ici fourni par prétérition, a fait l'objet d'une première esquisse balzacienne en 1830, dans un projet de récit intitulé précisément *Le Mendiant* (*BO*, t. 25, p. 12).

39. On connaît l'éreintage de Nicolas-Toussaint Charlet (1792-1845) par Baudelaire dans « Quelques caricaturistes français » (*Œuvres complètes*, Pl., t. II, p. 546 sq.). Un dessin de Charlet, écrit-il, « est rarement une vérité ; c'est presque toujours une câlinerie adressée à la caste préférée », le peuple. Deux types ont fait la célébrité de Charlet : le soldat (« Charlet affirme que le tourlourou et le grenadier sont la cause finale de la création »), et le gamin (« ces chers petits anges qui feront de si jolis soldats »). Bref, pour Baudelaire, « fabricant de niaiseries nationales, commerçant patenté de proverbes politiques, idole qui n'a pas, en somme, la vie plus

dure que toute autre idole, il connaîtra prochainement la force de l'oubli [...] ». Tel n'était pas du tout l'avis de Balzac, qui cite toujours élogieusement dans *La Comédie humaine* cet « Homère des soldats », ses croquis de vieillards, ses « immortels balayeurs » (*Les Paysans*, Pl., 1978, t. IX, p. 70). « Peintre, poète, historien », cet homme, écrivait-il dès 1830 dans un article sur Gavarni paru dans *La Mode* (*BO*, t. 26, p. 86-87), « a démêlé deux types qui l'immortalisent : le soldat, l'enfant ».

40. Ce regard de Ferragus a été commenté par L. Frappier-Mazur dans « Espace et regard dans *La Comédie humaine* » *(AB 1967*, p. 329) : « Chez ce dernier, être hors du commun, l'œil même est déjà un voile, dont les paupières en retombant ne font qu'épaissir l'opacité. C'est au prix d'un effort conscient du sujet, et non par suite d'une faille dans son organisation physique ou morale, que l'œil apparaît seulement comme l'organe de la vision. »

41. On retrouve Mme Meynardie, tenancière de maison close, dans *Splendeurs et misères des courtisanes,* où elle compte Esther parmi ses pensionnaires (Pl., 1977, t. VI, p. 452).

42. L'édition Furne corrigée donne ici *officieux*. Nous rétablissons la leçon *officier,* qui est celle du manuscrit.

43. Nourrie par l'essor de la banque, la construction privée connut en effet une vive flambée à Paris sous la Restauration. « Du train dont va Paris », note Hugo dans *Notre-Dame de Paris,* « il se renouvellera tous les cinquante ans. [...] Les monuments y deviennent de plus en plus rares, et il semble qu'on les voie s'engloutir peu à peu, noyés dans les maisons. Nos pères avaient un Paris de pierre ; nos fils auront un Paris de plâtre » (éd. Garnier, Paris, 1976, p. 160).

44. Du nom du fabricant et vendeur exclusif, sis rue Neuve-Saint-Marc (actuelle rue Saint-Marc), d'un papier à lettres de luxe légèrement bleuté, en effet « fort à la mode dans les années 1830-1833 », selon R. Fortassier. C'est de ce papier que s'est servi Balzac pour la « Confession » abandonnée du *Médecin de campagne*.

45. Le *Larousse du XIXe siècle* donne déjà pour désuet le mot d'alexipharmaque qui selon Littré désigne « des remèdes qui expulsent du corps les principes morbifiques, ou qui préviennent l'effet des poisons pris à l'intérieur ». La pâte pectorale ou pâte Regnauld, du nom de son inventeur, fit sous la Restauration l'objet d'une spéculation célèbre. Les fonds qu'investit dans cette entreprise le célèbre docteur Véron, ainsi que la publicité dont elle bénéficia grâce aux relations dont ce dernier disposait dans la presse, donnèrent tout à coup à partir de 1824 une grande notoriété à ce produit pharmaceutique dont la vogue fut considérable. Balzac fait encore allusion, pour des raisons évidentes, à cette excellente affaire dans *César Birotteau* (Pl., t. VI, 1977, p. 206).

46. Les boulins sont des trous faits dans un mur pour supporter des échafaudages, les Limousins des ouvriers maçons.

47. À cette date, la rue Aristide-Briand, bien évidemment, n'existait pas sous ce nom, et la rue de Bourgogne se prolongeait jusqu'au quai.

48. Une soufflure est une cavité qui sous l'action d'un gaz, pendant la solidification, se forme quelquefois dans l'épaisseur d'un ouvrage de fonte ou de verrerie ; une paille est dans un objet qui doit être en masse compacte un défaut de liaison ou de continuité.

49. Les aventures d'Ali de Tébélen, pacha de Janina (vers 1741-1822), et tout particulièrement sa capture finale, par ruse, au terme d'un siège de plus d'un an, passionnèrent l'opinion sous la Restauration. P. Larousse, dans son *Dictionnaire,* voit encore en lui « la personnification de ce despotisme oriental, dont le caractère le plus saillant est un insolent mépris pour la vie humaine. Doué de qualités énergiques, [...] c'est par la ruse, la dissimulation, la trahison, l'assassinat, joints à une rare intrépidité et à une constance invincible, qu'il parvint à élever le brillant, mais éphémère édifice de sa fortune ». Dans *Un début dans la vie,* Georges Marest le présente comme une de « ces âmes de bronze, qui pendant vingt ans font tout pour pouvoir venger une offense un beau matin » (Pl., 1976, t. I, p. 783). Devenu « Sultan » par jalousie (p. 112), A. de Maulincour devait suivre cette école.

50. Le manuscrit porte *Adolphe* au lieu de *Henri.*

51. Voir note 21.

52. Actuelle rue Léon-Cladel. Ferragus s'est rapproché de Mme Jules.

53. Les maisons de jeu n'étaient pas désignées par des noms, mais par des numéros. Jusqu'en 1837, date de leur interdiction, on en comptait principalement quatre au Palais-Royal : les numéros 9, 113, 129 et 154. Avant l'édition Furne de *Ferragus,* ce n'est pas 129, mais 139 que l'on trouvait ici ; et c'est curieusement encore au 39 du Palais-Royal que Balzac situait primitivement la scène initiale de *La Peau de chagrin.* Dans la correction que l'on relève ici, il faut reconnaître, avec P.-G. Castex, l'indice d'une scrupuleuse volonté balzacienne de fidélité au réel.

54. R. Fortassier note avec raison que ce détail pose un problème de chronologie romanesque. Le duc de Berry ayant été assassiné le 13 février 1820, il est impossible qu'il y ait eu bal au mois de mars suivant à l'Élysée-Bourbon, nom de l'actuel palais de l'Élysée, ainsi nommé alors parce qu'il avait été la propriété de la duchesse de Bourbon-Condé, mère du duc d'Enghien. Louis XVIII avait mis cette résidence en 1816 à la disposition de son neveu et de sa jeune femme, Marie-Caroline, la célèbre duchesse de Berry. C'est donc en 1819 plutôt que doit être située l'intrigue de *Ferragus.*

55. Voir p. 87 et la note 20.

56. L'entourage du roi.

57. Tout le monde connaît le nom de François-Eugène Vidocq (1775-1857), ancien forçat entré en 1809 au service de la police où à la suite d'éclatants débuts il dirigea même une brigade spéciale, formée d'anciens bagnards. À l'époque où il écrit *Ferragus,* Balzac s'intéresse depuis longtemps à cet aventurier, dont, dès 1825, dans le *Code pénal des honnêtes gens,* il cite le nom et évoque l'armée, faite de « nouveaux Janus, honnêtes d'un côté, coquins de l'autre, exerçant parfois leur ancien métier, et toujours à l'abri de la justice » (*BO,* t. 25, p. 423). Lorsque après sa destitution, en 1827, parurent ensuite ses *Mémoires,* on sait que Balzac en acquit les quatre volumes. Plus tard, en 1834, il devait le rencontrer personnellement, chez le philanthrope Appert, en compagnie du bourreau Sanson.

58. Au lieu de « rue Sainte-Foi », Balzac a d'abord écrit puis rayé sur le manuscrit « [rue] cour des miracles ». En vérité, la rue Sainte-Foy n'est guère éloignée de cette cour des miracles que l'évocation de V. Hugo dans *Notre-Dame de Paris,* en 1831, a rendue célèbre, et qui se situait à l'emplacement des rues Damiette et des Forges.

59. Ce n'est que dans l'édition Furne que le « témoin de cette scène » devient de Marsay.

60. Dans le manuscrit, Balzac hésite entre ambassades d'Espagne et de Portugal.

61. Logographique : « qui a rapport au glossaire, aux mots » (Littré).

62. Trilby est dans le conte de Nodier qui porte son nom (1822) le « follet de la chaumière » dont la pressante affection envahit les rêves de Jeannie, la jeune femme du pêcheur Dougal.

63. Œuvre du baron François Gérard (1770-1836), dont Balzac a vanté plusieurs tableaux dans *La Comédie humaine* et dont il fréquente le salon depuis 1829, *Daphnis et Chloé* a été exposé au Salon de 1824, puis acquis par l'État, en 1825, pour la somme considérable de 25 000 francs. P. Larousse en donne la description suivante : « À gauche, au bord d'un ruisseau qui tombe en cascade d'une grotte au fond de laquelle on voit les statues des Grâces, Daphnis, assis sur un tronc d'arbre, tresse une couronne de fleurs. Chloé dort, la tête appuyée sur les genoux du jeune berger. »

64. On se souvient du propos de Raphaël de Valentin dans *La Peau de chagrin :* « Puis, je l'avoue à ma honte, je ne conçois pas l'amour dans la misère. Peut-être est-ce en moi une dépravation due à cette maladie humaine que nous nommons la civilisation ; mais une femme, fût-elle attrayante autant que la belle Hélène, la Galatée d'Homère, n'a plus aucun pouvoir sur mes sens pour peu qu'elle soit crottée » (Pl., 1979, t. X, p. 142).

65. Sous le nom de Savonnerie, on désignait une manufacture royale de tapis dans le genre oriental, fondée au commencement du XVIIe siècle sous le règne de Henri IV. Cet établissement, installé

non loin de Passy, en l'actuel quai de New-York, prospéra jusqu'en 1826, époque à laquelle il fut réuni à la manufacture des Gobelins.

66. Selon le *Larousse du XIXe siècle :* « Qui a l'apparence du marbre. »

67. Dans son *Traité de la vie élégante,* Balzac soutient de façon générale la thèse selon laquelle « les raffinements du luxe, la grâce des manières et les féeries de la toilette » furent introduites en France par nos reines italiennes, dont l'œuvre fut poursuivie par nos reines espagnoles (Pl., 1981, t. XII, p. 220-221).

68. Allusion à Diderot et à son amie Sophie Volland. Dans *Modeste Mignon* (Pl., 1976, t. I, p. 659), Balzac évoque de même « le fameux thème : *Quinze cents francs et ma Sophie* de Diderot, ou *Une chaumière et ton cœur !* de tous les amants qui connaissent bien la fortune d'un beau-père ».

69. Citation légèrement inexacte d'Horace (*Satires,* I, 4, 62), où on lit *disjecti membra poetae* (les membres du poète mis en pièces).

70. Maîtresse de Caligula, dont on s'étonnait tellement, dit-on, qu'il ne l'eût point fait périr, qu'on la soupçonna de lui avoir fait absorber un philtre d'amour. Elle devait périr à ses côtés, en l'an 41.

71. R. Fortassier a trouvé non pas dans Locke, mais dans *Les Soirées de Saint-Pétersbourg* de Joseph de Maistre (Paris, Rusand, 1822, t. II, p. 171) l'origine de cette anecdote : « Tout le monde sait l'histoire de cet aveugle-né qui avait découvert, à force de réflexion, que le cramoisi ressemblait infiniment au son de la trompette. »

72. Pertinacité : « Opiniâtreté en quelque chose » (Littré).

73. Longtemps installée au Palais-Royal, non loin des fameuses galeries de bois (voir *Illusions perdues,* Pl., 1977, t. V, p. 357), la Bourse se tint à partir de 1818 dans un bâtiment situé sur le terrain de l'ex-couvent des Filles Saint-Thomas et ayant son entrée principale rue Feydeau. Le palais Brongniart a été inauguré en 1826.

74. Voir la fin du chapitre précédent. Dans l'Introduction de son édition de *Ferragus* (*op. cit.,* p. 31), P.-G. Castex relève que « dans une note [...] déposée à l'Académie des sciences et publiée le 23 février 1955 parmi les *Comptes rendus* de ce corps savant, MM. Le Peintre et Olivier ont établi que l'arsenic en solution aqueuse, venant de l'extérieur, pouvait se fixer sur la fibre interne du cheveu dans une proportion importante. Le procédé employé par le héros n'a donc rien d'extravagant et les annales criminelles pouvaient en fournir des exemples au romancier ».

75. Le vieux barbon jaloux, tuteur de Rosine dans *Le Barbier de Séville.*

76. Nous avons eu plus haut une « étude analytique » du mendiant. Voici celle de la grisette, à laquelle Balzac s'est déjà

essayé dans *Une double famille*. Littré définit la grisette comme une « jeune fille de petite condition, coquette et galante, ainsi nommée parce qu'autrefois les filles de petite condition portaient de la grisette » ; et particulièrement, comme une « jeune fille qui a un état, couturière, brodeuse, etc., et qui se laisse facilement courtiser par les jeunes gens ».

77. Dans le manuscrit et dans la *Revue de Paris*, le romancier précisait les noms du « caricaturiste » et du « dessinateur » : le premier était Henri Monnier (1799-1877), que Balzac connaissait fort bien et depuis longtemps, et dont les célèbres séries lithographiques consacrées aux *Grisettes* avaient paru de 1827 à 1829 ; le second était le peintre Alfred André Geniole (1813-1861), dont le nom n'apparaît qu'ici, fugitivement, dans *La Comédie humaine*.

78. Dans le manuscrit et dans la *Revue de Paris*, Balzac avait écrit de façon beaucoup plus nette : « partout incomplète, même dans *L'Âne mort et la femme guillotinée* où elle a été mise en scène avec toutes ses poésies ». On comprend la correction : le caractère et le destin d'Henriette, l'héroïne du roman de Jules Janin (1829), sont plus atroces que poétiques...

79. Allusion à Mme de Pompadour, à propos de qui le mot a été prononcé, et sans doute à Mme Du Barry.

80. « Gavarni », a d'abord écrit Balzac, dans le manuscrit et la *Revue de Paris*. N'oublions pas que Gavarni (1804-1866) était parti du dessin de mode, et que son art tout d'élégance, fondé, comme l'a noté Baudelaire, sur une « finesse d'observation qui va quelquefois jusqu'à la ténuité » (art. cit., p. 559), a continué de tendre, plus qu'à la morsure caricaturale, à la grâce complice. Balzac était ami de Gavarni. La série des *Lorettes*, à laquelle on pourrait penser ici, ne paraîtra qu'à partir de 1837.

81. Le manufacturier G. L. Ternaux (1765-1833), qui introduisit en France l'élevage de la chèvre du Tibet, lança avec un immense succès un nouveau genre de châle, les cachemires Ternaux. Cet accessoire appartient plutôt à la bourgeoise qu'à la grisette (voir J. Janin, *L'Âne mort [...]*, chap. 18).

82. Populairement, selon Littré : des fautes, des sottises.

83. C'est-à-dire au cirque olympique, encore appelé, du nom de son fondateur, cirque Franconi, et situé jusqu'en 1826 rue du Faubourg-du-Temple.

84. Actuelle rue de Bretagne.

85. Appelé en consultation, Desplein estimera de même un peu plus loin (p. 150) que « jamais émotion violente n'avait été plus intempestive ». Selon M. Le Yaouanc (*Nosographie [...]*, *op. cit.*, p. 110), ces « expressions réticentes » s'éclairent pour peu que l'on se reporte aux livres de médecine du temps. Le premier choc moral a lieu un jour où Mme Desmarets est « affaiblie par une indisposi-

tion naturelle à son sexe. De là une suppression et une révolution dangereuses : se transportant dans la poitrine ou dans un organe voisin, le sang y provoqu[era] une congestion, aggravée ensuite par des refroidissements ». Le réalisme balzacien ne manque pas, en son temps, d'une certaine hardiesse.

86. Le mot *terne* désigne à la loterie trois numéros pris ensemble. Ici, *terne* est employé pour *terme,* au sens de borne.

87. Ce n'est que dans l'édition Furne que « monsieur Desplein » remplace un assez mystérieux « docteur Méo ».

88. Le *Larousse du XIX*^e^ *siècle* ne renvoie pour ce mot qu'à Balzac, et le qualifie d'inusité.

89. Par ce mot s'achève (*Lov.* A 99, f° 56) le chapitre III de *Ferragus* dans le manuscrit. C'est un chapitre nouveau qui s'ouvre au feuillet suivant, sous le titre « Les Morts ». Sur l'intérêt de ce découpage, voir la notice.

90. Formicaleo ou fourmilion : insecte dont la larve creuse dans le sable où elle vit un piège en forme d'entonnoir; dissimulée au centre de cette fosse, elle se nourrit des proies — fourmis surtout, d'où le nom — qui viennent s'y prendre.

91. P. Citron a reconnu dans ce nom plusieurs fois cité dans *La Comédie humaine,* et toujours mal orthographié par Balzac, celui de Pechméja, que Chamfort présente dans deux anecdotes comme l'exemplaire ami de Dubreuil (voir *AB 1969,* p. 298).

92. Ce Jacquet est un personnage bien réel, que Balzac connut dès sa jeunesse chez l'avoué Guillonnet-Merville. Né en 1798, Charles-Louis-Antoine Jacquet-Duclos était entré en 1820, sur recommandation de M. de Sèze, à la section judiciaire du Palais. Il devait y faire, en dépit de compétences reconnues, une bien lente carrière. Il resta aux archives de la police presque jusqu'à sa mort, survenue en 1875. C'est à lui que Balzac avait confié le soin de brûler les lettres de Mme Hanska, s'il venait à mourir (voir A.-M. Bijaoui-Baron, « Origine et avenir d'un rôle balzacien : l'employé aux morts », *AB 1978,* p. 65-66, et A.-M. Meininger, « *Catilina :* les conjurations orléanistes et Jacquet », *AB 1980,* p. 41-42).

93. Titre d'une pièce de Sedaine (1765).

94. Garde-vue : « visière qu'on place au-dessus des yeux pour garantir la vue du trop grand éclat de lumière » (Littré).

95. Un moxa désigne à la fois un mode de cautérisation qui consiste à faire brûler sur quelque partie du corps un corps facilement combustible, et un corps employé à cette opération.

96. Ancien nom de la rue des Archives, entre les rues Pastourelle et Portefoin.

97. Conformément à l'écriture.

98. Supprimée par la reconstruction du marché du Temple, sous le second Empire, la place de la Rotonde-du-Temple occupait l'espace compris entre les parties est des rues Dupetit-Thouars et Perrée.

99. La définition que propose P. Larousse de ce mot populaire est bien celle de Balzac, qu'il cite d'ailleurs : « Vieille construction formée de parties successivement ajoutées et tout à fait disparates. »

100. Après les « études analytiques » du mendiant et de la grisette, voici donc celle du portier.

101. Le 15 février 1834, Balzac écrit à Mme Hanska : « [...] j'ai vu dans le ménage de ma sœur une de ces scènes qui prouvent que l'amour inspiré, l'amour jaloux, que rien à Paris ne résiste à une misère continue [...]. Comme je me suis juré là, avec cette volonté de bronze, de ne jamais exposer les fleurs de ma vie à être dans le pot brun où étaient *les géroflées* de la mère Ida, tu sais, dans *Ferragus* » (*LH*, t. I, p. 180).

102. Faits donc du bord d'une pièce d'étoffe.

103. Le peintre et illustrateur Charles Eisen (1721-1778) est surtout connu pour ses petits sujets dessinés à la mine de plomb, où la sensualité s'exprime sous le couvert d'une grâce un peu maniérée. On lui doit les vignettes d'une célèbre édition des *Contes* de La Fontaine (1762).

104. Dans *Un début dans la vie* (Pl., 1976, t. I, p. 836), Balzac parle de « ce grand troupeau de niais abonnés au *Constitutionnel* », le grand journal de l'opposition libérale, paru définitivement sous son titre à partir de mai 1819. Dans *La Fille aux yeux d'or* (voir ci-dessous, p. 213), il en évoque rapidement la distribution par porteurs, à partir de cinq heures du matin.

105. Petit chien à poil ras, au museau noir et écrasé.

106. Sans doute pour « métal anglais » (sorte d'étain dont on faisait des cuillers). Avant l'édition Furne, on trouvait « métal d'Alger » (imitation grossière de l'argent).

107. Établissement situé boulevard du Temple, au coin de la rue Charlot. C'est sur le même boulevard qu'étaient installés alors le théâtre de l'Ambigu-Comique, où fut donnée *L'Auberge des Adrets*, et celui de la Gaîté, spécialisé dans le mélodrame.

108. Colin-Tampon : nom d'une ancienne batterie des tambours suisses. D'où, selon le *Larousse du XIXe siècle*, la locution familière « se moquer de quelqu'un comme de colin-tampon » : n'en faire aucun cas, par allusion à la batterie des Suisses à laquelle, par esprit de corps, les autres soldats ne prêtaient aucune attention.

109. Par l'expression « tic douloureux », il faut entendre, dans la médecine du temps, une violente névralgie (M. Le Yaouanc, *op. cit.*, p. 439).

110. Le romancier prévient les objections du lecteur.

111. Avant l'édition Furne, le seul médecin consulté est le docteur Méo (voir note 87). De même par la suite.

112. Le ton rappelle celui du *Traité de la prière*, ébauché par Balzac dans sa jeunesse (voir *CHH*, 1962, t. 25, p. 312).

113. L'édition Furne donne ici « sa fille », et Balzac ne corrige pas cette leçon sur son exemplaire personnel. Comme R. Fortassier (Pl., t. V, var. f de la p. 878), nous pensons cependant que c'est par inadvertance qu'a été modifié le texte initial, où l'on trouvait « votre fille ». Nous le rétablissons.

114. Nutations : mouvements de la tête.

115. Qui dans son *Sermon sur la mort* prête à Tertullien cette définition du cadavre comme « un je ne sais quoi qui n'a plus de nom dans aucune langue ».

116. Ici comme ailleurs dans *La Comédie humaine*, la découverte de Dieu s'avère décidément bien âpre. Il serait superficiel de ne reconnaître dans la phrase de Mme Jules qu'exaltation conventionnelle et romanesque de la passion. Ce qu'elle propose à son mari va bien au-delà aussi des consolations de l'Église et des douceurs de l'action charitable. Comme les vertus qu'elle reconnaît à Dieu accablent son époux ! On devine que pour M. Jules aussi la voie qu'inaugure sa métamorphose d'agent de change en saint Vincent de Paul sera rocailleuse. Visiblement, Mme Jules n'a pas abandonné, sous une autre forme, le rêve d'une mort partagée.

117. Balzac était très fier de cette page. À Mme Hanska, il écrit, le 19 août 1833 : « Si je veux être quelque chose, si je travaille, si je pâlis durant des nuits entières c'est, je vous jure, parce que je vis dans vos émotions, je tâche de les deviner par avance ; aussi je suis désespéré de ne pas savoir si vous avez fini *Ferragus*, car la *lettre de Mme Jules* est une page pleine de larmes et j'ai bien pensé à vous, en vous offrant là, l'image de l'amour qui est dans mon cœur, l'amour que je veux et qui, chez moi, fut méconnu constamment » (*LH*, t. I, p. 64).

118. Même dans l'Inde, M. Jules n'aurait pu s'abandonner à l'élan de sa sensibilité : seules les veuves s'immolaient par le feu.

119. Expression impropre : un cénotaphe est un tombeau vide, comme on sait.

120. Parodie assez inattendue d'un propos du Christ en croix : « Père, pardonne-leur, ils ne savent pas ce qu'ils font » (Luc, 23, 34).

121. Il s'agit sans doute de l'antienne *In paradisum*.

122. Il s'agit de Philarète Chasles, dont l'Introduction aux *Romans et contes philosophiques* de Balzac, parue pour la première fois en septembre 1831 en tête de la seconde édition de *La Peau de*

chagrin, reparaissait, légèrement modifiée, en tête de la « quatrième » (en réalité troisième) édition de ce roman, en ce même mois de mars 1833 où est composé *Ferragus*. Chasles y soulignait les difficultés des conteurs modernes à entraîner dans leurs fictions un public devenu raisonneur et sceptique : « Quel conte allez-vous faire à de telles gens ? », s'interrogeait-il. « [...] Ils vous demanderont par quel procédé chimique l'huile brûlait dans la lampe d'Aladin » (Pl., 1979, t. X, p. 1186-1187).

123. « Ici et maintenant. »

124. Avec l'avènement donc de l'Empire. Dans *Les Employés,* où sera développée l'attaque contre cette « puissance d'inertie appelée le Rapport », Balzac écrit au contraire qu' « en subordonnant toute chose et tout homme à sa volonté, Napoléon avait retardé pour un moment l'influence de la bureaucratie », et fixe en 1818 la date à partir de laquelle la France se met à « disserter au lieu d'agir » (Pl., 1977, t. VII, p. 907-908).

125. Tromper est à prendre au sens un peu rare de décevoir, qu'atteste le *Larousse du XIXe siècle.*

126. L'abbaye de Longchamp était devenue pour les Parisiens, sous le règne de Louis XV, le but d'une promenade célèbre, qu'ils faisaient les mercredi, jeudi et vendredi de chaque semaine sainte. Inspiré d'abord par le zèle religieux, et plus encore par le désir de goûter l'admirable chant des religieuses, ce pèlerinage se transforma rapidement en joyeux cortège où étaient exhibées dans de brillants équipages, à l'approche du printemps, les nouvelles toilettes et les nouvelles modes. La coutume survécut à la fermeture de l'abbaye puis à sa destruction sous la Révolution. L'emploi ici du mot Longchamp au sens de défilé à date fixe atteste la vitalité de cette tradition encore sous la Restauration et au début de la Monarchie de Juillet.

127. Conseil de clercs et de laïcs chargé d'administrer les dépenses et les revenus d'une église.

128. M. Germeuil est dans *L'Auberge des Adrets,* célèbre mélodrame d'Antier, Saint-Amand et Paulyanthe créé à l'Ambigu-Comique en 1823, et repris au théâtre de la porte Saint-Martin en 1832, le père de la future mariée, que Macaire assassine pour lui prendre la dot qu'il destine à sa fille. On sait que l'interprétation donnée au rôle de Macaire par Frédérick Lemaître assura à la pièce un immense succès.

129. Françoise-Marie-Antoinette Saucerotte, dite Mlle Raucourt, née en 1756, fut une illustre tragédienne. Son enterrement, en 1815, fit quelque bruit, le curé de Saint-Roch, sa paroisse, ayant refusé d'accueillir ses restes en son église : Louis XVIII dut envoyer l'un de ses aumôniers.

130. Traits d'esprit.

131. On se souvient qu'Ida Gruget a décidé d'aller se noyer « au-dessous de Neuilly pour n'être point mise à la morgue » (p. 176). Étaient, en effet, recueillis à la morgue de Paris les cadavres des individus non reconnus ou non réclamés, trouvés en des lieux publics dans le ressort de la préfecture de police. Les noyés en fournissaient chaque jour un fort contingent, en un temps où le nombre des suicides progresse en France, et la mort choisie par Ida Gruget apparaît en ce sens comme typique. Si elle se rend à Neuilly, c'est afin d'échapper aux fameux « filets de Saint-Cloud », qui retenaient, croyait-on, les corps de ceux qui s'étaient jetés dans la Seine en amont. En évitant ainsi la morgue, elle a sans doute le souci d'épargner aux siens les frais d'inhumation, qui restaient à la charge des familles ayant reconnu un de leurs membres parmi les cadavres exposés.

132. Même allusion au début de *La Peau de chagrin,* où Raphaël de Valentin, tenté par le suicide, se dit que « mort, il valait cinquante francs ». « Cette évaluation paraît inexacte », commente M. Ambrière dans son édition de ce roman (Imprimerie nationale, coll. « Lettres françaises », 1982, p. 338). « L'ordonnance du 25 août 1806 précisait qu'il serait alloué pour le repêchage d'un noyé rappelé à la vie, vingt-cinq francs, et pour le repêchage d'un noyé non rappelé à la vie, quinze francs ».

133. « Malgré la loi, le père mourant, avec l'aide de douze amis, a rendu à l'époux affligé les cendres de sa chère fille. »

134. Cette précision est une addition de l'édition Furne de *Ferragus.* Balzac y écrit Faleix au lieu de Falleix le nom de ce personnage des *Employés,* fondeur en cuivre au faubourg Saint-Antoine. Nous corrigeons.

135. Le dieu Terme s'identifiait aux bornes des champs.

136. Dans son étude sur la « Présence de *Melmoth* dans *La Comédie humaine* » (*AB 1970,* p. 104), M. Le Yaouanc observe que de ce héros, Balzac « fait ressortir deux traits, l'un moral : Melmoth est celui qui s'est placé délibérément au-dessus des lois divines et humaines, l'autre physique : Melmoth apparaît comme le type du voyageur décharné, minéralisé, aux mouvements, aux gestes mécaniques, dénués de vie réelle ». C'est cette dernière image qui apparaît ici. La première toutefois était présente dans la Préface de l'*Histoire des Treize.*

137. À l'emplacement de l'actuel hôpital-hospice Saint-Vincent-de-Paul, avenue Denfert-Rochereau. La Bourbe était le nom fort évocateur alors donné à l'hôpital de la Maternité, installé dans les lieux de l'ancienne abbaye de Port-Royal. L'hôpital des Capucins, situé lui aussi le long de l'actuel boulevard de Port-Royal, était un établissement réservé au traitement des maladies vénériennes. Tout ce quartier était bien connu de Balzac, qui en 1833 demeure, rappelons-le, rue Cassini.

138. Balzac écrit par erreur La Rochefoucault. Nous rendons à cette maison de retraite qui existe toujours, avenue du Général-Leclerc, le nom exact qu'elle a reçu en 1821.

139. Allusion au Bureau des longitudes, installé à l'Observatoire, et dont l'*Annuaire* était une publication célèbre, fournissant de multiples renseignements, notamment sur les marées. Il était dirigé par François Arago (1786-1853), le grand astronome, dont Balzac avait eu pour ami de jeunesse le frère Étienne, et dont il fréquentait aussi le fils Emmanuel. Dans *La Maison Nucingen,* ce même savant est plaisamment accusé de « ne donner aucune théorie scientifique » sur la baisse et la hausse des effets et des valeurs, flux et reflux « produit par un mouvement naturel, atmosphérique, en rapport avec l'influence de la lune » (Pl., 1977, t. VI, p. 391).

140. Maison fondée en 1819 rue d'Enfer (actuelle avenue Denfert-Rochereau) par Mme de Chateaubriand, l'épouse de l'illustre écrivain, afin de recueillir et de soigner des personnes de rang social assez élevé tombées dans l'indigence. C'est grâce à l'aide active de la duchesse d'Angoulême, Marie-Thérèse-Charlotte, que cette fondation put voir le jour ; de là son nom. Chateaubriand goûtait le calme de cette « infirmerie », où il venait souvent travailler.

141. Sur l'emplacement de l'ancien Carmel de l'Incarnation dans lequel s'était retiré Mlle de La Vallière et que la Révolution avait fermé, les carmélites fondèrent en 1802 un nouveau couvent, de dimension bien plus modeste, situé à l'angle des actuelles rues du Val-de-Grâce et Henri-Barbusse. Dans une lettre à Mme Hanska du 11 août 1834, Balzac évoque le chant de ces religieuses : « Au moment où je lisais la partie pieuse de votre lettre, celle où de bonnes pensées m'allaient au cœur, mes religieuses carmélites, qui par la chaleur ont ouvert les fenêtres de leur chapelle, se sont mises à entonner un hymne qui a traversé notre petite rue et ma cour. J'ai été singulièrement ému » (*LH*, t. I, p. 239-240).

142. Située à l'emplacement de la section de l'actuel boulevard Saint-Michel comprise entre la rue Auguste-Comte et le boulevard du Montparnasse.

143. Le manuscrit de *Ferragus* s'achève ici par ces mots : « Allez postillon [cria Jules en voyant venir la veuve Gruget qui posa sa main décharnée sur le bras décharné de Gratien-Henry-Bourignard *rayé*].

144. Dans le manuscrit et la *Revue de Paris,* le texte de *Ferragus* est suivi d'une Postface, que nous donnons dans la Notice sur ce roman.

Notes sur *La Fille aux yeux d'or*.

1. Cette dédicace, comme celles des épisodes précédents, est ajoutée en 1843 dans l'édition Furne de l'*Histoire des Treize*. Balzac, connaissait alors Delacroix de longue date, peut-être depuis 1824, par H. Raisson. Depuis 1829, il avait pu le rencontrer souvent, dans divers salons, comme celui du baron Gérard. Cette dédicace, toutefois, doit s'interpréter comme un témoignage d'estime plutôt que d'amitié. Delacroix, semble-t-il, n'appréciait pas sans réserve la compagnie de Balzac. En revanche, il est révélateur que Balzac ait offert à Delacroix, en 1833, un exemplaire de l'*Histoire intellectuelle de Louis Lambert*. Parmi les témoignages de son admiration pour le peintre, on relèvera l'éloge fait en avril 1834, alors que paraissait le premier chapitre de *La Fille aux yeux d'or,* des *Femmes d'Alger dans leur appartement,* toile exposée au Salon de 1834 (*LH*, t. I, p. 210-211). Il se peut que cette vision d'un intérieur de harem, ou d'autres encore, antérieures mais également pleines de couleurs et de passion, ait confirmé Balzac dans son inspiration.

2. L'indication de ce titre apparaît tardivement dans le manuscrit, au verso du feuillet 9 (*Lov.*, A 100, f° 59 v°), à un moment où Balzac songe encore à intituler le troisième épisode de l'*Histoire des Treize La Fille aux yeux rouges*. Elle est accompagnée de l'épigraphe suivante : « Tout mouvement exhorbitant [*sic*] est une prodigalité de vie. TRAITÉ COMPLET DE LA VIE ÉLÉGANTE, *Théorie de la démarche*, ouvrage inédit de l'auteur. » Dans la première édition de *La Fille aux yeux d'or,* la citation est à peine modifiée. Elle devient : « Tout mouvement exhorbitant est une sublime prodigalité d'existence ». L'épigraphe disparaît dans l'édition Furne, en même temps que toute indication de chapitre. L'aphorisme auquel il est fait allusion est le douzième de la *Théorie de la démarche* (voir *CHH*, 1962, t. 28, p. 624).

3. L'orme, ou ormeau, était un bois recherché pour faire les jantes des roues.

4. R. Fortassier (*Histoire des Treize*, Pl., t. V, p. 1532) a trouvé dans le Dictionnaire de Bescherelle un sens technique de *vaporiser :*

soumettre une étoffe imprimée ou teinte à l'action de la vapeur. Elle se demande toutefois « si ce verbe n'est pas en rapport avec le nom de *wapeur* donné à l'ouvrier qui, dans la confection des tulles et cotonnades, dévide le fil et le dispose en rouleaux ».

5. Nous remplaçons « tuls », que donne l'édition Furne, par « tulles », que donnent les éditions antérieures.

6. « S'excéder » est à prendre au sens ancien, qu'atteste Littré, de « se fatiguer à l'excès ».

7. Avec ce paragraphe commence l'insertion par Balzac dans son manuscrit du texte d'un article qu'il avait donné en décembre 1830 au journal *La Caricature* sous le titre *Le Petit Mercier*.

8. Expression mystérieuse, où semblent se mêler les notions de vivacité, de pétillement, et peut-être, dans le contexte de 1830, d'explosion.

9. Voir ci-dessus, la note 104 de *Ferragus*.

10. Rétablie en 1830 après avoir été supprimée en 1827, la garde nationale fut au début de la monarchie de Juillet le fidèle soutien du régime. Elle se composait des contribuables assez riches pour payer leur équipement et leurs armes. Les éléments populaires s'en trouvaient donc écartés. Inversement, sur les classes plus aisées, pesait l'obligation, d'ailleurs rémunérée, d'assurer à tour de rôle un temps de faction. Moins zélé que M. Prudhomme, Balzac dut subir en 1836 quelques jours de détention à l' « Hôtel des haricots » pour s'y être soustrait.

11. Allusion perfide à un abus célèbre de la Restauration. La loi du 25 mars 1817 interdisait le cumul des traitements. En 1821, put cependant paraître, sans nom d'auteur, un *Almanach des cumulards*, où étaient dénoncés, par ordre alphabétique, quelques-uns de ces « hommes qui, dévorés de l'amour du bien public, remplissent tous les emplois ». Dans la liste figuraient notamment le comte Anglès, le duc Decazes, Guizot, Portalis (voir P. Larousse, *Grand dictionnaire universel du XIXe siècle*, article « Cumul »).

12. Se gaudir : se réjouir. Pour Littré, il s'agit d'un « terme familier et qui commence à vieillir ». Ce vocabulaire annonce, en l'auteur du *Petit Mercier*, celui des *Contes drolatiques*.

13. Fille du danseur et chorégraphe Philippe Taglioni, Marie-Sophie Taglioni (Stockholm, 1804-Marseille, 1884) débuta à Paris en 1827. Son triomphe fut le ballet de *La Sylphide*, composé pour elle par son père sur un livret inspiré par la lecture du *Trilby* de Charles Nodier.

14. Le verbe « encaquer » ne s'emploie en principe qu'à propos de harengs ou de poudre à canon. Le sens plus général de presser, entasser, est considéré par Littré comme familier.

15. L'image est celle de la frappe des monnaies, comme le note justement R. Fortassier.

16. Briquet : sabre court.

17. Micromégas, donc, plus que Gargantua.

18. On appelle « facteur » l'homme qui, « préposé par le gouvernement dans les marchés publics, vend les denrées aux enchères et en gros ». Littré ajoute que le mot « se dit aussi au féminin. Madame une telle, factrice à la halle. »

19. En mesure : en état de faire ce qu'ils ont à faire. Le mot mesure s'emploie aussi en escrime pour désigner la distance juste pour porter ou parer.

20. « Ramasse », selon Littré : « espèce de traîneau dans lequel un homme dirige les voyageurs qui descendent des montagnes couvertes de neige ».

21. Né en 1771, Bichat est mort en 1802, d'épuisement. On sait que Balzac s'est intéressé à la pensée et aux travaux du célèbre physiologiste. C'est toutefois sa mort prématurée qui l'a le plus vivement frappé. Il y fait de fréquentes allusions dans *La Comédie humaine*.

22. Balzac professait une grande admiration pour Jacques Cœur (1395 env.-1456), innocente victime des spoliations royales. Guy Sagnes a montré (*La Comédie humaine,* Pl., t. III, p. 419) que le débat politique de 1825 sur l'indemnité des émigrés avait remis à la mode l'évocation de cette figure, dont Balzac estimait l'énergie : « Quelle énergie chez cet homme, ruiné pour avoir fait un roi légitime ! Il est mort prince d'une île de l'Archipel où il a bâti une magnifique cathédrale » (voir *La Maison Nucingen*, Pl., t. VI, p. 340, et la note 4 de P. Citron).

23. Dans son *Grand Dictionnaire universel du XIXe siècle,* P. Larousse note que quoique « plus fait pour les généralités et les abstractions que pour les subtilités de la chicane », Robespierre « réussit dans sa profession et conquit rapidement une place honorable au barreau d'Arras ». Il remarque cependant que « ses devoirs professionnels, dans cette vie monotone de la province, lui laissaient encore le loisir de s'occuper de littérature ». Balzac fait allusion dans *Le Cousin Pons* aux « quatrains » du « Sylla français » (Pl., t. VII, p. 641 et note 2 d'A. Lorant).

24. Le mot est à prendre au sens que donne le même *Dictionnaire :* « Digue établie pour empêcher l'écoulement des eaux, ou pour en exhausser le niveau ».

25. Toujours selon la même source, *Lutèce,* du latin *Lutetia,* serait une altération de *Lucotetia,* mot dérivé du celtique *louk-teih,* qui signifierait « le lieu des marais ».

26. Selon le *Grand Larousse encyclopédique,* ce nom serait « donné en Orient aux fumeurs et mangeurs d'opium ». Le mot est à rapprocher de celui de « thériacleur » (vendeur de thériaque,

drogue de charlatans) que Balzac emploie dans les *Contes drolatiques* (voir *BO,* t. 20, p. 605).

27. Néologisme. Le *Dictionnaire* de Robert date le mot de 1834.

28. Vulgairement nommés bateaux à vapeur. Au moment où écrit Balzac, le marquis Jouffroy d'Abbans (1751-1832) venait de mourir, emporté par l'épidémie de choléra. Longtemps raillée, son invention qui avait abouti dès 1783 à une petite remontée de la Saône, n'avait reçu que tardivement, à Bercy, en 1816, un début d'exploitation commerciale.

29. Allusion à la célèbre colonne de la place Vendôme, élevée, comme on sait, à la gloire des vainqueurs d'Austerlitz. Surmontée à l'origine d'une statue de Napoléon, elle le fut ensuite d'un drapeau blanc, puis d'une énorme fleur de lys, remplacée à son tour, le 28 juillet 1833, par une nouvelle statue de Napoléon. Balzac s'inspire donc d'une actualité toute récente.

30. Mot du vocabulaire drolatique, dont l'emploi peut ici avoir valeur humoristique. Ce n'est pas toujours le cas dans *La Comédie humaine,* où il apparaît plusieurs fois. Dans son édition du *Bal de Sceaux* (Garnier, 1963, p. 137), P.-G. Castex souligne l'affection de Balzac pour ce terme archaïque.

31. Autrement dit : *fluctuat, nec mergitur.*

32. « Midshipman », selon Littré : « aspirant ou cadet dans la marine anglaise ».

33. Allusion aux divisions traditionnelles des collèges. Dans *Louis Lambert* (Pl., 1980, t. XI, p. 610), Balzac montre que les enfants comme les hommes « sont poussés dans la vie par la vie ».

34. Au lieu de lord Dudley, Balzac semble avoir d'abord écrit puis rayé sur manuscrit Mac Claw Colchester.

35. Au lieu de « marquise de Vordac », le manuscrit porte « madame de Marsay ».

36. Balzac a beaucoup hésité sur l'identité de De Marsay. Sur le manuscrit, R. Fortassier a lu (éd. cit. de l'*Histoire des Treize,* var.d de la p. 1054) qu'il se nommait « [Georges Jacques *rayé*] Henry de [Saint-Georges — sa mère était une demoiselle de Gouges, noble famille de Gascogne et lui avait donné son nom, de même son père lord Dudley son prénom *rayé*] Marsay ». Balzac songea de plus à le faire naître en Angleterre avant de le faire naître en France.

37. Allusion à la formule célèbre « Vive le Roi quand même ! », cri de ralliement des ultra-royalistes mécontents de la politique de Louis XVIII au début de la Restauration, repris par Chateaubriand en 1816 lors de la saisie de *De la monarchie selon la Charte.*

38. Le glacier napolitain Garchi ouvrit en 1796 à l'angle de la rue de Richelieu et du boulevard Montmartre des salons élégants, salles de bal, de jeu imités de ceux de Frascati à Naples. « L'établissement

Frascati, » écrit J. Hillairet (*Dictionnaire historique des rues de Paris,* t. II, p. 152), « était à la fois un tripot, un restaurant et un hôtel meublé [...]. On s'y rendait pour boire, manger, danser, chercher bonne fortune (les dames galantes étant admises), pour voir des illuminations, des feux d'artifice et, surtout, pour jouer depuis 4 heures de l'après-midi jusqu'à 2 heures du matin. » Cet établissement élégant fut prospère surtout sous le Directoire, mais vécut, sous des noms divers, jusqu'en 1836.

39. Le remède laisse rêveur, mais le diagnostic est d'une précision remarquable en ce temps de passion anticléricale. Les deux problèmes que l'Église doit résoudre de la façon la plus urgente après 1830 sont en effet celui du renouvellement de ses cadres, le plus souvent mis en place, pour des raisons évidentes, au début du siècle, et celui du recrutement sacerdotal, qui diminue de moitié entre 1830 et 1840 (voir G. Dupeux, *La Société française, 1789-1960*. A. Colin, 1965, p. 112).

40. Bonnet à coques : bonnet garni de nœuds de ruban. L'emploi métonymique de bonnet au sens de femme coiffée d'un bonnet est attesté par P. Larousse dans son *Grand Dictionnaire universel du* XIXe *siècle,* et dans l'exemple qu'il donne, il s'agit aussi de dévotes.

41. La chronologie est confuse. Le romancier nous apprenait plus haut que de Marsay avait 16 ans en 1812, à la mort de Mgr de Maronis. Il devait donc avoir 18 ans en 1814, c'est-à-dire un âge assez conforme à son apparence.

42. L'impresario Domenico Barbaja (1778-1841) s'était rendu « célèbre dans toute l'Italie par son luxe, ses grandes relations, et ses familiarités insolentes ». C'est lui, lit-on encore dans le *Larousse du* XIXe *siècle,* qui offrit à Rossini à Naples en 1815 un engagement pour la somme jugée fabuleuse à l'époque de 15 000 francs par an.

43. Et non les mœurs (voir les *Peines de cœur d'une chatte anglaise*). Lord Dudley, cependant, sera présenté dans *Le Contrat de mariage* (Pl., t. III, p. 651) comme faisant partie du ministère anglais.

44. Ici commencent les pages de *La Fille aux yeux d'or* dont Balzac s'est servi pour composer l'article intitulé « Les jeunes gens de Paris », paru en septembre 1834 dans le *Nouveau Tableau de Paris au* XIXe *siècle* (voir Document).

45. L'expression associe les noms de deux ennemis résolus de la France révolutionnaire : celui du ministre anglais William Pitt (1759-1806) et celui du feld-maréchal autrichien Frédéric de Saxe-Cobourg (1737-1815). Il n'y eut pas d'accusation plus grave, d'injure plus expressive, sous la Révolution, que d'être qualifié d'agent de « Pitt et Cobourg ». Mais on en usa tant, et pour désigner indistinctement tous ceux dont on voulait se défaire, que le sens de l'expression s'élargit : « aujourd'hui encore », lit-on curieusement

dans le *Larousse du XIXe siècle,* « on dit : *Pitt et Cobourg* pour caractériser une accusation politique banale ».

46. L'épidémie de choléra de 1832 fit à Paris plus de 18 000 morts. Louis Chevalier a souligné les conséquences sociales de cette catastrophe qui révélait une terrible inégalité devant la mort (*Classes laborieuses et classes dangereuses à Paris pendant la première moitié du XIXe siècle,* Plon, 1958).

47. Littré atteste l'emploi d'*user* substantivement.

48. *Quibuscumque viis :* par tous les moyens.

49. Balzac nommera de Marsay premier ministre en 1832 (voir *Les Secrets de la princesse de Cadignan,* Pl., t. VI, p. 955).

50. Balzac connaissait bien *La Vie et les opinions de Tristram Shandy,* du romancier anglais Laurence Sterne (1713-1768). Il évoque souvent dans *La Comédie humaine* la figure du caporal Trim, presque toujours en lui prêtant la manie de mettre en enjeu son bonnet.

51. La terrasse nord du jardin des Tuileries, longeant la rue de Rivoli récemment percée, était sous la Restauration un lieu de promenade pour élégants. L'ambitieux Lucien de Rubempré y reçoit dès son arrrivée à Paris la révélation cruelle qu'il a « l'air du fils d'un apothicaire » (*Illusions perdues,* Pl., t. V, p. 269).

52. Au lieu de « les Romains nommaient [...] la femme de feu », on lit dans le manuscrit « M.M. de Cobentzell ont nommée la femme fauve ». En « M.M. de Cobentzell », R. Fortassier a reconnu le pseudonyme du dandy Lautour-Mézeray et d'E. Bouchery, auteurs d'un recueil de nouvelles intitulé *Maritalement parlant,* dont la dernière fournit une longue description de la « femme fauve ». Balzac s'est visiblement inspiré, pour le portrait de la fille aux yeux d'or, de ce livre paru en 1833 et où l'on trouve aussi « l'acte de naissance de De Marsay » (voir R. Fortassier, « M.M. de Cobentzell ou l'acte de naissance de De Marsay », *AB 1978,* p. 9 et suiv.). « Pour la femme fauve, lit-on dans *Maritalement parlant,* point d'âge d'ignorance, point d'initiation. — Elle naît avec ce que le mysticisme a nommé tache originelle, sa nature de pécheresse est une vocation, — *fulva lupina.* — Je suis fauve ! disait la dame romaine en ouvrant pour le jeune patricien bruni au Champ-de-Mars le voile mystérieux du *gynécée ;* — ce nom de *fauve* lui vient du léger duvet blond aux reflets argentés dont se couvrent prématurément sa jeune poitrine, son cou, ses bras et jusqu'à ses joues ».

53. Au lieu de « *Fille aux yeux d'or* », le manuscrit donne ici, et plusieurs fois par la suite, « femme aux yeux jaunes ».

54. La scène se passe « vers le milieu du mois d'avril, en 1815 » (voir p. 230), c'est-à-dire au début des Cent-Jours. Rentré à Paris le 3 mai 1814, Louis XVIII s'en était enfui le 19 mars 1815.

55. Latouche a décrit dans *Fragoletta*, que Balzac connaissait fort bien, cette œuvre où une femme caresse amoureusement un « monstre aux ailes de colombe et aux nageoires de poisson ».

56. Dans les *Études de mœurs au XIX*e *siècle*, dont ce premier chapitre de *La Fille aux yeux d'or* clôt le tome XI, il porte une date : « Paris, 15 mars 1834 ».

57. Dans le manuscrit du roman, ce chapitre s'intitule « Une intrigue dans Paris ».

58. Frontin représente dans l'ancienne comédie le personnage du valet spirituel et audacieux, habile dans l'intrigue, et surtout effronté, comme son nom l'indique.

59. Sorte de crécelle avec laquelle les agents de la poste annonçaient autrefois la levée des lettres.

60. Actuellement rue des Mathurins. Comme le note R. Fortassier, AU PUITS SANS VIN est un nom-rébus (*Au puissant vin*), qui décrit probablement une enseigne (un puits dont on tire de l'eau).

61. Voir ci-dessus, la note 57 de *Ferragus*.

62. Dans l'édition originale du roman, le jardin dont il est question ici est propriété de « M. le comte Porcher », qui « vient de se laisser mourir » ; « son neveu, M. de Laville-Gacon, a pris possession de l'hôtel, où maintenant il se fait de fameuses parties ». C'est dans l'édition Furne que cet hôtel est attribué au baron de Nucingen.

63. Ainsi se nommait la partie de l'actuelle rue Taitbout comprise entre les rues de la Victoire et Saint-Lazare.

64. Marc-Antoine-Madeleine Désaugiers (1772-1827), surnommé « l'Anacréon français », fut un vaudevilliste et surtout un chansonnier célèbre, ami de Béranger en dépit des divergences politiques. Quand fut recréée la société du Caveau, il en fut élu président, en 1808, et en anima les dîners chantants organisés chaque mois au Rocher de Cancale. A cette même société appartenait entre autres le comte Louis-Philippe de Ségur (1753-1830), auteur en 1819 d'un recueil de *Romances et Chansons*, et frère du vicomte Joseph-Alexandre de Ségur (1756-1805), lui aussi auteur de chansons et romances célèbres, comme *L'Amour et le Temps*.

65. Argos aux cent yeux, dont la moitié seulement dormaient, avait été chargé par Héra de surveiller la vache Io dont elle était jalouse. Hermès cependant l'endormit, d'un coup de sa baguette divine, ou en lui jouant de la flûte de Pan ; puis il le tua.

66. Dans le manuscrit, de Marsay se nomme réellement. D'où quelques variantes, que nous ne signalerons plus.

67. L'édition originale donne à nouveau ici le nom de « M. le comte Porcher » au lieu de celui de Nucingen (voir note 62).

68. Restaurant célèbre, notamment dans *La Comédie humaine*, situé rue Montorgueil (voir aussi note 64).

69. Dans le manuscrit, le mulâtre reste anonyme. Nous le signalons ici une fois pour toutes.

70. « Je suis à quelques pas de vous », écrit Balzac à la marquise de Castries, de la rue des Batailles où il achève *La Fille aux yeux d'or*, dans une lettre du mois de mars 1835. « Je n'aime pas votre tristesse, je vous gronderais beaucoup si vous étiez là. Je vous poserais sur un grand divan où vous seriez comme une fée au milieu de son palais, et je vous dirais qu'il faut aimer dans cette vie pour vivre. Et vous n'aimez pas » (*Corr.*, t. II, p. 655).

71. De ce magnifique boudoir, Balzac avait créé le modèle dans l'appartement loué sous le nom du docteur Jean-Baptiste Mège, 13, rue des Batailles, à Chaillot (sur l'emplacement actuel de la place d'Iéna). « Lassitude, efforts, tension, des maux de tête, des ennuis, tout cela », écrit-il à Mme Hanska en juillet 1835, « se passe entre les quatre murs de ce boudoir blanc et rose que vous connaissez par la description de *La Fille aux yeux d'or* » (*LH*, t. I, p. 347 ; voir aussi *ibid.* la note 1 de la page 307).

72. Dans la première partie du récit il est vrai (p. 237), ces cheveux étaient donnés pour « cendrés ». Rapprochant le cas de Paquita de celui d'Esther dans *Splendeurs et misères des courtisanes*, P. Citron voit dans cette « suture insuffisamment effacée » l'indice d'une double appartenance de l'héroïne, dans la mythologie balzacienne, à l'Orient et à l'Occident (« Le rêve asiatique de Balzac », *AB 1968*, p. 326-327).

73. Ces références prestigieuses aux poètes persans Saadi (mort vers 1291) et Hafiz (1320 ?-1389 ?) ne doivent pas faire illusion : « d'après un fragment de poésie, vous comprendriez Saadi », note Balzac dans *Le Lys dans la vallée* (*La Comédie humaine*, Pl., t. IX, p. 1056).

74. Allusion à *Justine ou Les Malheurs de la vertu*, de Sade.

75. Selon J. Hillairet (*Dictionnaire historique des rues de Paris*, t. I, p. 442), ce cercle, à la fois restaurant et maison de jeux, devait être installé alors à l'hôtel d'Augny, rue Drouot.

76. Les Péris sont des sortes de fées orientales, nourries du suc des fleurs, d'essences et de parfums, et qui ne répugnent pas, dit-on, à descendre parfois sur la terre pour offrir des plaisirs aux mortels.

77. Chiavari : au sud-est de Gênes. Sorrente, dans la baie de Naples, est la patrie du Tasse.

78. Inexact dans le détail : c'est autour du tombeau de Patrocle que par trois fois, plusieurs jours de suite, Achille traîne le cadavre d'Hector pour l'outrager (*Iliade*, début du Chant XXIV).

79. La comédie de Plaute intitulée *Les Ménechmes* met en scène des jumeaux de ce nom.

80. Dans l'édition originale du récit, au lieu de cette date, figure l'indication « Fin de *La Fille aux yeux d'or* », suivie d'une « NOTE » dont on trouvera le texte dans la Notice sur ce roman.

INDICATIONS BIBLIOGRAPHIQUES

I. *Éditions*

Histoire des Treize, éd. P.-G. Castex, Garnier, 1966.

Histoire des Treize, éd. R. Fortassier, dans *La Comédie humaine*, Pléiade, t. V, 1982.

On pourra consulter également les. introductions des éditions suivantes :

L'Œuvre de Balzac, Club français du Livre, 1949. Introduction à *Ferragus* par B. Cendrars (t. II). Introduction à *La Fille aux yeux d'or* par A. Rouveyre (t. I).

La Comédie humaine, éd. Rencontre, Lausanne, 1959. Introductions de R. Chollet au t. VI pour *Ferragus* et au t. VIII pour *La Fille aux yeux d'or.*

La Comédie humaine, Seuil, t. IV, 1966. Introductions de P. Citron.

Œuvres complètes de Balzac, Club de l'Honnête Homme, t. IX, 1969. Introductions de M. Bardèche.

II. *Études critiques*

a. *Études générales. Articles sur l'*Histoire des Treize.

M. Bardèche, *Balzac romancier. La formation de l'art du roman chez Balzac jusqu'à la publication du « Père Goriot » (1820-1835),* Slatkine Reprints, 1967.

Ronnie Butler, « Balzac et Talleyrand », *AB 1985*, p. 119 *sq.*

P. Citron, *La Poésie de Paris dans la littérature française de Rousseau à Baudelaire*, éd. de Minuit, 1961.

J.-H. Donnard, *Balzac. Les Réalités économiques et sociales dans « La Comédie humaine »*, A Colin, 1961.

J. Guichardet, *Balzac « Archéologue » de Paris,* SEDES, 1986.

B. Guyon, *La Pensée politique et sociale de Balzac*, 2e éd., A. Colin, 1969.

A. Henry et H. Olrik, « Le texte alternatif : les antagonismes du récit dans l'*Histoire des Treize* de Balzac », *Revue des sciences humaines*, 1979-3, p. 77 *sq.*

A. Michel, *Le Mariage et l'amour dans l'œuvre romanesque d'Honoré de Balzac*, Champion, 1976.

—, « Le pathétique balzacien dans *La Peau de chagrin*, *Histoire des Treize* et *Le Père Goriot* », *AB 1985*, p. 229 *sq.*

J.-R. O'Connor, *Balzac's soluble fish*, Studia humanitatis, Madrid, José Porrua Turanzas, 1977.

b. *Sur « Ferragus »*

A.-M. Bijaoui-Baron, « Origine et avenir d'un rôle balzacien : l'employé aux morts », *AB 1978*, p. 68 *sq.*

Ch. Massol-Bedoin, « L'énigme de *Ferragus* : du roman noir au roman réaliste », *AB 1987*, p. 59 *sq.*

A.-M. Meininger, « *Catilina*, les conjurations orléanistes et Jacquet », *AB 1980*, p. 37 *sq.*

Cl. Pichois, « Deux hypothèses sur *Ferragus* », *RHLF*, oct.-déc. 1956, p. 569 *sq.*

A. Prioult, « Balzac et le Père-Lachaise », *AB 1967*, p. 312 *sq.*

J.-L. Steinmetz, « Balzac et Pétrus Borel », *AB 1982*, p. 63 *sq.*

c. *Sur « La Fille aux yeux d'or »*

A. Béguin, *Balzac lu et relu*, Seuil, 1965, p. 79-87.

P. Citron, « Sur deux zones obscures de la psychologie de Balzac », *AB 1967*, p. 3 *sq.*

—, « Le rêve asiatique de Balzac », *AB 1968*, p. 303 *sq.*

W. Conner, « La composition de *La Fille aux yeux d'or* », *RHLF*, 1956, p. 535-547.

G. Delattre, « De *Séraphîta* à *La Fille aux yeux d'or* », *AB 1970*, p. 183 *sq.*

R. Fortassier, « MM. de Cobentzell ou l'ate de naissance de De Marsay », *AB 1978*, p. 9 *sq.*

L.-F. Hoffmann, « Mignonne et Paquita », *AB 1964*, p. 181 *sq.*

M. Le Yaouanc, « Échanges romantiques : Balzac et *Gamiani*, Balzac et *Fortunio* », *AB 1976*, p. 71 *sq.*

N. Mozet, « Les prolétaires dans *La Fille aux yeux d'or* », *AB 1964*, p. 91 *sq.*

L. Czyba, J.-Y. Debreuille, S. Gaubert, P. Michel, M. Nathan, *La Femme au XIXe siècle. Littérature et idéologie*, 2e partie, Presses Universitaires de Lyon, 1978.

CHRONOLOGIE [1]

1799. Le 20 mai, naissance à Tours d'Honoré Balzac, fils de Bernard-François Balzac, directeur des vivres de la 22e division militaire, alors âgé de 52 ans, et d'Anne-Charlotte-Laure Sallambier, son épouse, âgée de 20 ans. Il sera l'aîné de quatre enfants : après lui naîtront successivement ses sœurs Laure (1800-1871) et Laurence (1802-1825), puis son frère Henri (1807-1858). Jusqu'à l'âge de quatre ans, Honoré, bientôt rejoint par Laure, est mis en nourrice chez la femme d'un gendarme à Saint-Cyr-sur-Loire.

1804. En avril, il est placé comme externe à la pension Le Guay à Tours, où il restera trois ans.

1807. Il entre le 22 juin comme interne au collège de Vendôme, célèbre institution tenue alors par des Oratoriens sécularisés. B.-F. Balzac publie une première brochure : *Mémoire sur les moyens de prévenir les vols et les assassinats*... L'année suivante paraît, du même auteur, un *Mémoire sur le scandaleux désordre causé par les jeunes filles trompées et abandonnées*.

1813. Atteint de troubles nerveux attribués à l'abus de lecture, Honoré Balzac doit quitter le 22 avril le collège de Vendôme. En été, il devient vraisemblablement pour quelques mois pensionnaire de l'institution Ganser à Paris.

1. Nous avons choisi d'accorder dans cette Chronologie une place plus importante aux années de la vie de Balzac antérieures à 1835, date à laquelle paraît l'édition originale du dernier épisode de l'*Histoire des Treize*.

1814. Durant l'été, il redouble sa troisième au collège de Tours. En novembre, il gagne Paris avec sa famille, qui s'installe rue du Temple, dans le Marais. Il poursuit ses études secondaires en fréquentant deux institutions du quartier : l'institution Lepître, puis à nouveau, à partir d'octobre 1815, l'institution Ganser. Il suit les cours du lycée Charlemagne.

1816. En novembre, il prend sa première inscription à la Faculté de droit, et entre comme clerc chez l'avoué J.-B. Guillonnet-Merville.

1818. B.-F. Balzac est invité à prendre sa retraite. Honoré quitte en mars l'étude de Me Guillonnet-Merville. Il entre comme clerc dans celle de Me Victor Passez, notaire, située rue du Temple dans la maison même qu'habite la famille Balzac. En même temps, et tout en poursuivant ses études de droit, il prépare et commence à rédiger des *Notes sur l'immortalité de l'âme*.

1819. Le 4 janvier, Balzac passe avec succès le premier examen de baccalauréat de droit. Le 7 avril, il prend encore une inscription, de troisième année, à la faculté. Cependant, quoiqu'il possède le nombre d'inscriptions nécessaire, en raison peut-être des troubles qui agitent alors l'Université, il ne passe pas le second examen de baccalauréat. Il quitte également l'étude de Me Passez et décide de se faire homme de lettres. B.-F. Balzac ayant été mis à la retraite le 1er avril, la famille déménage vers le 1er août de Paris à Villeparisis. Louis Balssa, frère cadet de Bernard-François, accusé du meurtre d'une fille de ferme, est condamné à mort et guillotiné le 16 août à Albi. Dans sa mansarde de la rue Lesdiguières, à Paris où il a obtenu de rester afin de faire ses preuves, Honoré poursuit ses recherches philosophiques, compose une *Dissertation sur l'homme*, se propose d'écrire plusieurs tragédies, dont un *Cromwell*.

1820. Le 18 mai, mariage de Laure avec l'ingénieur Eugène Surville. La tragédie de *Cromwell*, achevée en début d'année, est jugée détestable par la famille et les juges qu'elle convoque. Balzac entreprend un premier roman, *Falthurne*, puis vers la fin de l'année sans doute (ou en 1821 ?), un roman par lettres, *Sténie ou les Erreurs philosophiques*. Il laisse ces œuvres inachevées. En septembre, il tire un « bon numéro », et se trouve dispensé du service militaire. Avant la fin de l'année, il abandonne son domicile parisien et rejoint sa famille à Villeparisis.

1821. Collaboration littéraire avec Lepoitevin de l'Égreville. Mariage de Laurence, le 1er septembre, avec Armand-Désiré Michaut de Saint-Pierre de Montzaigle.

1822. Début de la longue liaison avec Laure de Berny (1777-1836), épouse de magistrat, filleule de Marie-Antoinette, voisine des Balzac à Villeparisis, dont l'influence sur Honoré sera à tous égards considérable. En janvier paraît *L'Héritière de Birague* par A. de Viellerglé [Lepoitevin] et lord R'Hoone [Balzac] ; en mars *Jean-Louis ou La Fille trouvée,* par les mêmes auteurs ; en juillet *Clotilde de Lusignan ou Le Beau Juif,* par lord R'Hoone ; en novembre *Le Vicaire des Ardennes* puis *Le Centenaire ou Les Deux Beringheld,* par Horace de Saint-Aubin, nouveau pseudonyme de Balzac. À l'automne, retour à Paris de la famille Balzac, qui s'installe à nouveau dans le Marais, rue du Roi-Doré.

1823. Le 24 janvier, refus par le théâtre de la Gaîté d'un mélodrame de Balzac : *Le Nègre*. En mai, parution de *La Dernière Fée ou La Nouvelle Lampe merveilleuse,* par H. de Saint-Aubin. Esquisse d'un poème, *Foedora*, et d'un *Traité de la prière.*

1824. Collaboration à de petits journaux, comme *Le Feuilleton littéraire.* Publication sous l'anonymat d'une brochure intitulée *Du droit d'aînesse* en février et, en avril, d'une *Histoire impartiale des jésuites.* En mai : *Annette et le criminel,* par Horace de Saint-Aubin. La famille Balzac regagne Villeparisis au mois d'août ; Honoré reste à Paris et s'installe rue de Tournon.

1825. En mars, publication sous l'anonymat du *Code des gens honnêtes ou L'Art de ne pas être dupe des fripons.* Homme de lettres, Balzac se lance aussi dans le commerce des livres : il s'associe avec Urbain Canel pour éditer les *Œuvres complètes* illustrées de Molière et de La Fontaine, pour lesquelles il compose des notices. Début de la liaison avec la duchesse d'Abrantès (1784-1838), veuve du général Junot. Le 11 août, mort de Laurence de Montzaigle. Le 3 septembre, publication de *Wann-Chlore,* d'abord anonyme, puis attribué à Horace de Saint-Aubin.

1826. Balzac s'endette pour acheter le fonds de l'imprimeur J.-J. Laurens. Il s'installe rue des Marais-Saint-Germain [actuelle rue Visconti] et s'associe avec A. Barbier pour exploiter le brevet d'imprimeur qu'il obtient le 1er juin. Au cours de l'été, sa famille quitte Villeparisis pour se fixer à Versailles.

1827. Le 15 juillet, Balzac crée avec J.-F. Laurens et A. Barbier une société de fonderie de caractères d'imprimerie, en partie commanditée par Mme de Berny. Contacts avec les écrivains du Cénacle.

1828. En février, A. Barbier se retire des sociétés d'imprimerie et de fonderie. Assiégé par les créanciers, Balzac se réfugie chez son ami Latouche (1785-1851), puis loue sous le nom de son beau-frère Surville un appartement rue Cassini, près de l'Observatoire, en avril. Le 16 de ce mois, il doit abandonner la société de fonderie. Parmi les impressions de Balzac à cette époque : le premier cahier du *Gymnase*, organe saint-simonien. Le 16 août : liquidation de l'imprimerie. Cette déroute commerciale laisse à Balzac de lourdes dettes. A l'automne, il revient à la littérature.

1829. Introduit par la duchesse d'Abrantès, il commence à fréquenter les salons : de Sophie Gay, de Mme Récamier, de la comtesse Merlin, du baron Gérard, de la princesse Bagration. Début de la correspondance avec Zulma Carraud (1796-1889), épouse d'officier, alors établie à Saint-Cyr-l'École, qui sera toujours pour lui une amie sincère et fidèle. En avril paraît *Le Dernier Chouan ou La Bretagne en 1800*, le premier roman signé Honoré Balzac. Le 19 juin, mort à Paris de B.-F. Balzac. En décembre, parution de la *Physiologie du mariage*, « par un jeune célibataire ».

1830. Cette année est marquée par une intense activité journalistique. Balzac se multiplie dans divers journaux : *Le Voleur*, où il publie une série de *Lettres sur Paris*, *Le Feuilleton des journaux politiques* dont il est l'un des fondateurs, *La Silhouette*, *La Mode*, *Le Temps*, *La Caricature*, la *Revue de Paris*, la *Revue des Deux Mondes*. Brouillé avec Latouche, il se lie avec divers journalistes et « viveurs » : Émile de Girardin (1806-1881), Charles Lautour-Mézeray (1801-1861), Eugène Sue (1804-1857)... Dans le salon d'Olympe Pélissier, demi-mondaine qu'épousera Rossini, il rencontre de grands seigneurs comme le duc de Fitz-James, et des artistes, comme sans doute vers cette époque Delacroix. Par

Zulma Carraud, mise en relation avec le peintre Auguste Borget (1808-1877). Balzac est absent de Paris au moment des journées de juillet, qui semblent l'avoir peu marqué. À l'automne, il devient un familier du salon de Nodier à l'Arsenal. En avril ont été mises en vente les *Scènes de la vie privée (La Vendetta, Les Dangers de l'inconduite* [*Gobseck*], *Le Bal de Sceaux, Gloire et malheur* [*La Maison du chat-qui-pelote*], *La Femme vertueuse* [*Une double famille*], *La Paix du ménage)*. En février ont paru les *Mémoires de Sanson*, écrits par Balzac en collaboration avec L'Héritier de l'Ain. Tout au long de l'année s'échelonnent de multiples publications en revues, où se montre l'effort du romancier pour maîtriser et exploiter à son profit les ressources qu'offre à l'écrivain le journalisme : *El Verdugo, Les Deux Rêves* [3e partie de *Sur Catherine de Médicis*], *Adieu, L'Élixir de longue vie* (première contribution de Balzac à la *Revue de Paris*), *Sarrasine, Le Petit Mercier* (réutilisé dans *La Fille aux yeux d'or*), *Une passion dans le désert...*

1831. Année dominée par la parution de *La Peau de chagrin* en août. Vie mondaine. Ambitions politiques. En avril paraît l'*Enquête sur la politique des deux ministères*, en décembre *Le Départ*, qui marque le ralliement officiel de Balzac à la cause légitimiste. Entrée en relation avec la marquise de Castries (1796-1861), nièce du duc de Fitz-James. Sous le titre de *Romans et contes philosophiques*, mise en vente à l'automne d'une nouvelle édition de *La Peau de chagrin*, suivie d'une série de contes antérieurement publiés en revues, dont *L'Enfant maudit* (1re partie), *Le Réquisitionnaire, Les Proscrits, Le Chef-d'œuvre inconnu*. Balzac collabore assidûment à la *Revue de Paris*, à laquelle il donne notamment en août *L'Auberge rouge*, en décembre *Maître Cornélius*.

1832. Année de vie intense, mondaine, politique (publication d'essais et articles, candidature malheureuse à Chinon), affective : projets de mariage avec une jeune héritière, Éléonore de Trumilly, au printemps, avec une riche veuve, Caroline Deurbroucq, au début de l'été ; cour pressante à la marquise de Castries, qui aboutit à l'automne à une cruelle déconvenue ; premières lettres de « l'Étrangère », Mme Ève Hanska (1805 ou 1806-1882), épouse d'un riche propriétaire ukrainien. Publication des *Contes bruns*, écrits en collaboration avec Philarète Chasles et Charles Rabou, en janvier ; d'un premier dixain de *Contes drolatiques* en avril ; d'une nouvelle édition des *Scènes de la vie privée*, enrichie notamment du *Conseil* [*Le Message*] suivi de *La Grande Bretèche*, de *La Bourse*, des *Célibataires* [*Le Curé de Tours*], et des cinq récits qui formeront *La Femme de trente ans*, en mai ; en octobre paraissent de *Nouveaux contes philosophiques* (*Notice biographique sur Louis Lambert, Madame Firmiani*...). *L'Artiste* publie de Balzac en février-mars *La Transaction* [*Le Colonel Chabert*] ; dans la *Revue de Paris* paraissent à partir de septembre *La Femme abandonnée*, la *Lettre à Charles Nodier*, *La Grenadière*, le *Voyage de Paris à Java*, le début des *Marana*.

1833. Cohabitation avec A. Borget rue Cassini. Liaison secrète avec Maria du Fresnay (1809-1892) qui au mois de juin de l'année suivante mettra au monde une fille, dont Balzac est sans doute le père. Premières rencontres, en septembre à Neuchâtel puis à Genève pour Noël, de Mme Hanska. Dans la *Revue de Paris* paraissent en janvier la seconde partie des *Màrana*, en mars-avril *Ferragus* ; dans *L'Écho de la Jeune France* en avril-mai les premiers chapitres de *Ne touchez pas la hache* [*La Duchesse de Langeais*] ; dans *L'Europe littéraire* en août-septembre la *Théorie de la démarche*. Publication en juillet d'un deuxième dixain de *Contes drolatiques*, en septembre du *Médecin de campagne*. Le 13 octobre, Balzac signe avec Mme Béchet un contrat prévoyant la publication en 12 volumes d'*Études de mœurs au XIXe siècle*, comprenant des *Scènes de la vie privée*, des *Scènes de la vie de province* et des *Scènes de la vie parisienne*. Les tomes 1 et 2 des *Scènes de la vie de province*, qui paraissent en décembre, offrent en inédit *Eugénie Grandet* et *L'Illustre Gaudissart*.

1834. Le 26 janvier : « jour inoubliable », à Genève, auprès de Mme Hanska. Au retour à Paris, développement de la vie mondaine. Vers la fin du mois d'octobre, début de la cohabitation rue Cassini avec Jules Sandeau, qui durera jusqu'en mars 1836. Suite de la publication des *Études de mœurs au XIXe siècle* : au printemps, tomes 2 et 3 des *Scènes de la vie parisienne*, où figurent en particulier la fin inédite de *Ne touchez pas la hache* [*La Duchesse de Langeais*] et le début de *La Fille aux yeux d'or* ; en septembre, tomes 3 et 4 des *Scènes de la vie privée*, contenant l'édition originale de *La Recherche de l'Absolu*. En décembre, première livraison des *Études philosophi-*

ques, chez l'éditeur Werdet, offrant en inédit *Un drame au bord de la mer*.

1835. Le 2 mars, mise en vente du *Père Goriot*. Le même mois, installation d'un domicile secret rue des Batailles, à Chaillot : dans cette « cellule inabordable », un boudoir « blanc et rose » que Balzac décrira dans *La Fille aux yeux d'or*. Liaison avec la comtesse Guidoboni-Visconti, née Frances Sarah Lovell (1804-1883). Le 1er mai, mise en vente du tome XII des *Études de mœurs au XIXe siècle* (4e volume des *Scènes de la vie parisienne*), contenant la fin de *La Fille aux yeux d'or*. Du 9 mai au 11 juin, voyage de Balzac à Vienne, où il est reçu par Metternich ; il y rejoint Mme Hanska, qu'il ne reverra plus avant 1843. Parution en juin de *Melmoth réconcilié*, dans *Le Livre des conteurs ;* en novembre, du volume 2 des *Scènes de la vie privée*, contenant en inédit *La Fleur des pois* [*Le Contrat de mariage*] ; en décembre, du *Livre mystique*, dont l'édition originale de *Séraphîta* forme le second tome. Le 9 décembre, traité pour la publication des *Œuvres complètes d'Horace de Saint-Aubin*. Le 24, acquisition par Balzac des six huitièmes de *La Chronique de Paris*, journal politique et littéraire qu'il compte diriger avec l'aide de deux jeunes secrétaires : Auguste de Belloy (1812-1871) et Ferdinand de Grammont (1811-1897).

1836. Année agitée. Le 20 mai naît Lionel-Richard Guidoboni-Visconti, qui est peut-être son fils naturel. En juin, Balzac gagne un procès contre la *Revue de Paris* au sujet du *Lys dans la vallée*. En juillet, il doit liquider *La Chronique de Paris*, qu'il dirigeait depuis janvier. Il va passer quelques semaines à Turin ; au retour, il apprend la mort de Mme de Berny, survenue le 27 juillet.
Le Lys dans la vallée. L'Interdiction. La Messe de l'athée. Facino Cane. L'Enfant maudit (1831-1836). *Le Secret des Ruggieri* [*La Confidence des Ruggieri*].

1837. Nouveau voyage en Italie (février-avril) : Milan, Venise, Gênes, Livourne, Florence, le lac de Côme. *La Vieille Fille. Illusions perdues* (début). *César Birotteau.*

1838. Séjour à Frapesle, près d'Issoudun, où sont fixés désormais les Carraud (février-mars) ; quelques jours à Nohant, chez George Sand. Voyage en Sardaigne et dans la péninsule italienne (avril-mai). En juillet, installation aux Jardies, entre Sèvres et Ville-d'Avray.
La Femme supérieure [*Les Employés*]. *La Maison Nucingen.*

Début des futures *Splendeurs et Misères des courtisanes* [*La Torpille*].

1839. Balzac est nommé, en avril, président de la Société des Gens de Lettres. En septembre-octobre, il mène une campagne inutile en faveur du notaire Peytel, ancien codirecteur du *Voleur*, condamné à mort pour meurtre de sa femme et d'un domestique. Activité dramatique : il achève *L'École des ménages* et *Vautrin*. Candidat à l'Académie française, il s'efface, le 2 décembre, devant Victor Hugo, qui ne sera pas élu.
Le Cabinet des Antiques. Gambara. Une fille d'Ève. Massimilla Doni. Béatrix ou les Amours forcés. Une princesse parisienne [*Les Secrets de la princesse de Cadignan*].

1840. *Vautrin*, créé le 14 mars à la Porte Saint-Martin, est interdit le 16. Balzac dirige et anime la *Revue parisienne*, qui aura trois numéros (juillet-août-septembre) ; dans le dernier, la célèbre étude sur *La Chartreuse de Parme*. En octobre, il s'installe 19, rue Basse (aujourd'hui la « Maison de Balzac », 47, rue Raynouard).
Pierrette. Pierre Grassou. Z. Marcas. Les Fantaisies de Claudine [*Un prince de la Bohème*].

1841. Le 2 octobre, traité avec Furne et un consortium de libraires pour la publication de *La Comédie humaine*, qui paraîtra avec un *Avant-propos* capital, en dix-sept volumes (1842-1848) et un volume posthume (1855).
Le Curé de village (1839-1841). *Les Lecamus* [*Le Martyr calviniste*].

1842. Le 19 mars, création, à l'Odéon, des *Ressources de Quinola. Mémoires de deux jeunes mariées. Albert Savarus. La Fausse Maîtresse. Autre étude de femme. Ursule Mirouët. Un début dans la vie. Les Deux Frères* [*La Rabouilleuse*].

1843. Juillet-octobre : séjour à Saint-Pétersbourg, auprès de Mme Hanska, veuve depuis le 10 novembre 1841 ; retour par l'Allemagne. Le 26 septembre, création, à l'Odéon, de *Paméla Giraud*.
Une ténébreuse affaire. La Muse du département. Honorine. Illusions perdues, complet en trois parties (I. *Les Deux Poètes*, 1837. II. *Un grand homme de province à Paris*, 1839. III. *Les Souffrances de l'inventeur*, 1843).

1844. *Modeste Mignon. Les Paysans* (début). *Béatrix* [II. *La Lune de miel*]. *Gaudissart II*.

1845. Mai-août : Balzac rejoint à Dresde Mme Hanska, sa

fille Anna et le comte Georges Mniszech ; il voyage avec eux en Allemagne, en France, en Hollande et en Belgique. En octobre-novembre, il retrouve Mme Hanska à Châlons et se rend avec elle à Naples. En décembre, seconde candidature à l'Académie française.
Un homme d'affaires. Les Comédiens sans le savoir.

1846. Fin mars : séjour à Rome avec Mme Hanska ; puis la Suisse et le Rhin jusqu'à Francfort. Le 13 octobre, à Wiesbaden, Balzac est témoin au mariage d'Anna Hanska avec le comte Mniszech. Au début de novembre, Mme Hanska met au monde un enfant mort-né, qui devait s'appeler Victor-Honoré.
Petites Misères de la vie conjugale (1845-1846). *L'Envers de l'histoire contemporaine* (premier épisode). *La Cousine Bette.*

1847. De février à mai, Mme Hanska séjourne à Paris, tandis que Balzac s'installe rue Fortunée (aujourd'hui rue Balzac). Le 28 juin, il fait d'elle sa légataire universelle. Il la rejoint à Wierzchownia en septembre.
Le Cousin Pons. La Dernière Incarnation de Vautrin (dernière partie de *Splendeurs et misères des courtisanes*).

1848. Rentré à Paris le 15 février, il assiste aux premières journées de la Révolution. *La Marâtre* est créée, en mai, au Théâtre historique ; *Mercadet,* reçu en août au Théâtre-Français, n'y sera pas représenté. À la fin de septembre, il retrouve Mme Hanska en Ukraine et reste avec elle jusqu'au printemps de 1850.
L'Initié, second épisode de *L'Envers de l'histoire contemporaine.*

1849. Deux voix à l'Académie française le 11 janvier (fauteuil Chateaubriand) ; deux voix encore le 18 (fauteuil Vatout). La santé de Balzac, déjà éprouvée, s'altère gravement : crises cardiaques répétées au cours de l'année.

1850. Le 14 mars, à Berditcheff, il épouse Mme Hanska. Malade, il rentre avec elle à Paris le 20 mai et meurt le 18 août. Sa mère lui survit jusqu'en 1854 et sa femme jusqu'en 1882. Son frère Henri mourra en 1858 ; sa sœur Laure en 1871.

1854. Publication posthume du *Député d'Arcis,* terminé par Charles Rabou.

1855. Publication posthume des *Paysans,* terminés sur

l'initiative de Mme Honoré de Balzac. Édition, commencée en 1853, des *Œuvres complètes* en vingt volumes par Houssiaux, qui prend la suite de Furne comme concessionnaire (I à XVIII. *La Comédie humaine*. XIX. *Théâtre*. XX. *Contes drolatiques*).

1856-1857. Publication posthume des *Petits Bourgeois*, roman terminé par Charles Rabou.

1869-1876. Édition définitive des *Œuvres complètes* de Balzac en vingt-quatre volumes chez Michel Lévy, puis Calmann-Lévy. Parmi les *Scènes de la vie parisienne* sont réunies pour la première fois les quatre parties de *Splendeurs et misères des courtisanes*.

TABLE

Introduction 7
Note sur la présente édition 63

HISTOIRE DES TREIZE

Préface 65

Premier épisode :
Ferragus, chef des Dévorants

Chap. I : Madame Jules 77
Chap. II : Ferragus 101
Chap. III : La femme accusée 125
Chap. IV : Où aller mourir ? 171
Conclusion 203

Troisième épisode :
La Fille aux yeux d'or

Chap. I : Physionomies parisiennes ... 209
Chap. II : Singulière bonne fortune 241
Chap. III : La force du sang 279

DOSSIER

Notices 293
Document 305
Notes 307
Indications bibliographiques 339
Chronologie 341

GF Flammarion

05/08/115929-VIII-2005 – Impr. MAURY Eurolivres, 45300 Manchecourt.
N° d'édition FG045814. – Janvier 1988. – Printed in France.